# Clássico por amadurecimento

Estudos sobre *Raízes do Brasil*

LUIZ FELDMAN

# Clássico por amadurecimento
Estudos sobre *Raízes do Brasil*

PREFÁCIO
*Robert Wegner*

*Copyright* © 2016  Luiz Feldman

EDITOR
José Mario Pereira

EDITORA ASSISTENTE
Christine Ajuz

REVISÃO
Cristina Pereira

PRODUÇÃO
Mariângela Felix

CAPA
Miriam Lerner / Equatorium

DIAGRAMAÇÃO
Arte das Letras

CIP-BRASIL. CATALOGAÇÃO NA FONTE.
SINDICATO NACIONAL DOS EDITORES DE LIVROS, RJ.

F343c

    Feldman, Luiz
    Clássico por amadurecimento: estudos sobre raízes do Brasil /
Luiz Feldman. – 1ª ed. – Rio de Janeiro: Topbooks, 2016.
305 p.: il.; 23 cm.

    ISBN 978-85-7475-264-8

    1. Holanda, Sergio Buarque de, 1902-1982. Raízes do Brasil.
2. Holanda, Sergio Buarque de, 1902-1982 – Crítica e interpretação.
3. Brasil – Civilização. I. Título.

| 16-33557 | CDD: 981 |
|---|---|
| | CDU: 94(81) |

TODOS OS DIREITOS RESERVADOS POR
Topbooks Editora e  Distribuidora de Livros Ltda.
Rua Visconde de Inhaúma, 58 / gr. 203 – Centro
Rio de Janeiro – CEP: 20091-007
Telefax: (21) 2233-8718 e 2283-1039
topbooks@topbooks.com.br/www.topbooks.com.br
Estamos também no Facebook.

# Sumário

| Prefácio .................................................................... 11

| Nota do autor ...................................................... 27

| Introdução ............................................................ 33

| Um clássico por amadurecimento ........................ 57

| Organizar a desordem ......................................... 123

| Destino e itinerário ............................................. 179

| Raízes do Estado Novo ........................................ 197

| Notas ................................................................... 255

*À minha mulher,*

*aos meus pais*

*e a Ricardo Benzaquen de Araújo.*

# Prefácio

*Robert Wegner*

Algumas tradições devem acabar, outras, seria desejável que continuassem. Este livro é uma boa notícia. Luiz Feldman, um jovem diplomata, segue a trilha de José Guilherme Merquior e de Sérgio Paulo Rouanet, nomes importantes na reflexão sobre o pensamento político e social no Brasil. O ingresso de Feldman nessa boa tradição se dá por meio de um diálogo com a obra de Sérgio Buarque de Holanda.

O lugar de *Raízes do Brasil* na interpretação do país e na constituição do imaginário nacional é uma questão que continua a despertar vivo interesse. Investigação mais restrita, porém não menos relevante, é pensar o lugar que o livro ocupa no conjunto da obra de Sérgio Buarque, questão que se relaciona com a primeira, mais abrangente.

*Clássico por amadurecimento* se inscreve na segunda vertente e vem se inserir em um conjunto de estudos que tem se dedicado a interpretar *Raízes do Brasil*. Esse conjunto é cuidadosamente inventariado na primeira nota da "Introdução" e discutido no decorrer deste livro. A questão que Luiz Feldman persegue, e isto fica claro desde a "Nota do autor", é a diferença entre a primeira edição de *Raízes*, publicada em 1936, e as seguintes, especialmente a de 1948. Não é exagero dizer que, na opinião de Feldman, o livro de Sérgio Buarque não está a completar 80 anos, mas ainda prestes a chegar aos 70.

Assim, o argumento central do primeiro capítulo é o de que o livro inaugural de Sérgio não teria sido um "clássico de nascença", como pontuou Antonio Candido no prefácio intitulado "O significado de *Raízes do Brasil*", mas seria um "clássico por amadurecimento". Vale lembrar que a preocupação em comparar as edições e em registrar a diferença da primeira é algo que vem marcando os estudos sobre *Raízes*, conforme o próprio autor não deixa de registrar. Lembro, a propósito, que, em meados da década de 1990, quando iniciei meus estudos acerca da obra de Sérgio Buarque, essa questão já atormentava a mim e aos meus companheiros de geração, com quem aprendi a refletir sobre *Raízes*, como João Kennedy Eugênio, Pedro Meira Monteiro, João Cezar de Castro Rocha, Conrado Pires de Castro e Marcus Vinícius Corrêa de Carvalho. Todos nós produzimos análises que levaram em consideração a especificidade da edição *princeps*.

Talvez a originalidade de *Clássico por amadurecimento* repouse em se concentrar totalmente no problema da primeira edição, explorando suas diversas dimensões: desde a investigação dos diálogos de Sérgio Buarque com autores como Oliveira Vianna e Gilberto Freyre e a análise da recepção da primeira edição até o processo de estabelecimento do texto definitivo de *Raízes do Brasil*, passando pela comparação sistemática das edições, com ênfase tanto na interpretação histórica quanto nos posicionamentos políticos do autor. Contudo, o que singulariza o trabalho de Luiz Feldman daqueles que o precederam é a forma pela qual, ao perseguir seus intentos, interpela a obra de Sérgio Buarque e dialoga com os seus intérpretes.

De certo modo, a geração que na década de 1990 redescobre os intérpretes do Brasil por intermédio dos seus professores – como Luiz Werneck Vianna, Wanderley Guilherme dos Santos, Elide Rugai Bastos, Ricardo Benzaquen de Araújo, Lúcia Lippi Oliveira, Sérgio Miceli – aproximou-se dos seus textos com um quê de reverência, uma admiração pela erudição e por um pensamento que se fazia na ação, características próprias de uma produção intelectual anterior à institucionalização das Ciências Sociais e da História. Assim, passamos a ler os textos do que se convencionou chamar Pensamento Social Brasileiro como uma imensa descoberta de algo que, no contexto universitário dos anos 1980, parecia ter ficado soterrado e que, então, nos esmerávamos por desencavar. Em geral, e certamente no meu caso em relação aos textos de Sérgio Buarque, imaginávamos sempre que esses autores e suas obras poderiam nos revelar algum olhar renovador sobre o país. Nesse sentido, e aqui vai uma espécie de confissão, torcíamos para que os "nossos velhos/novos autores" estivessem certos, ou, ao menos, errassem pouco. Talvez, inconscientemente, fôssemos vítimas da "mitologia da coerência", denunciada por Quentin Skinner.

Luiz Feldman não compartilha da "mitologia da coerência", e isso se reflete no modo como dialoga com seus interlocutores, seja os da minha geração ou de outras. Por assim dizer, o autor faz isso sem cerimônia, indagando sobre as mudanças empreendidas nas edições de *Raízes do Brasil* e questionando de forma direta a interpretação política elaborada por Antonio Candido, bem como demarcando suas discordâncias com os autores da minha geração. Muitas vezes essas discordâncias aparecem em notas de rodapé, mas Feldman tem o cuidado de mapear seus diálogos, demarcando proximidades e discordâncias, e assim nos ajuda a localizar seu próprio livro.

Exemplar dessa sem-cerimônia, que não significa falta de elegância, é o modo pelo qual Luiz Feldman interpela os textos de Antonio Candido nas primeiras páginas da "Introdução" e, em seguida, nos capítulos "Um clássico por amadurecimento" e "Destino e Itinerário". Embora Antonio Candido não seja um daqueles autores anteriores à institucionalização das Ciências Sociais que a minha geração redescobriu com entusiasmo, ouso confessar que eu e, talvez, meus colegas estudiosos da obra de Sérgio Buarque dedicamos a ele não menor reverência. Contudo, lendo agora os comentários de Feldman, é forçoso admitir que ele tem razão nas suas críticas e na sua conclusão de que os textos de Candido "moldam, há gerações, o entendimento sobre a obra [*Raízes do Brasil*]. No entanto, contribuem sistematicamente para um discurso sobre o pioneirismo e a coerência da obra e do autor – no que respeita à edição *princeps* do livro, bem entendido – que dificulta o estudo e o debate do significado de *Raízes do Brasil* no ano em que se tornou mera convenção situar seu aparecimento: 1936" (p. 40). Fico completamente inclinado a admitir a precisão do argumento de Feldman, mas, sem esquecê-lo, me chama a atenção seu estilo direto, que, referindo-se à argumentação de Antonio Candido, escreve: "essa caracterização era correta de 1948 em diante, mas errada em se tratando do texto de 1936" (p. 37). Essa franqueza não significa que faça avaliações unívocas, pois, se é enfático na crítica, o é igualmente na defesa de Candido em outras passagens, como ao afirmar que "Sérgio Buarque será antes o 'socialista democrático' de que fala Antonio Candido do que o 'democrata liberal' de que fala José Carlos Reis ou, ainda mais grave, o 'filósofo do liberalismo conservador brasileiro' em que Jessé Souza se esforça por erigi-lo" (p. 176).

Não acredito que a sem-cerimônia de Luiz Feldman lhe conceda, por si mesma, um ponto de vista privilegiado em relação às gerações anteriores. Antes penso nos trens de Lévi-Strauss, em "Raça e História", para sugerir que o trem da minha geração seguia trilhas mais sinuosas e andava em velocidade lenta, enquanto o olhar que Feldman lança à obra de Sérgio Buarque vem a partir de um trem mais veloz e em trilhos mais retos. A partir de cada trem enxerga-se outra cultura, ou outros tempos ou textos, a partir de distintas perspectivas.

Nesta altura, adianto a descrição de uma sensação que tive ao concluir a leitura de *Clássico por amadurecimento*. Seja considerando os vários momentos em que compartilho das interpretações de Luiz Feldman, seja quando entendo que ele avança e inova nas interpretações de *Raízes do Brasil*, ou ainda nos momentos em que me distancio de suas afirmações, a impressão geral é que o seu livro ajuda a limpar o terreno, desbastando e organizando a folhagem que gerações de interpretações e, talvez, o nosso excesso de educação, deixou crescer — e, por vezes, enriqueceu, por vezes, embaçou a nossa visão.

Contudo, a perspectiva de Feldman faz com que, às vezes, siga com pressa, como na passagem em que, ao interpretar o "contraponto" enunciado no último parágrafo de *Raízes do Brasil*, sugere que, na primeira edição, "tratava-se, antes, da compreensão de que a cordialidade devia ser protegida e ao mesmo tempo corrigida em seus excessos pela *civilidade (leia-se: pelo Estado)*, sem predefinir-se o resultado final do exercício" (p. 196, ênfase minha). Talvez seja necessário realizar mediações entre a dinâmica social e cultural e a esfera estatal antes de considerar "civilidade" e "Estado" elementos intercambiáveis, como, na realidade, Feldman tem o cuidado de ponderar em outras passagens. Essas mediações entre as esferas são, de fato, necessárias na interpretação de *Raízes* e do significado do "contraponto" em que deveria se resolver a oposição entre o Estado e a sociedade.

A discussão sobre cordialidade e civilidade, em qualquer das edições de *Raízes*, diz respeito à socialização dos indivíduos e à incorporação de códigos sociais. A cordialidade seria um padrão cultural de indivíduos socializados no mundo rural e em famílias patriarcais, que, por isso, entendem apenas a gramática do coração e suas movediças e aleatórias leis. Já a civilidade diria respeito à socialização das sociedades modernas marcadas pelo urbano, em que a educação escolar, autonomizada das relações familiares, teria um papel fundamental. Não é por acaso que, no capítulo "O homem cordial", onde apresenta o tipo ideal da civilidade, Sérgio Buarque teça considerações sobre as modernas teorias da educação norte-americanas, que "tendem, cada vez mais, a destacar o indivíduo da comunidade doméstica, a 'libertá-lo' das 'virtudes familiares'".

Mas também não é casual que o mesmo capítulo se inicie com a tese de que o Estado não é uma ampliação do círculo familiar. Se podemos ler aí uma crítica dirigida aos integralistas, a observação de Sérgio Buarque é também a de que não é possível deduzir diretamente da cultura uma organização do Estado e de seu funcionamento. Tipos ideais como a cordialidade e a civilidade não se traduzem de forma automática em modelos de organização política. Por isso mesmo que, ainda no capítulo cinco de *Raízes*, para pensar a dificuldade de implantação de uma moderna burocracia em uma sociedade de cultura cordial, em vez de fazer uma simples transposição da cordialidade para o Estado, Sérgio Buarque mobiliza a noção de "patrimonialismo" – um dos tipos ideias weberianos relativos a modelos de organização do Estado, que o sociólogo alemão elaborou a partir do estudo do funcionamento da administração estatal na China. Sérgio Buarque fala em um funcionário patrimonial, para quem "a própria gestão política apresenta-se como assunto do seu interesse particular". Para explorar isso, não fala simplesmente de um aparato estatal cordial, mas de um cujo "funcionalismo patrimonial pode, com a progressiva divisão das funções e com a racionalização, adquirir traços burocráticos".

Tudo isso remete a dinâmicas onde é possível distinguir a esfera social da estatal, e traz consequências quando se discute o projeto político de Sérgio Buarque, inclusive a passagem do parágrafo final do livro em que, ao discutir a organização do Estado, fala em um "contraponto" coerente com o "nosso ritmo espontâneo". Acredito tratar-se de determinada organização política que dê conta da especificidade de uma sociedade e que esteja, sim, entre a cordialidade e a civilidade, mas isso não significa dizer que seja um Estado que, dentro de si mesmo, combine os dois tipos ideais. A civilidade diz respeito à introjeção de uma máscara por parte dos indivíduos, e significa a aquisição de uma etiqueta que lhes possibilita filtrar suas sensibilidades e emoções nas relações sociais, ao lado de um ajustamento ao funcionamento de instituições burocráticas, com suas normas impessoais. Nesse sentido, a civilidade, no plano social, possui uma afinidade eletiva com o Estado democrático de direito e com o liberalismo no plano da política. Um Estado autoritário poderia, como Sérgio Buarque sugere na primeira edição de *Raízes do Brasil*, implantar por meio de suas políticas um processo civilizador, mas, mesmo nesse caso, isso não faz dele um Estado representante da civilidade. Seu nome continua sendo autoritário.

E falando em Estado autoritário, Luiz Feldman explora de forma brilhante como a transposição direta entre a esfera social e o plano político é efetivamente realizada na apropriação que Almir de Andrade fez do argumento de Sérgio Buarque. No primeiro item do capítulo "Raízes do Estado Novo", o autor empreende a análise das resenhas publicadas em jornal após o lançamento de *Raízes do Brasil*. Em seguida, analisa detidamente a leitura e a apropriação de *Raízes* realizadas por Almir de Andrade em *Força, cultura e liberdade*, publicado em 1940. Feldman faz uma minuciosa leitura dessa apropriação, em que Almir de Andrade afirmava que a certeira descrição do caráter nacional brasileiro realizada por Sérgio Buarque por meio da ideia de cordialidade fornecia as coordenadas para trilhar um caminho que o próprio Sérgio deixou por fazer, qual seja, desenhar o projeto político de um Estado singular, adequado à cultura nacional. O Estado Novo seria a organização política adequada ao homem cordial, equilibrando força e tolerância.

Luiz Feldman lança luzes em temas que intrigam os que estudam a obra e a vida de Sérgio Buarque, e também aos interessados em história dos intelectuais no Brasil, especialmente no intrincado contexto do Estado Novo. Mais que nunca entrevemos o que significou para Sérgio Buarque esse regime, e entendemos melhor como ele o levou a operar uma mudança significativa no seu livro, tornando a edição de 1948 muito diferente da original. O capítulo quatro ilumina o dramático ambiente político e intelectual em que Sérgio as realiza.

1936, ano em que é lançado *Raízes do Brasil*, inaugurando a coleção Documentos Brasileiros da editora José Olympio, é o mesmo em que Sérgio Buarque se casa com Maria Amélia Cesário Alvim e vai "morar em uma casa na Praia do Leme, com uma varanda nos dois andares, que davam para o mar", como detalharia no fim da vida. Torna-se também professor da Universidade do Distrito Federal, no inovador projeto de Anísio Teixeira, e vive a efervescência política, cultural e intelectual de um Rio de Janeiro nos anos democráticos do governo Vargas — apesar dos sucessivos estados de sítio que vinham desde o fim de 1935 e da perseguição aos comunistas.

No ano seguinte é instaurado o Estado Novo, o Congresso é fechado, são abolidas as eleições e os estados de sítio passageiros tornam-se ditadura. O espaço público se estreita, os lugares de livre debate, ruas, bares, se veem sob ameaça.

O Rio de Janeiro, que vinha se autonomizando como cidade no primeiro quinquênio da década, durante a gestão do prefeito Pedro Ernesto, torna-se a capital do Estado Novo. A Universidade do Distrito Federal é fechada. Como no caso de outros intelectuais, a partir daí os empregos obtidos por Sérgio fazem parte do aparato cultural do governo, como o Instituto Nacional do Livro e a Biblioteca Nacional.

Esse é o contexto sobre o qual o quarto capítulo nos ajuda a refletir, pois, como se não bastasse, em 1940 Sérgio Buarque é confrontado com o lançamento de *Força, cultura e liberdade*, de Almir de Andrade, professor de Direito da Universidade do Brasil que, no ano seguinte, ingressaria no Departamento de Imprensa e Propaganda, onde dirigiu a revista *Cultura Política*. Com esse livro, Almir de Andrade se tornava um dos ideólogos do Estado Novo, descrevendo o líder Getúlio Vargas e sua política como uma decorrência natural e adequada a um país que teria sido magistralmente descrito em *Raízes do Brasil*. Feldman realiza um cuidadoso cotejo entre os dois livros, revelando como se deu esta transposição. Gostaria apenas de grifar o caráter dramático que o contexto do Estado Novo e a publicação da obra de Almir devem ter trazido à vida de Sérgio Buarque de Holanda.

A ausência de um programa político em *Raízes do Brasil* — ressalto que uma ausência cuidadosamente elaborada por Sérgio Buarque —, foi amplamente notada pelos resenhistas do livro. Como expõe Luiz Feldman, "os elogios deviam-se predominantemente ao talento com que Sérgio Buarque captara algo próprio da psicologia do homem brasileiro" (p. 203). Por sua vez, "as dificuldades na leitura vinham da avaliação de que, lamentavelmente, o livro terminava sem uma conclusão nítida" (p. 204). Resume Feldman: "ao admirável diagnóstico parecia ter faltado o complemento de uma visão política bem articulada" (p. 204).

Assim, a recepção imediata da obra de Sérgio Buarque fez ressaltar a ausência de um fecho programático como uma falta de atitude política. Almir de Andrade dava um passo adiante e supunha ser possível preencher a lacuna. Essa apropriação é um indício para compreender o fato de *Raízes do Brasil* não ter tido nenhuma nova edição durante o Estado Novo, e nos faz entender melhor as direções dadas por Sérgio às suas principais modificações, que vêm à tona na segunda edição, publicada em 1948 com prefácio datado de 1947.

Nesta altura noto que, tendo construído um livro em quatro capítulos, que retomam e ampliam três artigos publicados anteriormente, além de um inédito capítulo final, Luiz Feldman avisa na "Introdução" que, graças ao seu processo de construção, *Clássico por amadurecimento* contém reiterações do argumento. Realmente, longe de prejudicar a sua leitura, dada a sua organicidade, isso ajuda a compreender melhor o seu argumento. Acrescento que, além dessa reiteração em que o capítulo seguinte retoma e amplia o anterior, o mesmo processo ocorre em ordem inversa, no caso em questão. O último capítulo, "Raízes do Estado Novo", dá um novo enquadramento aos capítulos anteriores, carregando-os de dramaticidade e contexto político.

Por assim dizer, os capítulos anteriores são mais textualistas e, especialmente nos capítulos um e três, Luiz Feldman realiza uma densa comparação entre as edições de *Raízes do Brasil*. Além disso, no capítulo dois, faz um cotejo com textos de Oliveira Vianna e de Gilberto Freyre, inter-locutores que ajudaram Sérgio a construir a tese crucial da cordialidade. Nesse capítulo, "Organizar a desordem", é explicitado um argumento caro ao autor, o de que os in-térpretes de *Raízes do Brasil* têm se dedicado predominante-mente a mapear os diálogos de Sérgio Buarque com autores estrangeiros, notoriamente os alemães, enquanto ele realiza uma investigação do diálogo de Sérgio com autores brasi-leiros. A propósito, vale ressaltar que Feldman consuma com engenhosidade o seu intento, na medida em que argu-menta que a interlocução de Holanda com Freyre ilumina a desenvolvida com Vianna. O capítulo é escrito de modo a entrelaçar os dois diálogos. Para retomar a imagem do trem, os caminhos do capítulo dois são repletos de sinuosi-dades e percorridos com vagar. Neles encontramos páginas primorosas sobre as relações entre *Raízes do Brasil* e *Populações meridionais do Brasil*, de Oliveira Vianna. Ressalte-se ainda que, na medida em que esses diálogos foram quase apaga-dos a partir da segunda edição, sua revisita se coaduna com o argumento mais geral de Feldman sobre a importância de retomarmos a edição de 1936. Podemos dizer, então, que *Clássico por amadurecimento* é marcado por uma análise de contexto intertextual, mapeando os diálogos de Sérgio e a recepção imediata do seu livro, bem como a recepção posterior de *Raízes*.

O modo de Luiz Feldman operar no capítulo "Raízes do Estado Novo" não é menos textualista do que os anteriores, mas, devido ao papel de Almir de Andrade no Estado Novo e o que significou a publicação de *Força, cultura e liberdade*, traz para dentro do capítulo de modo enfático o contexto político dos anos que separam a primeira e a segunda edição de *Raízes*. E esse contexto político acaba por se espraiar pelo livro de Feldman como um todo, tornando-o uma grande contribuição para o estudo de *Raízes do Brasil* e suas mutações.

A apropriação política de *Raízes do Brasil* durante o Estado Novo tornou urgente a Sérgio Buarque de Holanda reescrever e reinscrever o seu livro. Essa reescritura é analisada por Luiz Feldman em seus meandros, nos detalhes de cada versão de *Raízes do Brasil*. No decorrer de sua análise, Feldman faz referência ao caráter ensaístico de *Raízes*, e ao fato de que, como tal, sua *forma* deve ser levada em consideração, e traz implicações no modo pelo qual nos relacionamos com o livro. Termino a leitura de *Clássico por amadurecimento* convencido de que o caráter ensaístico era uma marca forte da primeira edição de *Raízes do Brasil*, e que isso se diluiu nas edições posteriores.

Nesse sentido, a ausência de fecho programático, característica tão notada em *Raízes do Brasil*, e bem marcada na primeira edição, é uma atitude ativa, é um posicionamento político de Sérgio Buarque. Não afirmar como o Estado deve se organizar é se dirigir para o espaço público, para os cidadãos que ousam pensar o país e a si mesmos, e não para os intelectuais que se viam como participantes do processo de *state-building*.

É como se, com o lançamento de *Raízes do Brasil*, Sérgio Buarque estivesse fazendo uma aposta dirigida ao espaço público e ao seu fortalecimento. Um "lance" direcionado aos debates nos cafés, nos bares, nas organizações civis. E aqui vale salientar mais um detalhe do caráter ensaístico do livro: ao descrever o caráter nacional e dizer aos seus contemporâneos que eram "homens cordiais", Sérgio Buarque se dirigia a todos e a cada um. Era, ao mesmo tempo, uma constatação e uma provocação. Ao lembrar que a sociedade brasileira vinha passando por uma revolução silenciosa ao menos desde 1888 (argumento presente já na primeira edição), Sérgio proferia que a identidade do brasileiro encontrava-se em processo de reconstrução. Nesse sentido, ele executou um "lance" com o qual procurava modificar aquilo mesmo que descrevia. Portanto, fazia todo sentido discutir e pensar a cordialidade nos espaços públicos, pois a forma do Estado antes teria a ver com o que os brasileiros, ao menos os das classes médias urbanas, desejassem fazer daquilo que eram.

Se não optava univocamente pela democracia, e, ao mesmo tempo, "prudente", no entender de Feldman, "não descartava de todo a possibilidade futura de alguma solução democrática" (p. 185), Sérgio Buarque deliberadamente tateava várias possibilidades sem optar por nenhuma de forma definitiva. Contudo, levando-se em consideração a sua forma — e no ensaio forma é também conteúdo, e uma modalidade de inscrição no mundo público —, Sérgio Buarque se definia por uma saída democrática. A organização política do Brasil poderia se dar de diversas maneiras; qual, ainda não estava clara, mas todas passariam pelo cultivo e ampliação do espaço público, em que os cidadãos pudessem participar dos debates sobre os rumos da nação, e isso significava que todas as saídas passavam necessariamente pela democracia.

Na primeira edição de seu livro, Sérgio Buarque não se referia, de fato, a uma "revolução vertical", na expressão de Herbert Smith. Mas já aparecia, nela, a defesa do espaço público e de sua ampliação, o que aponta para o aprofundamento da revolução silenciosa que indicava desde então.

O lançamento de *Raízes* era uma forma de participar e aprofundar esse processo, em um contexto que o Rio de Janeiro vivia, embora já sob ameaça, o cultivo de um vivo debate de ideias e uma amplitude de possibilidades. Quando, mais tarde, Almir de Andrade se apropria de *Raízes do Brasil* e busca traduzi-lo em um programa político, realiza uma dupla traição, não apenas do seu conteúdo, conforme apontado com talento por Luiz Feldman, mas também da sua forma, relacionada a um modo democrático de se inscrever na arena pública. A sugestão de Almir de Andrade de que o autor de *Raízes* poderia ter extraído um programa político a partir do seu diagnóstico e, por alguma falta — de vontade ou de coragem — não o tivesse feito, é obscurecer a atitude política ativa de Sérgio Buarque, a de lançar um livro para que os cidadãos discutissem o seu devir. Esse aspecto de *Raízes* só pode ser resgatado se retomarmos o caráter político da atitude do ensaísta.

Tudo isso nos remete novamente ao diálogo com Antonio Candido. Como *Clássico por amadurecimento* demonstra, o notável crítico literário fez uma leitura extremamente rica de *Raízes*, mas a tornou um tanto enviesada ao atribuir à edição *princeps* passagens que apareceriam apenas nas versões posteriores, o que lhe permitiu imputar a Sérgio Buarque uma atitude democrática já na edição original. De fato, é preciso rever isso e admitir, com Feldman, que "a democracia nem sempre foi o ponto de chegada da discussão de *Raízes do Brasil*" (p. 179). Por outro lado, se levarmos em consideração o caráter ensaístico de *Raízes* e a sua forma, talvez seja possível resgatar um pouco a ideia de que sua publicação tenha sido um "lance" democrático e que, ao menos nesse sentido, Antonio Candido tenha razão ao afirmar que Sérgio Buarque participa de um "radicalismo de classe média". Sob esse ponto de vista, *Raízes do Brasil* realmente faz 80 anos. E rememorar esse ato de radicalismo nos dias em que vivemos não parece pouco.

Rio de Janeiro, maio de 2016

# Nota do autor

Este livro resulta de um antigo interesse em compreender *Raízes do Brasil*. Intrigou-me, desde que o li pela primeira vez, na graduação, um raciocínio de Sérgio Buarque de Holanda sobre a política externa do Segundo Reinado. De acordo com o autor, o Império teria formado, para prestígio do Brasil no estrangeiro, a imagem de um "gigante cheio de bonomia superior para com todas as nações do mundo".[1] Um parágrafo depois, a ideia, instigante e exposta em aparente tom de endosso, era condenada. Tratava-se tão somente de uma feição típica do aparelhamento político brasileiro, "que se empenha em desarmar todas as expressões menos harmônicas de nossa sociedade, em negar toda espontaneidade nacional".[2]

As passagens não deixam adivinhar facilmente a posição do autor. Por um lado, a imagem externa criada pelo Império era uma boa manifestação da cordialidade, que, segundo Sérgio Buarque, caracterizava os brasileiros. Por outro, essa mesma imagem era mencionada como uma forma de negação da espontaneidade nacional. Ou bem cordialidade e espontaneidade eram coisas diferentes, ou bem o autor havia incorrido em uma contradição. Dediquei-me ao caso com algum vagar na pós-graduação, sem sucesso. A releitura da obra, sempre tendo por base o texto da 26ª edição, então a mais recente, nem confirmou a diferença entre os dois termos, nem permitiu aplainar a mencionada contradição. Não era simples – talvez sequer possível – alcançar a palavra final de Sérgio Buarque sobre o tema.

Anos mais tarde, achando-me diante da perspectiva de uma longa conexão entre Porto Príncipe e Moscou, resolvi tirar da estante a edição original de *Raízes do Brasil*, que havia comprado sem muita expectativa nos tempos de faculdade. Sua leitura foi uma revelação. O livro de 1936, embora com estrutura e feições similares às da edição definitiva, fazia um juízo bastante diverso da herança colonial brasileira e das tendências políticas do país na altura.

Na narrativa original da obra, era perceptível que o elogio da tradição ibérica e cordial, encarnada pelo Império, e a crítica ao Estado que suprimia a espontaneidade nacional, dirigida basicamente à República, conviviam em relativa harmonia. A cordialidade era, sim, o modo de agir espontâneo dos brasileiros. O problema estava na fuga dessa realidade pela importação de doutrinas estrangeiras, mal que vinha aumentando com o tempo e afetou mais seriamente o novo regime. A confirmar tudo isso, a redação original do trecho citado continha, após a palavra "expressões", um adjetivo revelador: "genuínas".[3] O qualificativo foi eliminado na segunda edição do livro, de 1948. Em 1936, porém, as expressões genuínas da sociedade descrita por *Raízes do Brasil* só poderiam ser aquelas associadas ao legado colonial, e condensadas na cordialidade. Criticar a negação dessas manifestações por um Estado pretensamente liberal era defender abertamente o papel da tradição nos destinos políticos do país. Outras tantas passagens do livro, algumas inclusive mais incisivas, iam na mesma direção.

Somente ao ler a edição *princeps* pude atinar com essa interpretação das grandes linhas de *Raízes do Brasil*. A dificuldade com que me havia deparado na primeira vez em que li a obra devia-se, sem dúvida, a ambiguidades presentes desde a redação original. Mas decorria igualmente dos efeitos da revisão do livro. Para ficar no exemplo que me chamou a atenção: a crítica ao Estado que nega a espontaneidade se aplica, a rigor, não apenas à República como também ao Império, embora em ponto menor; mas a nuança desse argumento havia sido afetada pelo apagamento, no trecho, de um tipo de linguagem e de tirocínio, expresso no adjetivo "genuínas", bem característico do texto original. Nada – ou bem pouco – na versão revisada do livro permitiria depreender que o autor reservava um lugar construtivo para a tradição ibérica, conclusão tão oposta ao sentido geralmente atribuído a *Raízes do Brasil*. A contradição que me intrigou só pôde ser solucionada quando o foco da análise foi expandido do texto definitivo para o original. A partir daí, os estudos que integram este livro lentamente começaram a tomar forma.

Evoco esse percurso irregular para sublinhar o fato de que a ênfase deste trabalho, que recai na versão original do texto de *Raízes do Brasil*, surgiu naturalmente como solução para um conjunto de indagações, do qual agora me desvencilho. Este livro discute a armação de *Raízes do Brasil*, sua recepção no fim dos anos 1930 e sua transformação nas décadas seguintes. Não aborda os motivos da mudança da visão política de Sérgio Buarque — aliás natural e compreensível — nos anos seguintes ao lançamento da obra, senão em um ponto diretamente ligado ao seu impacto e aproveitamento no debate público da época. As cogitações sobre os porquês das mudanças do livro e de seu autor terão sua razão de ser em uma eventual biografia de Sérgio Buarque, que poderá apresentar uma imagem mais matizada das posturas políticas desse grande brasileiro em sua juventude — e que, nem por isso, desabonará sua fascinante trajetória. Aqui, no entanto, ficam em suspenso.

O livro é composto por três textos já publicados e um inédito. O primeiro capítulo é uma versão bastante alterada de artigo originalmente publicado na *Revista Brasileira de Ciências Sociais* em junho de 2013 (volume 28, número 82). O segundo capítulo é uma versão expandida de artigo publicado em *Dados — Revista de Ciências Sociais* em dezembro de 2015 (volume 58, número 4). Uma versão anterior do terceiro capítulo foi publicada em julho de 2015 na revista *Serrote* (número 20), e apresentada, a convite, em seminário de pósgraduação do Departamento de Sociologia da Universidade de Brasília em setembro do mesmo ano.

Ao longo da preparação deste trabalho, beneficiei-me imensamente da crítica e do estímulo de Celso Amorim, Maria Regina Soares de Lima, Luiz Costa Lima, Wanderley Guilherme dos Santos, Robert Wegner, Christian Lynch, João Cezar de Castro Rocha, Paulo Esteves, Carlos Aurélio Pimenta de Faria, Silvana Seabra, Wander Melo Miranda, João Pontes Nogueira, Lúcia Lippi Oliveira, Everton Vargas, Mauricio Lyrio, Mariza Veloso, Angélica Madeira, Maria Tereza Sadek, Nuno Ramos, Paulo Pasta, Pedro Meira Monteiro, Leopoldo Waizbort, Lilia Schwarcz, Sergio Tavolaro, Luis de Gusmão, Lucas Freire, João Vargas, Felipe Martiningui, Miguel Borba de Sá, Fernando Maia e Victor Coutinho Lage. Evidentemente, erros e omissões são de minha inteira responsabilidade.

Contei também com os bons préstimos de Telma Murari e Tereza Cristina Nonato no Acervo Sérgio Buarque de Holanda da Biblioteca Central da Unicamp; de Jamille Barbosa na Fundação Gilberto Freyre; de Alice Gianotti e Katia Marquet nas bibliotecas da Academia Brasileira de Letras; de Claudia Cornejo na Biblioteca Latino-Americana da Universidade de Tulane; de Tomico Hashimoto no Arquivo Histórico de São Paulo; da equipe da sala de consulta do Centro de Pesquisa e Documentação de História Contemporânea do Brasil na Fundação Getúlio Vargas; e de Mariângela Felix da Topbooks. Naruna Andrade gentilmente franqueou-me o acesso à biblioteca de seu pai, Almir de Andrade, no Rio de Janeiro.

Esta obra foi inspirada, em boa parte, pelas lições de Ricardo Benzaquen de Araújo. Sua vinda a lume deve-se ao incentivo pronto e amigo de José Mario Pereira. Sem o generoso apoio de Fatima Pinto Coelho, Boris Feldman e Jörg Hagedorn, ela não poderia existir. Barbara Boechat não só encorajou sua preparação, como a tornou muito melhor. A todos, minha gratidão.

*Luiz Feldman*
Brumadinho, janeiro de 2016

# Introdução

*Raízes do Brasil* completa oitenta anos com um trecho de sua história soterrado. O livro é um clássico do pensamento nacional. Várias décadas depois de sua publicação, continua sendo uma das mais influentes narrativas sobre o Brasil moderno: a da difícil travessia, por um povo ainda cordial, do passado privatista para o futuro democrático. Seu autor, Sérgio Buarque de Holanda, é um nome definitivo da inteligência brasileira no século XX. Homem cuja carreira exemplar tem uma de suas horas mais altas justamente na defesa de uma posição progressista em seu célebre ensaio. Mas houve tempo em que *Raízes do Brasil* enaltecia a tradição ibérica e não defendia a democracia popular. Sua visão de país chegaria mesmo — para surpresa do leitor de hoje — a servir de fundamento para a doutrina do Estado Novo. O entendimento positivo do passado e as reservas à democracia fizeram parte do livro entre 1936, data da edição *princeps*, e 1948, quando o texto foi reeditado após consideráveis mudanças. A partir daí, o caráter até certo ponto singular dos primeiros doze anos do livro dissolveu-se na regularidade do crescente sucesso de público e de crítica alcançado pela obra ao longo das quase sete décadas seguintes. Tornou-se possível, então, projetar retrospectivamente no ano de 1936 o marco zero de uma trajetória segura e linear rumo ao posto de honra que, com razão, passou a ocupar no pensamento social brasileiro.

O discurso sobre *Raízes do Brasil* assimilou esse anacronismo como um fato. A fortuna crítica vem atribuindo recorrentemente ao livro, de modo mais ou menos explícito, a defesa, *desde 1936*, de posições assumidas *apenas em 1948*.[1] As principais delas são a atitude favorável à ruptura com o passado, a postura crítica a todos os tipos de autoritarismo e o pleito pela ascensão democrática das classes populares. Projetadas no texto de doze anos antes, essas e outras posturas têm levado a apreciações equivocadas sobre o teor da edição *princeps*, seu significado nos debates da época e seu papel no conjunto da obra do autor. Progressismo, pioneirismo e coerência, qualidades de que Sérgio Buarque daria provas abundantes ao longo da vida, apareceriam entretanto em prodigiosa confluência logo no livro de estreia. Sólidas razões, portanto, para que *Raízes do Brasil* fosse considerado um "clássico de nascença".

A expressão é do professor Antonio Candido, que, além de nosso maior crítico literário, é o mais importante comentador de *Raízes do Brasil*. Deve-se a ele um conjunto de estudos seminais sobre o livro e seu autor, publicados em um período de cerca de cinquenta anos.[2] Alguns de seus textos fazem parte da história do livro como prefácios. *Raízes do Brasil* teve três prefaciadores. O primeiro foi Gilberto Freyre, diretor da coleção Documentos Brasileiros da editora José Olympio, inaugurada em 1936 por *Raízes*. Seu texto, uma apresentação

34

geral da nova série, foi retirado na edição seguinte. O segundo foi o próprio Sérgio Buarque, que prefaciou a segunda edição, de 1948, e a terceira, de 1956, com sucintas advertências sobre a realização de mudanças no texto. Antonio Candido foi o último. Em 1963, escreveu um "Prefácio" para a quarta edição, substituído seis anos depois, na quinta, por texto intitulado "O significado de *Raízes do Brasil*". Esse prefácio por outro nome, datado de dezembro de 1967 mas publicado junto com a nova edição em 1969, acompanha o livro até hoje. O professor também assinaria, a partir da décima oitava edição, de 1986, um "*Post-scriptum*" a seu prefácio de 1969. Finalmente, para a edição francesa de 1998, escreveria um novo "*Post-scriptum*", com data do ano anterior.

Essa atividade prolífica, somada a artigos, conferências e depoimentos, dá a medida do engajamento de Antonio Candido com o livro de Sérgio Buarque. Já se disse, com justiça, que seu prefácio à edição de 1969 se tornou, desde então, uma espécie de capítulo inicial do livro.[3] Tomados em conjunto, seus escritos revelam um contraste. De um lado, Antonio Candido discerniu e expôs, lapidarmente, o sentido de *Raízes do Brasil* a partir da edição de 1948. De outro, menos feliz, foi não somente o autor mais representativo da tendência de projeção retrospectiva do conteúdo da segunda edição sobre o da primeira, como seu propugnador sistemático. Tendo em vista o papel de destaque que desempenha no debate sobre o livro, como prefaciador e comentador, convém examinar um pouco mais de perto essa disparidade de sua contribuição.

O prefácio de Antonio Candido à edição de 1963 abria-se com as seguintes palavras: "Este livro, publicado faz quase trinta anos, atravessou facilmente o período mais transformador dos estudos sociais no Brasil e se tornou um clássico. Para isso houve bons motivos, pois é igualmente perfeito no estilo e preciso nas ideias".[4] O processo de institucionalização das ciências sociais do país nas décadas de 1940 e 1950 não parecia ter afetado *Raízes do Brasil*. Na verdade, o livro o teria transposto com êxito e desenvoltura, conservando-se — é o que se depreende da passagem — igual a si mesmo. Estilo e ideias uniam-se para fazer da obra um clássico. No estilo, o autor soubera conjugar a simplificação da realidade em tipos sociais, como o do aventureiro e o do trabalhador, com a comunicação de um sentimento de grande complexidade. Nas ideias, captara com lucidez o problema da difícil adaptação do homem brasileiro, personalista e cordial, a um mundo crescentemente racionalizado e impessoal.

É no prefácio à edição de 1969 que se qualifica o livro como um "clássico de nascença". Na avaliação de Antonio Candido, *Raízes do Brasil* atuara menos sobre seus colegas de geração do que *Casa-grande & senzala*, lançado por Gilberto Freyre em 1933, mas teria tido um imediato "êxito de qualidade". O texto combinava um tom de elegância parcimoniosa, bem diverso da exuberância de *Casa-grande & senzala*, com uma atitude cujo aparente desprendimento frente aos problemas contemporâneos era, na verdade, condicionado por eles. Havia também um duplo respaldo teórico, na história social francesa e na sociologia da cultura alemã. Tudo isso embasava uma "admirável metodologia dos contrários", que explorava conceitos polares sem tomar partido, na prática ou na teoria, por qualquer um deles. A visão da realidade histórica decorria do enfoque simultâneo nos conceitos antípodas: "um suscita o outro, ambos se interpenetram e o resultado possui uma grande força de esclarecimento".[5]

Do ponto de vista da substância, Antonio Candido voltava a sublinhar o acerto de Sérgio Buarque em seu tratamento do tema do descompasso entre personalismo e impessoalidade. Nos termos do prefácio de 1969, o capítulo final de *Raízes do Brasil* apontava um "impasse" entre a tendência ideal do Estado de gravitar rumo à impessoalidade e a contratendência histórica de retorno ao personalismo. Antonio Candido agora ia além e explicava que a oscilação "contraditória" entre essas duas tendências havia sido resolvida pelo autor, e já na primeira edição de *Raízes do Brasil*: "Chegado a este ponto, Sérgio Buarque de Holanda completa o seu pensamento a respeito das condições de uma vida democrática no Brasil, dando ao livro uma atualidade que, em 1936, o distinguia dos outros estudos sobre a sociedade tradicional".[6] Tratava-se, segundo Candido, "de liquidar o passado, adotar o ritmo urbano e propiciar a emergência das camadas oprimidas da população, únicas com capacidade para revitalizar a sociedade e dar um novo sentido à vida política".[7]

A leitura comparada das edições de *Raízes do Brasil* mostra que essa caracterização era correta de 1948 em diante, mas errada em se tratando do texto de 1936. Essa diferença é importante, mas tem sido pouco examinada. Sérgio Buarque só "completou" seu diagnóstico com uma defesa da democracia popular em 1948. Na primeira edição, o "impasse" entre o imperativo de modernidade e a recorrência da tradição ficava em aberto. Na segunda edição é que surgia a perspectiva de a oscilação entre ambos ser superada pela liquidação do passado. O que o prefaciador fazia era desconsiderar a mensagem original, erigir a mensagem revisada em versão única e fundar, nisso, a atualidade de primeira hora de *Raízes do Brasil*. No "*Post-scriptum*" à edição francesa de 1998, Candido chegaria a comentar sobre o quanto o livro foi "atual, premonitório mesmo".[8]

Da projeção retrospectiva da mensagem de 1948 sobre o texto de 1936 fluíam importantes consequências para o discurso sobre a biografia do autor e sobre a recepção de seu livro nos anos 1930. De acordo com o professor Candido, Sérgio Buarque teria sido "o primeiro intelectual brasileiro de peso que fez uma franca opção pelo povo no terreno político".[9] Ademais, "teve desde moço consciência política e posições ideológicas definidas para o lado da esquerda, e como tal sempre foi tido".[10] Seria mesmo possível traçar uma linha de continuidade entre a primeira edição do livro de estreia e as derradeiras manifestações públicas do intelectual consagrado, feitas no fim dos anos 1970 em prol da redemocratização do país: "Simbolicamente, era como se houvesse uma ligação profunda entre a aclamação de agora e aquele texto de 1936, segundo o qual só a transferência de poder às camadas espoliadas e oprimidas poderia quebrar o velho Brasil da iniquidade oligárquica".[11]

O prefácio de 1969 abordava o tema da recepção de *Raízes do Brasil* com palavras até hoje muito repercutidas. Para Antonio Candido, *Casa-grande & senzala*, de 1933, *Raízes do Brasil*, de 1936, e *Formação do Brasil contemporâneo*, que Caio Prado Júnior lançaria em 1942, eram as obras que melhor exprimiam o radicalismo intelectual despertado pela Revolução de 1930. Esse trio teria em comum a crítica ao racismo, ao patriarcalismo e ao liberalismo, razão pela qual havia sido acolhido com entusiasmo pela juventude de esquerda da época. Os jovens de direita, por sua vez, veriam esses livros com desconfiança, e, quando muito, tentariam ajustar *Casa-grande & senzala* a seus propósitos. "Esses nossos antagonistas", recordava Candido, "preferiam certos autores mais antigos, (...) como Oliveira Viana [sic] e Alberto Torres, dos quais tiravam argumentos para uma visão hierárquica e autoritária da sociedade, justamente a que Sérgio Buarque de Holanda criticava em *Raízes do Brasil*".[12] Em mais de um escrito, Candido indicava que a visão de Sérgio Buarque seria em tudo oposta à de Oliveira Vianna: desvalorizava a tradição luso-brasileira, desqualificava as elites de origem rural e criticava o autoritarismo.

No "*Post-scriptum*" de 1986, o professor retomaria o "grande trio" do prefácio de 1969. A seleção perderia o sabor um tanto impressionista para ganhar um esboço de explicação estrutural, depois elaborada na palestra "Radicalismos", de 1988.[13] Cada um dos três livros manteria afinidade com a ideologia de uma classe social. Assim, *Casa-grande & senzala* seria identificado com a "etapa avançada do liberalismo das nossas classes dominantes".[14] *Formação do Brasil contemporâneo* cairia na outra ponta, a das classes trabalhadoras, e representaria a ideologia marxista em construtiva versão brasileira. *Raízes do Brasil*, de seu turno, exprimiria "o radicalismo potencial das classes médias, que no caso de Sérgio adquire um timbre diferenciador, ao voltar-se decididamente para o povo".[15] A coerência do autor era assinalada: "Há meio século, neste livro, Sérgio deixou claro que só o próprio povo, tomando a iniciativa, poderia cuidar do seu destino".[16] Se em décadas passadas os leitores tinham captado mais a análise histórica do livro do que sua proposta política,[17] agora, em meados dos anos 1980, a contribuição de *Raízes do Brasil* deveria ser "explorada e desenvolvida no sentido de uma política popular adequada às condições do Brasil".[18] Nem as utopias revolucionárias eram factíveis no futuro previsível, nem o reformismo minimalista por meio do qual os conservadores lidavam com a mudança social era desejável. *Raízes do Brasil*, capaz de combinar a compreensão aguda dos obstáculos com a proposta certeira do caminho a seguir, emergia como a melhor visão das transformações possíveis da sociedade brasileira naquele momento.[19]

Os textos de Antonio Candido sucessivamente incorporados às edições de *Raízes do Brasil*, bem como seus demais estudos sobre a obra, oferecem, como se disse, uma interpretação fundamental sobre a estrutura e a mensagem do livro, sua recepção e a biografia de seu autor. Moldam, há gerações, o entendimento sobre a obra. No entanto, contribuem sistematicamente para um discurso sobre o pioneirismo e a coerência da obra e do autor — no que respeita à edição *princeps* do livro, bem entendido — que dificulta o estudo e o debate do significado de *Raízes do Brasil* no ano em que se tornou mera convenção situar seu aparecimento: 1936.

\* \* \*

*Raízes do Brasil* é um clássico por amadurecimento. Muitas das razões pelas quais o livro é considerado clássico já se refletiam em seu texto original. Outras tantas, de igual ou maior importância, só surgiriam após a revisão. Não há critérios definitivos para arbitrar a matéria. Quem associe a grandeza da obra à sua discussão histórica e à fineza de sua escrita,[20] por exemplo, já a encontrará em 1936. Quem a associe menos ao estilo que à visão política renovadora, terá que aguardar 1948.[21] O certo é que, do ponto de vista tão decantado da atualidade – mesmo premonição – de sua mensagem política progressista, o livro teve que passar por transformações antes de se tornar clássico. Não veio ao mundo pronto, como depois se passou a crer – para isso havendo concorrido, sem dúvida, a prosaica razão do difícil acesso de interessados à edição original, esquecida, esgotada e só reeditada oito décadas mais tarde.[22]

O escritor sul-africano J. M. Coetzee propôs, certa vez, uma boa definição do termo "clássico". Não se trata, dizia em conferência de 1991, de buscar uma ou outra qualidade essencial. "O clássico se define por sobreviver. Por isso, interrogar o clássico, ainda que de forma hostil, é uma parte inevitável e bem-vinda de sua história. Enquanto o clássico precisar ser protegido de ataques, ele não se prova como tal".[23] Sob essa ótica, a função da crítica seria questionar o clássico. Apenas pelo permanente exame crítico o clássico garantiria sua sobrevivência ao longo do tempo.

A quimera da coerência interna entre as edições de *Raízes do Brasil* torna o autor e seu livro "reféns de uma imagem fixa".[24] Mas uma obra tão admiravelmente complexa e rica como *Raízes do Brasil* dispensa o resguardo de um cinturão de edificante constância substantiva. No critério de Coetzee, o livro sobreviveu. E o maior ataque que sofreu não veio de polemistas ocasionais, mas de seu próprio autor. Em 1948 e, em menor escala, nas revisões de 1956, 1963 e 1969, ano do texto definitivo, Sérgio Buarque foi o mais implacável crítico que a obra jamais teve.

Poucas vezes o autor discutiu publicamente as razões das mudanças em seu livro. Uma delas foi em 1967, quando Sérgio Buarque, então professor catedrático de história da Universidade de São Paulo, foi convidado a palestrar na Escola Superior de Guerra. O tema proposto era "Elementos básicos da nacionalidade: o homem". Sob o título solene estava, sem dúvida, o estímulo a que o grande pensador discutisse sua criação mais famosa, o homem cordial. O visitante declinou da proposta: "convidado a falar-vos do 'homem brasileiro', não se estranhe que deva eu principiar por esta tentativa de autocrítica, incidindo sobre opiniões que provavelmente sugeriram esse convite".[25]

A autocrítica em questão vinha logo na abertura da palestra:

> Houve tempo em que eu julguei relativamente fácil e, mais do que fácil, necessário, explicar-me a mim mesmo ou, se possível, tentar explicar a outros, os traços distintivos da entidade misteriosa e, por menos que o queiramos, ainda indecisa, a que se chama o homem brasileiro. Parecia essa necessidade uma imposição tanto mais imperiosa, quanto devia corresponder a uma espécie de exame de consciência pessoal, além de nacional. O prisma pessoal ligava-se talvez, aqui, ao fato de uma residência mais ou menos prolongada em terra estrangeira ter servido para aguçar em mim, prematuramente, certa sensibilidade a contrastes entre indivíduos de formação e cultura distintas (...) Para entender qualquer estilo de vida estranho ao das minhas origens, (...) fazia-se mister primeiramente procurar estudar essa formação. Sucede que na própria palavra "formação" já se sugere que, para semelhante tentativa, importa sobretudo ir escavar das nossas mesmas origens, de nosso passado nacional, as verdadeiras razões de nosso presente e — quem sabe? — as do nosso futuro, ir enfim sondá-las a partir do que me pareciam representar as

suas nascentes ou as suas raízes. Nada havia de inédito no recurso. Militavam em igual sentido vários precedentes ilustres, até de autores brasileiros. Além disso, numa era de furiosas paixões nacionalistas, em que cada povo parecia só querer depender das próprias energias ou virtualidades, empenhando-se não raro em forjar de si e para si alguma imagem falaciosa, que se pretendia tirada de um passado sacrossanto, tinham entrado em moda esses mergulhos no tempo (...) Se me fosse proposto refazer agora aquele livro de boa fé, eu com certeza me recusaria a tentá-lo. Ainda considero válido muito do que então escrevi, quando o escrevi, mas houve no intervalo de mais de trinta anos uma tamanha mudança de perspectivas para mim, que melhor seria, talvez, escrever um livro novo (...) A diferença está nisto principalmente, que em 1936 escrevia eu como ensaísta: mais tarde iria melhor definir-me como historiador. Um ensaísta bem pode permitir-se escolher, entre mil aspectos que lhe propõe o estudo do passado, aqueles que julgue os mais estimáveis ou simpáticos, e ainda os que o ajudem a bem armar suas teorias pessoais, quando as tenha. Não é o conhecimento histórico o que, de fato, lhe interessa, mas aquilo a que alguém já denominou o descobrimento do "passado utilizável". Ora, nada mais longe das preocupações que hão de mover um historiador. Mesmo admitindo que deva existir nas sociedades humanas algum fundo comum e permanente, ele saberá que só por meio de simplificações ilusórias e traiçoeiras lhe seria dado reduzi-lo a um esquema suficientemente unitário para comandar o presente.[26]

No ano dessa palestra, a edição vigente de *Raízes do Brasil* era a quarta, lançada em 1963. A autocrítica de Sérgio Buarque fazia eco às palavras de Antonio Candido em seu primeiro prefácio, mas na direção oposta. Em vez da história exitosa do livro que "atravessou facilmente" o período de institucionalização das ciências sociais, a ilusão da facilidade, seguida da frustração com o ensaísmo e sua inviabilização. Não só a seletividade com que o ensaísta podia abordar o passado era inaceitável para o historiador de ofício como, na prática, a instrumentalização da história tinha servido de ardil para as deletérias experiências nacionalistas da década de 1930. Em vez do homem cordial, uma "entidade ainda indecisa". Perante uma plateia que contava ouvir certezas, Sérgio Buarque confessava o desconforto com o livro célebre e, mais, o fracasso do projeto que o animara. A julgar por suas considerações, mal se compreenderia como *Raízes do Brasil* pudera continuar vivo no ambiente da ciência institucionalizada e merecer seguidas reimpressões.[27]

Exemplo das dificuldades que a concepção alegadamente pouco científica do livro gerou mesmo depois da revisão é uma resenha assinada em 1949 pelo jovem professor Florestan Fernandes. O sociólogo ainda encontrava, na segunda edição, o que Sérgio Buarque criticaria na primeira: "as principais virtudes do ensaio foram mantidas juntamente com alguns dos seus defeitos (...) Toda tentativa de síntese é empolgante e fecunda; mas os riscos são tanto maiores quanto mais inconsistente se revela a base empírica e analítica sobre a qual se constrói".[28] Fernandes reconhecia, porém, que isso não teria estorvado o acolhimento do livro já em sua primeira edição: "o ensaio agitou os círculos intelectuais do país e impressionou vivamente uma geração muito moça, na época constituída de simples, embora inquietas, vocações intelectuais".[29] Acrescente-se que o resenhista não deixava de registrar, verdade que sumariamente, uma mudança na discussão política do livro: "o autor (...) deu novo tratamento ao problema da organização política do Brasil e dos países latino-americanos".[30]

Para a edição de 1969, Antonio Candido trocou o texto de seu prefácio, apagando o juízo contestável da "facilidade" na travessia. Recorde-se que o novo texto foi assinado em dezembro de 1967, isto é, certamente após a palestra de Sérgio Buarque na ESG no mesmo ano. O prefaciador não duvidaria, em todo caso, agregar que o clássico era "de nascença". Atribuiria isso em boa medida — senão predominantemente — à "atualidade" da solução democrático-popular avançada pela obra "em 1936". Fracassada sua concepção primitiva, além de rejeitada sua visão política original, como já se verá, *Raízes do Brasil* era redimido por um progressismo retrospectivo que lhe assegurava pioneirismo e coerência.

Em mais de uma ocasião, Sérgio Buarque endossou essa leitura. Em entrevista de 1976, por exemplo, diria sobre o livro escrito na década de 1930: "Eu escrevi dois de seus capítulos na Alemanha, quando lá morei, entre 1928 e 1931 [sic]. A ideia básica era a de que nunca houve democracia no Brasil, e de que necessitávamos de uma revolução vertical, que realmente implicasse a participação das camadas populares".[31] Nenhum indício de que sequer houvesse a expressão "revolução vertical" no texto de 1936, e de que a "ideia básica" da democracia popular só tivesse surgido mais de uma década depois.

A fragilidade desse discurso retrospectivo, que recobre ainda hoje os doze anos iniciais de *Raízes do Brasil*, tem inspirado cada vez mais cautela. Mesmo que não se dispute a coerência política de Sérgio Buarque, ponderou há pouco um conhecedor de sua obra,[32] o rendimento da noção de "radicalismo" para explicar o livro — sua primeira edição, mais especificamente — é limitado. Constatações como essa estão na base de um corpo de estudos relativamente recente e ainda pequeno, que tem buscado aprimorar a compreensão sobre a primeira etapa da história de *Raízes do Brasil*.[33] Essa é a senda explorada neste trabalho.

\* \* \*

Este livro retoma a edição original da obra de Sérgio Buarque e discute o seu significado. Não o faz por amor de antiguidades, nem por diletantismo. Motiva-o, antes, a convicção de que o estudo do texto original da obra ajuda na compreensão do definitivo. Anima-o ainda a perspectiva de contribuir para o entendimento de um período injustificadamente negligenciado na trajetória desse clássico do pensamento social brasileiro.

O exercício de leitura é composto por quatro estudos, que abordam *Raízes do Brasil* por diferentes ângulos. O capítulo inicial explora a diferença entre o texto das três primeiras edições de *Raízes do Brasil*, tomando por referência quatro temas. O primeiro é a tradição ibérica. Em 1936, Sérgio Buarque adotava uma atitude de compreensão quanto à resistência que o legado ibérico, composto por cultura da personalidade, ética da aventura, ruralismo e desleixo, opunha à modernização. Em 1948, o legado passava a ser tratado como um obstáculo, cuja remoção era premente. O segundo tema é a cordialidade. Em 1936, o autor a abordava como uma manifestação do caráter nacional eivada de qualidades positivas, embora não desconhecesse suas limitações. Em parte pela polêmica suscitada por Cassiano Ricardo a respeito da figura do homem cordial, Sérgio Buarque põe a cordialidade em xeque ao ressaltar, em 1948, de uma perspectiva mais sociológica, a erosão da base rural que havia sido o seu esteio. O terceiro tema é a busca de uma forma política adequada para o Brasil. Em 1936, a tentativa de importação de regimes estranhos à realidade brasileira, como a democracia liberal ou o fascismo, revelava uma incompreensão, pela elite, do papel que o personalismo ainda tinha como força de estabilização política nos países ibero-americanos. Já em 1948, a liquidação do passado ibérico era condição indispensável para a fundação do espaço público, no qual as camadas oprimidas pudessem se bater pela democratização. O último tema é a condição de desterro. Em 1936, o autor usava a metáfora do desterro para criticar a tentativa de implante de formas de vida estranhas à única cultura bem enraizada no solo brasileiro, a ibérica. Em 1956, essa mesma tentativa torna-se a melhor promessa para a modernização do país, cujas raízes ibéricas tardavam em ser erradicadas.

O segundo capítulo explora o diálogo de Sérgio Buarque com dois nomes tutelares do pensamento nacional, Oliveira Vianna e Gilberto Freyre, na montagem do diagnóstico central da edição *princeps* de *Raízes do Brasil*, o do privatismo. Seu primeiro passo é mostrar como Sérgio Buarque incorporou, na noção de desterro, a crítica antiliberal elaborada por Oliveira Vianna na década de 1920 e antecipada por Alberto Torres em meados do decênio anterior. Em seguida, discute a equivalência entre os conceitos-chave que *Populações meridionais do Brasil* e *Raízes do Brasil* usam para a compreensão do privatismo brasileiro, respectivamente insolidariedade e cordialidade. O terceiro passo é averiguar como a discussão com Gilberto Freyre possibilita a Sérgio Buarque tratar sob luz favorável o privatismo, que com Oliveira Vianna havia sido abordado de modo sobretudo negativo. O quarto passo consiste em examinar a discrepância entre a forma como Sérgio Buarque encaminha o problema do desterro, que passava pela aceitação do legado ibérico pelo Estado brasileiro, e a forma pela qual Gilberto Freyre avaliava a mesma questão.

O terceiro capítulo aprofunda a discussão sobre a saída política indicada por *Raízes do Brasil*. Sustenta-se que, com as mudanças no livro, a solução apontada em seu capítulo final também se altera. Em 1936, a valorização do legado colonial na parte histórica do livro levava naturalmente à defesa, na parte política, de um contraponto entre tradição e modernidade, ou cordialidade e civilidade. A ambiguidade no tratamento do privatismo, que o capítulo anterior mostra ser ora favorável, ora negativo, rebate-se aqui sobre a solução política do livro. Em 1948, a apresentação daquele legado em tom predominantemente crítico levava à defesa da ruptura com o passado, por meio de uma revolução urbanizadora que fortalecesse a civilidade e eliminasse a cordialidade. Embora as noções de contraponto e de revolução já constassem do texto original, entre 1936 e 1948 a ênfase do capítulo passa daquela para esta, o que torna possível a leitura de *Raízes do Brasil* como uma obra progressista.

O quarto capítulo reconstitui a recepção de *Raízes do Brasil* por uma das grandes peças doutrinárias produzidas no Estado Novo, o livro *Força, cultura e liberdade*, publicado por Almir de Andrade em 1940. Seu passo inicial é esboçar um quadro das primeiras reações à obra, na imprensa e nos meios intelectuais. O segundo passo é verificar como *Força, cultura e liberdade* enuncia a existência de uma tradição política cordial no país, com base na interpretação de *Raízes do Brasil*. Em seguida, mostra como Almir de Andrade retomou a discussão ensaística do contraponto entre cordialidade e civilidade e a operacionalizou em uma doutrina de Estado calcada no equilíbrio entre tolerância e força. O passo final será discutir a peculiaridade dessa doutrina no âmbito ideológico do Estado Novo, em contraste com as formulações de Azevedo Amaral e de Francisco Campos.

Alguns temas se repetem ao longo deste livro, e seu tratamento não estará de todo isento de variações. Karl Mannheim, em seu clássico *Ideologia e utopia*, observa que, em uma reflexão experimental, as repetições têm a vantagem de permitir ver os assuntos sob nova luz, enquanto possíveis contradições não deixam de revelar possibilidades latentes que a abordagem sistemática apagaria.[34] A lição é valiosa para quem procure compreender um texto complexo como *Raízes do Brasil*. Dele não se pretende apresentar uma interpretação definitiva, mas uma leitura possível e fundamentada.

\* \* \*

Do que fica dito é possível antecipar algumas consequências para o entendimento sobre *Raízes do Brasil*, especialmente para aquelas três posições costumeiramente atribuídas à edição de 1936, mas que de fato só surgem no texto em 1948.

A primeira diz respeito à avaliação de que Sérgio Buarque defendia, desde o princípio, uma ruptura com o passado nacional. Este livro julga, ao contrário, que a edição *princeps* do livro trabalha com a concepção de uma reforma gradual da tradição, capaz de aproveitar seus traços benéficos. Vale para o *Raízes do Brasil* de 1936 o que já se disse de livros posteriores de Sérgio Buarque, pautados pela visão de que "a cordialidade lentamente se disciplina e se civiliza, sem contudo romper radicalmente com suas características iniciais".[35] A noção de contraponto será afim a esse processo paulatino de disciplinamento da cordialidade. Só mais tarde, com a troca da ênfase do sétimo capítulo do livro para a noção de revolução, modernidade e tradição se tornam absolutamente incompatíveis e o processo histórico em *Raízes do Brasil* se presta a uma ruptura. O maior equilíbrio entre tradição e modernidade na edição *princeps* a tornava o campo de eleição do que Antonio Candido chama, referindo-se contudo ao texto revisado, de "metodologia dos contrários". De fato, essa metodologia parecia se aplicar ainda melhor ao prognóstico de 1936 sobre o jogo entre cordialidade e civilidade do que à opção de 1948 por um desses polos, concomitante à indicação de desaparecimento do outro.[36]

Esclareça-se a esse respeito: se ambiguidades já estavam presentes desde o texto original, a versão revisada passa a apresentar o desafio adicional de inconsistências entre a redação antiga e a nova. Os estudos à frente procuram distinguir esses dois tipos de ocorrência. Ao fazê-lo, apontam para o fato de que certas dificuldades da versão definitiva de *Raízes do Brasil* não se devem unicamente às conhecidas ambivalências do livro, mas também, em importantes casos, às alterações sofridas pelo texto. Nada disso retira o interesse e até o aguilhão de leituras que partem de uma "radical indefinição" no argumento revisado de *Raízes do Brasil*.[37] Mas situa esse caráter indeciso e lhe dá uma história, em cujo princípio as ambiguidades da edição *princeps* envolviam um reconhecimento muito (mais) claro do papel a ser desempenhado pela tradição no processo modernizador brasileiro. As alterações afetaram o próprio teor das ambivalências. Todas essas mudanças tornam difícil encarar *Raízes do Brasil* como um monumento, ao menos sem que lhe sejam notadas e compreendidas as fortes marcas do tempo.[38]

A segunda consequência da discussão realizada aqui diz respeito à suposta distância de Sérgio Buarque, em 1936, em relação ao campo autoritário. Essa avaliação parece ligar-se à insuficiência dos estudos sobre a interlocução do autor, ao menos na edição *princeps* do livro de estreia, com outros pensadores nacionais da época. Isso contrasta com a documentação mais farta de seu diálogo com autores estrangeiros, especialmente alemães, com os quais travou contato em Berlim durante sua estada entre 1929 e 1930. Antonio Candido, por exemplo, cita o respaldo alemão e francês aos argumentos do livro, mas antes justapõe do que faz dialogar *Casa-grande & senzala*, *Raízes do Brasil* e *Formação do Brasil contemporâneo*. Igualmente, traça uma linha de separação – historicamente pouco transgredida –[39] entre esses três e as obras de Oliveira Vianna e de Alberto Torres.

Em meados da década de 1930, Sérgio Buarque andou próximo à reflexão conservadora e autoritária – ou, por outra, ao campo nacional-reformista –,[40] fato depois eclipsado pela imagem de pioneirismo democrático e progressismo político que recobriu essa etapa de sua biografia intelectual. Sérgio Buarque também se pôs à distância de Gilberto Freyre a partir de certo ponto. É testemunho disso a exclusão do prefácio escrito pelo grande pernambucano para a edição *princeps* das versões seguintes do livro. Câmbios como esse afastariam, de forma bem-sucedida, a reflexão de Sérgio Buarque dos eminentes pensadores com quem entabulou diálogo nos anos 1930. Entretanto, "havia também muito de *Raízes* que se enraizava na tradição brasileira. Entre 1930 e 1935, (...) Sérgio Buarque absorveu muito da tradição do pensamento brasileiro, especialmente do mais recente".[41] Neste livro, Sérgio Buarque é surpreendido em um diálogo profícuo e criativo tanto com Gilberto Freyre quanto com os "mais antigos" Alberto Torres e Oliveira Vianna, em verdade fontes de inspiração, e também diferenciação, para seus argumentos. Sendo indubitável tratar-se de um livro "meio alemão",[42] pela presença de autores como Carl Schmitt, Ludwig Klages e Max Weber, cumpre todavia recordar e fixar a outra metade dessa afirmativa: muito de *Raízes do Brasil* está no diálogo com autores brasileiros, alguns deles grandes e já citados, outros tantos quase sempre esquecidos, como o Conde Affonso Celso, Martins de Almeida e Virgínio Santa Rosa. A presença desses autores será indicada onde possível.

A terceira consequência diz respeito às condições em que surgiu, no texto, o pleito pela democracia popular. O impacto do período do Estado Novo sobre *Raízes do Brasil* terá sido crucial nesse aspecto, no contexto do resfriamento da atmosfera até ali encorajadora da curiosidade intelectual pelo país e do ensaísmo.[43] Sobre o assunto, Antonio Candido fez considerações muito interessantes em um artigo de 1998. Segundo ele — e nisto de fato suas palavras se aplicam ao livro de 1936 —, havia uma "relativa indecisão teórica" no capítulo final de *Raízes do Brasil*, o que era uma forma de o livro captar o "movimento profundo" da sociedade brasileira entre o tradicional e o moderno. Essa configuração se revelaria própria da "fisionomia ambígua do Estado Novo getulista, contra o qual lutamos, que foi o adversário por excelência em nossa mocidade, mas que histórica e sociologicamente foi uma fórmula conciliatória de passagem do velho Brasil ao Brasil novo".[44] A imagem de um Sérgio Buarque frontal e permanentemente opositor do regime de 10 de novembro de 1937 será matizada no capítulo final deste livro. Mas a ideia de que a indecisão da edição *princeps* de *Raízes do Brasil* – traduzida em certa medida pela noção de contraponto – tivesse relação com as fórmulas conciliatórias do Estado Novo fornece uma pista importante.

Em 1936, *Raízes do Brasil* continha brechas pelas quais se podia vislumbrar o papel da força na política – e nem todas foram apagadas em 1948. No personalismo, a força era uma componente inseparável dos governos altamente centralizados. Na civilidade, era uma hipótese por vezes inevitável para a instauração da ordem. Justamente porque não era um entusiasta do assunto, Sérgio Buarque indicava a cordialidade como a melhor forma de evitar – ou, pelo menos, moderar – a força nessas duas vertentes. A cordialidade era entendida de modo sobretudo positivo, como um padrão caloroso de sociabilidade humana que singularizava o Brasil em um mundo crispado, e, em 1940, ano de *Força, cultura e liberdade*, conflagrado. Essa leitura, cujos fundamentos os próximos capítulos procurarão demonstrar, foi exatamente o que permitiu a Almir de Andrade mobilizar *Raízes do Brasil* na apologia do Estado Novo e sua capacidade de equilibrar força e tolerância. Nisso parece residir uma importante razão para as mudanças depois impostas por Sérgio Buarque à reflexão política de seu livro de estreia. A instrumentalização de *Raízes do Brasil* por Almir de Andrade poderá ter parecido a Sérgio Buarque um empobrecimento e mesmo uma desvirtuação. *Força, cultura e liberdade* era um desdobramento certamente simplificado, mas em todo caso não inteiramente deformado da discussão política da edição *princeps* de *Raízes do Brasil.* A evolução da postura política de Sérgio Buarque ao longo do Estado Novo e nos anos imediatamente posteriores à sua queda o terá feito recuar de posições importantes de seu livro: não só do elogio da cordialidade como da ênfase no contraponto cordialidade-civilidade. Ambos, síntese histórica e proposta política — tanto quanto o contraponto superava a indecisão e era uma proposta — haviam dado margem a uma leitura que, em algum ponto, passara a repugná-lo.

Como pressentiu um especialista em sua obra, sem todavia atinar com o papel aparentemente decisivo de *Força, cultura e liberdade*, "O mal-estar de Sérgio pode ter começado com o advento do Estado Novo, em 1937. Ele pode ter notado uma proximidade incômoda entre o argumento de *Raízes do Brasil* e o discurso de legitimação do regime liderado por Vargas".[45] É exatamente o que se verifica neste livro, embora a reação de Sérgio Buarque a *Força, cultura e liberdade* só possa ser conjecturada, dada a indisponibilidade, ou inexistência, de documentação a respeito. Diga-se apenas da implausibilidade de que Sérgio Buarque, leitor sabidamente voraz, não tivesse tido acesso a esse livro, lançado no Rio de Janeiro, cidade em que residia, pela mesma editora que havia publicado *Raízes do Brasil.* E que, acima de tudo, citava nominalmente a sua obra. O caso faz pensar na advertência de Jorge Luis Borges sobre a suposta obrigação que a realidade teria de ser interessante: "a realidade pode prescindir dessa obrigação, mas não as hipóteses".[46]

Em sua palestra na ESG, Sérgio Buarque afirmaria categoricamente que *Raízes do Brasil* era isento de tendências autoritárias. E faria, na sequência, um comentário que pode ser lido como uma consideração direta sobre Almir de Andrade:

> Em nenhum momento, é verdade, deixara eu transparecer em suas páginas qualquer sedução pelos regimes de força. Publicado o livro em 1936, quando andava em maré alta a pregação do integralismo, oferecia ele, ao contrário, uma denúncia inequívoca do fascismo, tanto em suas manifestações europeias como na variante indígena (...) direi que ainda reputo plausível, e mais do que isso, oportuno, o que nele se disse sobre a atração frequentemente exercida pelas ditaduras. Apenas me pergunto se os argumentos a que recorri para combater essa atração não pertencem rigorosamente à mesma seara onde outros, na mesma época, foram recolher seus motivos para enaltecê-la.[47]

Fora este o caso de *Força, cultura e liberdade*: havia encontrado, na cordialidade, motivos para enaltecer a ditadura. Em 1936, a cordialidade era pensada como um fator de mitigação dos excessos de força inerentes aos governos de corte personalista, ou dos métodos violentos à disposição da civilidade. Reconhecida a necessidade de uma terapia contra a moléstia da desordem privatista, o caráter nacional evitava que o remédio do governo forte se transformasse no veneno do despotismo. Com as correções de 1948, a cordialidade tende ao desaparecimento. O homem cordial se torna, na expressão de Sérgio Buarque na polêmica com Cassiano Ricardo, um "pobre defunto",[48] e as aberturas para o uso da força tornam-se menos evidentes. Na palestra da ESG, o passado chega a ser tratado como uma "herança ruim".[49] O desfecho de 1948, mantido nas décadas seguintes, teve consequências de grande alcance, dentre as quais lançar uma pá de cal ao diálogo – nunca com esse nome – de Sérgio Buarque com Almir de Andrade.

A solução política para o país passaria a vir, daí em diante, de uma ordem fundada na despersonalização e na civilidade. Seria preciso inverter os sinais da narrativa da obra e deixar para trás as hesitações dos anos 1930. A visão do autor evoluía naturalmente, e seu livro, clássico desde o lançamento, embora por outras qualidades, amadurecia perspectivas políticas antes criticadas ou incipientes, como a democracia. Consolidado o seu texto, *Raízes do Brasil* não só sobreviveu, como iniciou as décadas mais exitosas de sua trajetória. No novo ciclo autoritário, iniciado em meados da década de 1960, a obra despertaria crescente interesse,[50] saltando da quinta edição, em 1969, para a décima sétima em 1984; na Nova República, mais dez edições entre 1986 e 2014. Ensaísmo pregnante e visão radical de seu país, *Raízes do Brasil* tornou-se um fracasso cada vez mais bem-sucedido.

# Um clássico por amadurecimento

*Raízes do Brasil* foi lançado em outubro de 1936, reeditado em janeiro de 1948 e publicado em terceira edição, sempre pela editora José Olympio, em agosto de 1956. Nesses vinte anos, sua narrativa se transformou. A tradição ibérica deixou de ser avaliada como um bom legado da colonização, a cordialidade passou a ser vista como uma característica predominantemente negativa do brasileiro, o ideal democrático substituiu o personalismo no horizonte político nacional e o desterro tornou-se um signo da difícil conjugação de todos esses elementos com vistas à afirmação da modernidade. No jogo metafórico, as raízes deixaram de significar uma herança cultural sadia e bem plantada para assumir o aspecto de obstáculos daninhos ao enraizamento de uma nova ordem social e política.

No prefácio à edição de 1948, Sérgio Buarque de Holanda não discutia o teor dessas alterações, mas reconhecia que o livro vinha a lume "consideravelmente modificado".[1] "Se", dizia, "por vezes tive o receio de ousar uma revisão verdadeiramente radical do texto — mais valeria, nesse caso, escrever um livro novo –, não hesitei, contudo, em alterá-lo abundantemente onde pareceu necessário retificar, precisar ou ampliar sua substância".[2] O prefácio à edição de 1956 era mais sucinto, ao afiançar que a nova versão saía "com algumas alterações que não lhe afetam essencialmente o conteúdo".[3] Após uma edição da Universidade de Brasília, em 1963, o texto definitivo foi publicado, de novo pela José Olympio, em 1969.[4] A partir daí, passou a ter sucessivas tiragens.[5]

Ao longo das primeiras edições, Sérgio Buarque alterou tanto a forma quanto o conteúdo de seu livro. De um lado, a abordagem ensaística da obra passou a conviver com um tratamento mais sociológico da realidade brasileira. De outro, o juízo sobre essa realidade tornou-se preponderantemente crítico. Se, de fato, as alterações não chegavam a constituir um livro novo, até pelos importantes vestígios do texto original que remanesciam, seu impacto poderia ser subestimado pela adjetivação usada pelo autor, no prefácio, para qualificar a revisão. Preservados os aspectos exteriores da obra, como suas dimensões ou a divisão de seus capítulos, que não sofreram variações bruscas, a mensagem de *Raízes do Brasil* variou radicalmente. Este texto cotejará as três primeiras edições de *Raízes do Brasil*, que concentram o esforço de reescrita do livro, com vistas a contribuir para a releitura dessa obra clássica do pensamento social brasileiro pelo ângulo de suas "metamorfoses", na expressão de um pioneiro dessa vertente, João Cezar de Castro Rocha.[6]

Em sua história octogenária, *Raízes do Brasil* suscitou questionamentos desde os mais diferentes pontos de vista e a propósito de variados aspectos de sua composição. As interrogações a respeito da proposição e do enfrentamento dos dilemas ligados à passagem do tradicional ao moderno levaram a múltiplas avaliações acerca da consistência, da pertinência e dos desígnios do livro. Assim, a armação enunciativa do ensaio revelaria "contradição lógica",[7] "ambiguidade profícua",[8] "universo tenso",[9] "metodologia dos contrários",[10] "dialética negativa",[11] "dialética contrapontística",[12] "síntese frágil"[13] ou "síntese discretamente luminosa".[14] As finalidades da obra incluiriam desde a defesa de um Estado forte como "resposta compatível com a situação brasileira"[15] até a proposta de uma "solução de cunho democrático-popular".[16]

Ao pôr em relevo muitas das alterações processadas em *Raízes do Brasil* nos vinte anos entre 1936 e 1956, e especialmente nos doze anos até a edição de 1948, espera-se lançar luz sobre o fato evidente, mas ainda pouco explorado, de que a exatidão do que se afirma sobre esta obra de Sérgio Buarque depende em importante medida da edição que se adote como referência. A relevância desse parâmetro será confirmada pela sondagem das profundas alterações dos argumentos do livro relativos à tradição, à cordialidade, à democracia e ao desterro.

As próximas seções examinarão em detalhes cada um desses quatro conjuntos de modificações. Não se pretende, aqui, realizar um inventário exaustivo das alterações do livro, mas sim fixar as linhas gerais de suas mudanças. Muito especialmente, tenciona-se avaliar a modificação da mensagem política do livro entre 1936 e 1948. Como se verá, ela de fato variou da defesa de um Estado forte para uma solução democrático-popular. Assim, em um sentido que Antonio

Candido empresta à expressão,[17] *Raízes do Brasil* não foi um "clássico de nascença". Tornou-se clássico, na verdade, após mais de uma década de amadurecimento.

## |As origens seculares

O primeiro conjunto de alterações a assinalar-se em *Raízes do Brasil* diz respeito à temática da herança ibérica. Na edição *princeps*, há um questionamento básico sobre a resiliência da tradição diante do processo modernizador. Tratava-se de averiguar em que medida os ventos de mudança eram refreados pelo lastro do passado. Na segunda edição, o questionamento passa a referir-se às condições para que o processo modernizador se efetivasse, ainda que em detrimento da tradição. Tratava-se agora de examinar as possibilidades de limitação do peso da história, de modo a que se pudesse singrar com menos dificuldade rumo ao progresso.

A narrativa de *Raízes do Brasil* em 1936 assenta-se em uma avaliação de que o legado da colonização ibérica, composto pela cultura da personalidade, pelo espírito de aventura, pelo ruralismo e pelo desleixo, e condensado na identidade cordial, era forte o bastante para recomendar reticência com as perspectivas de modernização da sociedade brasileira. O tema surge na primeira página do ensaio, que anuncia o propósito de averiguar até onde os brasileiros representam "as formas de vida, as instituições e a visão do mundo de que somos herdeiros e de que nos orgulhamos".[18] Não se trata, desde logo, de uma mera herança, mas de um envaidecedor legado. O Brasil mantinha com a Península Ibérica uma ligação estreita e pulsante. Logo no primeiro capítulo, o leitor é envolvido em uma voz coletiva que afirma: "a verdade (...) é que ainda nos associa à Península Ibérica, e a Portugal especialmente, uma tradição longa e viva, bastante viva para nutrir até hoje uma alma comum".[19]

A herança ibérica estava bem representada nos usos e costumes nacionais. Por isso mesmo, é desconcertante uma apreciação inicial do valor do legado ultramarino para a formação política do Brasil, feita no segundo capítulo:

> Assim, o peculiar da vida brasileira por essa época [a colônia] parece ter sido uma acentuação singularmente enérgica do afetivo, do passional, do irracional, e uma estagnação, ou antes, um afrouxamento correspondente das qualidades ordenadoras, disciplinadoras, racionalizadoras. Quer dizer, exatamente o contrário do que poderia convir a uma população em vias de se organizar politicamente, de acordo com os conceitos modernos.[20]

Todos os traços da alma ibérica pareciam dificultar a boa organização política. Mas é significativa, no trecho, a especificação do ângulo pelo qual o "afrouxamento das qualidades racionalizadoras" era inconveniente. O juízo segundo o qual o personalismo (a passionalidade, que limita a solidariedade a círculos restritos) e a aventura (a irracionalidade) são impróprios é expressamente identificado a um ponto de vista, o dos "conceitos modernos", que se pode, ou não, adotar. O autor não deixava de indicar as dificuldades geradas pelo legado colonial, mas tampouco fechava questão com a defesa dos "conceitos modernos". Outro ângulo de visão lhe parecia possível e mesmo necessário no tratamento da vida política brasileira. Reveladoramente, na edição de 1948 o trecho é inteiramente preservado, exceto pela especificação ângulo moderno ("de acordo com..."), que é suprimida.[21] Sem a precisão do ponto de vista, o legado ibérico tornava-se inconveniente por qualquer ótica de análise, o que justificava o aludido desconcerto. A herança ibérica, bem arraigada nos usos e costumes nacionais e até ali motivo de orgulho, tornava-se entretanto um estorvo, sob o ângulo que fosse, para a formação de um Estado independente.

A leitura do terceiro e do quarto capítulos da edição de 1936, reunidos àquela altura sob o título comum "O passado agrário", não dá margem a essa virada crítica que se acaba de sinalizar no texto de 1948. É verdade que, em mais de uma ocasião, nesses e em outros capítulos, a narrativa da edição *princeps* de *Raízes do Brasil* pauta-se por uma "sintaxe da ausência",[22] que será potenciada a partir da segunda edição. É o caso, por exemplo, da questão da inexistência de uma moral religiosa no Brasil,[23] tema do quarto capítulo. Lê-se no texto de 1936: "Mesmo à Igreja Católica [...] faleciam forças para organizar a sociedade anárquica da colônia".[24] E ainda: "Compreende-se que, em tais circunstâncias, não fossem esses padres uns modelos de virtude e ascetismo".[25] As reiteradas indicações de que a formação brasileira não tivesse corrido de acordo com cânones da experiência ocidental, como a ética protestante ou a ética do trabalho,[26] não servem de mote, na primeira edição, para a defesa de um ajustamento do Brasil àqueles padrões. Ao contrário: a descrição do que faltava ao Brasil funcionava como um reconhecimento da força da realidade tal qual apresentada. Fosse pela inaplicabilidade ao Brasil dos "conceitos modernos", fosse pela própria superioridade de alguns aspectos da colonização, era preciso aceitar a realidade brasileira em seu valor intrínseco. O legado ibérico era avesso à racionalização do mundo conforme discutida por Max Weber,[27] e Sérgio Buarque não tomava partido, naquele momento, pela transformação da natureza das relações sociais no Brasil.

Um episódio discutido no terceiro capítulo da edição *princeps*, a "febre de progressos materiais" que se seguiu ao fim do tráfico de escravos em 1850,[28] é indicativo da atitude do autor. O século XIX testemunhava, no Brasil, um longo processo de urbanização, iniciado com a transmigração da família real em 1808. Embora estivesse em curso a passagem da "ditadura dos domínios rurais" à "urbanocracia",[29] era preciso recordar que, com a urbanização, o "'espírito da casa-grande', estereotipado por centenas de anos de vida rural, [havia sido] transportado, bruscamente, de corpo e alma, para as cidades".[30] De acordo com o benevolente parecer do autor, o ritmo da modernização ocasionada pelo fim do tráfico não poderia ter sido intenso, dado que o país não "estivesse amadurecido" para empreendimentos econômicos "que lhe alterassem profundamente a fisionomia".[31] "Nosso temperamento" e "nossos costumes" não ofereciam um "ambiente adequado" para a racionalização.[32]

No plano político, o quadro era o mesmo. Centrada historicamente nos domínios rurais, a sociedade retirava deles seu princípio organizador, dado pelo tipo de família estruturado pelo direito romano canônico. "Resultava dessa circunstância", dizia Sérgio Buarque, "um predomínio quase exclusivo, em todo o mecanismo social, dos sentimentos próprios à comunidade doméstica, naturalmente particularista e antipolítica, uma invasão do público pelo privado, do Estado pela Família".[33] Esse predomínio não era propriamente criticado, mas constatado. Daí o tom resignado com que se aborda a inviabilidade da democracia e de uma burocracia isenta de patrimonialismo: "Explicam-se largamente, com isso, a nossa adaptação difícil ao princípio do Estado democrático, (...) e também os obstáculos (...) que se ergueram contra a formação de um aparelhamento burocrático eficiente entre nós".[34]

Em suma, na economia as mudanças não encontravam um "ambiente adequado", enquanto na política as transformações enfrentavam uma "adaptação difícil". Constatações como essas servem de reconhecimento do peso do *status quo* e não são seguidas por nenhum prognóstico de sua alteração. Indicam, quando muito, a necessidade de conciliação entre o tradicional e o moderno.

É interessante ler as mesmas passagens na segunda edição. O raciocínio sobre o "predomínio dos sentimentos próprios à comunidade doméstica" é mantido com mínimas reformulações,[35] mas com a supressão decisiva da última frase ("Explicam-se largamente..."). A correção evitava o entendimento de que a sociedade tivesse alguma incompatibilidade de fundo com o regime democrático e com a burocracia moderna. Ao mesmo tempo em que ajudava a abrir o plano político à possibilidade de transformação, deixava intacto o diagnóstico da "invasão do público pelo privado", óbice importante à mudança. O problema deixava de ser a expectativa exagerada de modernização para tornar-se o estorvo de uma mentalidade defasada.

Na nova análise da "febre de progressos materiais", em 1948, o autor retoma a oposição entre afetividade e racionalidade presente no segundo capítulo. Se, na primeira edição, essa oposição admitia uma leitura que não descartava o valor do personalismo e da aventura, agora, na segunda, a oposição perdia qualquer ambiguidade, ao reservar para o legado colonial o lugar de honra em um polo negativo, antípoda da modernização.

> Eram dois mundos distintos que se hostilizavam com rancor crescente, duas mentalidades que se opunham como ao racional se opõe o tradicional, ao abstrato o corpóreo e o sensível, o citadino e o cosmopolita ao regional e o paroquial. A presença desses conflitos já parece denunciar a imaturidade do Brasil escravocrata para transformações que lhe alterassem profundamente a fisionomia (...) Como esperar mudanças profundas em país onde eram mantidos os fundamentos tradicionais da situação que se pretendia ultrapassar? (...) [A crise comercial de 1864] foi o desfecho normal de uma situação rigorosamente insustentável, nascida da ambição de vestir um país ainda preso à economia escravocrata com os trajes modernos de uma grande democracia burguesa. De certo modo, o malogro comercial de um Mauá também é indício eloquente da radical incompatibilidade entre as formas de vida copiadas de nações socialmente mais avançadas, de um lado, e o patriarcalismo e o personalismo fixados entre nós por uma tradição de origens seculares.[36]

Um primeiro fato a se notar no trecho é a aposição de "origens seculares" à tradição, qualidade nesse contexto antes depreciativa que solene, porque indicativa de uma renitência malsã. Outra mudança é a intensificação da clivagem entre tradição e modernização, elevada a hostilidade rancorosa entre "dois mundos distintos", entre os quais há "radical incompatibilidade". O par racional-irracional é ativado em uma oposição que expressa, no texto, um conflito fundamental. Em 1936, o "racional" não era um fator dinâmico o bastante para superar a tradição. Agora, a sintaxe da ausência é complementada por uma semântica da presença, relacionada, de modo amplo, ao "racional", ao "abstrato", ao "citadino" e ao "cosmopolita". A "metodologia dos contrários" será enfraquecida por essa enunciação que aborda os termos dicotômicos como mutuamente excludentes e tende a optar por um dos polos antagônicos. É o que se verifica com o surgimento de uma expectativa de "mudanças profundas" no país. Essa expectativa não se encontrava no texto original, senão como alvo de crítica. Agora, é confessada pelo autor na pergunta retórica ("Como esperar..."), que infunde à narrativa certa premência modernizadora. Não é a única alteração nesse sentido. Ao apreciar a resistência dos interesses rurais em Pernambuco à altura da Revolução Praieira, Sérgio Buarque afirma:

> Esse caráter puramente exterior, epidérmico, de numerosas agitações ocorridas entre nós durante os anos que antecederam e sucederam à Independência, mostra o quanto era difícil ultrapassarem-se os limites que à nossa vida política tinham traçado certas condições específicas geradas pela colonização portuguesa.[37]

A edição *princeps* não trazia essa ênfase na dificuldade de superação dos óbices criados pela colonização, que sequer eram tratados simplesmente como obstáculos. O reconhecimento do peso da história passa a conviver, em 1948, com a expectativa de que incida sobre a realidade nacional um movimento de profunda transformação. Isso exponencia a sintaxe da ausência. O funcionalismo público, por exemplo, ocupado desde o início da urbanização pela "mentalidade de casa-grande",[38] ressentia-se da inexistência de uma classe média urbana, que poderia ter sido a fonte de novos quadros, capazes de substituir os elementos retrógrados.

> Num país que, durante a maior parte de sua existência foi terra de senhores e escravos, sem comércio que não andasse em mãos de adventícios ambiciosos de riquezas e de enobrecimento, seria impossível encontrar uma classe média numerosa e apta a semelhantes serviços.[39]

O ponto é reiterado logo adiante, sempre no terceiro capítulo. "Na ausência de uma burguesia urbana independente, os candidatos às funções novamente criadas recrutam-se, por força, entre indivíduos da mesma massa dos antigos senhores rurais, portadores de mentalidade e tendência características dessa classe".[40] No Império e na República, o Estado "há de comportar, por isso, elementos estreitamente vinculados ao velho sistema senhorial".[41]

O conflito de mentalidades é ilustrado pela referência, antes inexistente no capítulo três, à concepção da ciência econômica como busca de redução do volume de trabalhos manuais, atribuída ao visconde de Cairu. Tratava-se, segundo Sérgio Buarque, de princípio oposto "ao sentido de todo o pensamento econômico oriundo da Revolução Industrial", que se pautava pelo "ideal da completa despersonalização do trabalhador".[42] Uma longa nota acrescentada no fim do quarto capítulo, intitulada "Aversão às virtudes econômicas", expande a discussão. O autor aborda a distinção entre as qualidades morais típicas da classe nobre e aquelas próprias da vida de negócios. Ao passo que as da nobreza visam a atender a necessidade de glória e fama, as do negociante devem satisfazer sua necessidade de crédito. "São virtudes antes de tudo lucrativas, que à honra cavalheiresca e palaciana procuram sobrepor a simples honorabilidade profissional, e aos vínculos pessoais e diretos, a crescente racionalização da vida".[43] Sucede, entretanto, que um dos traços mais característicos dos povos ibéricos era "justamente a repulsa firme a todas as modalidades de racionalização e, por conseguinte, de despersonalização".[44] O autor vai ao ponto de diagnosticar, na gente hispânica, "certa incapacidade, que se diria congênita, de fazer prevalecer qualquer forma de ordenação impessoal e mecânica sobre as relações de caráter orgânico e comunal, como o são as que se fundam no parentesco, na vizinhança e na amizade".[45] A prevalência das relações de natureza pessoal, fruto dessa secular incompatibilidade com a racionalização, acrescenta razões à difícil implantação de um espaço público nos países ibéricos. Daí procedem "os principais obstáculos que (...) em todos os países hispânicos (...) se erigem contra a rígida aplicação das normas de justiça e de quaisquer prescrições legais".[46] A inclusão desses trechos na nota ao fim do capítulo quatro confere à narrativa da despersonalização e da racionalização um matiz favorável que dificilmente se encontra na edição *princeps* ou nos textos de juventude do autor.[47] Como percebeu Paulo Esteves, essa enunciação que contrasta um modelo de desenvolvimento à etnografia de um caso particular permitirá pensar-se no livro como uma "crônica do atraso".[48]

Tal como reconstruída até aqui, a disjunção entre a argumentação das edições de 1936 e de 1948 envolve, naquela, a reticência frente às perspectivas de implante da modernização, para a qual seria necessária, no mínimo, uma composição com as estruturas existentes, e, nesta, a necessidade de algum tipo de ruptura com o tradicional para a implantação do moderno. As modificações no quinto capítulo do livro, intitulado "O homem cordial", confirmam a mudança de atitude frente ao legado histórico e buscam acelerar o trânsito do passado ao futuro. Em 1936, o quarto capítulo terminava com a constatação de "nossa adaptação difícil ao princípio do Estado democrático". Logo a seguir, o quinto capítulo reservava palavras em geral favoráveis ao homem cordial, que se definia pela incapacidade de apreender a distinção entre o público e o privado. Em 1948, o acréscimo da nota sobre o congênito obstáculo ibérico à despersonalização e à racionalização dava um mote apropriado, no fim do capítulo quatro, para as mudanças que, no seguinte, buscavam liquidar a cordialidade.

## | UM HOMEM POLÊMICO

O segundo conjunto de alterações a analisar-se em *Raízes do Brasil* diz respeito à noção de cordialidade. Sua apresentação em separado deve-se a duas razões. A primeira é que a cordialidade não é propriamente parte da herança ibérica, mas resultado de seu enraizamento no Brasil.[49] Ela é a síntese do tradicionalismo brasileiro discutido em *Raízes do Brasil*.[50] Na redefinição das qualidades do homem cordial, estava em causa a ideia mesma de uma identidade nacional. A revisão do quinto capítulo aprofunda o movimento, detectado na reescrita dos capítulos anteriores, de limitação do peso do passado e de dinamização do processo modernizador. A segunda razão é que a discussão das alterações feitas por Sérgio Buarque na noção de cordialidade, na edição de 1948, liga-se inextricavelmente à sua conhecida polêmica com Cassiano Ricardo. Por isso, esta seção parte diretamente do mal-entendido, em vez de acompanhar a evolução estrita do texto do livro.[51] É na recapitulação da contenda que ganham sentido as mudanças no tratamento do conceito de cordialidade no quinto capítulo, seja no corpo do texto, seja em uma nova nota de rodapé. Na edição de 1956, a polêmica se tornaria literalmente um apêndice do livro, com a reprodução de textos-chave dos dois autores nas últimas páginas de *Raízes do Brasil*.

Cassiano Ricardo foi eleito para a Cadeira 31 da Academia Brasileira de Letras em nove de setembro de 1937. Seu discurso de posse, a 28 de dezembro, saudava o recém-instalado Estado Novo como a tempestiva atualização de um ancestral esquema político brasileiro, a combinação de "comando seguro" e "disciplina consciente".[52] Esses dois elementos se haviam manifestado pela primeira vez no movimento bandeirante, que, por isso mesmo, havia antecipado os delineamentos do Estado moderno. A autoridade forte do Estado Novo não era, assim, uma imitação da experiência dos países totalitários, até porque havia importantes diferenças entre estes e o regime implantado em 10 de novembro. Embora todos fizessem frente à democracia liberal e ao comunismo, no Brasil a violência não poderia ser admitida como instrumento de governo, pois era anticristã e contrária à índole do povo. Acresce que o totalitarismo julgava o individualismo um mal, a ser combatido pelo "remédio mortal"[53] do estatismo "feroz" e "desindividualizador".[54] No Brasil, o individualismo era "condição de aventura criadora" de beleza e de riqueza,[55] razão pela qual interessava à sociedade que tivesse o mais livre desenvolvimento. Tratava-se, inclusive, da "última esperança contra os regimes de compressão".[56]

O Brasil era uma "democracia social",[57] em que os excessos sobrevindos do individualismo tinham um "corretivo natural" na "bondade típica do brasileiro",[58] também referida como um forte laço de "solidariedade social".[59] A correção do individualismo pela bondade nada tinha que ver com a ação do Estado. A bondade era "biológica", derivada de um "milagre telúrico do cristianismo pela fusão de todas as raças que se irmanaram, sem preconceito de cor nem de origem, debaixo do mesmo céu".[60] Cassiano Ricardo esclarecia, então, aos imortais reunidos no Petit Trianon:

> Claro que não me refiro à bondade (é indispensável frisar este ponto) no seu sentido de cordialidade. Não me refiro ao "homem cordial" de Ribeiro Couto e de Sérgio Buarque de Holanda. Refiro-me a uma bondade mais envolvente, mais política, mais assimiladora; uma bondade que nada tem que ver com o "homem cordial" dos aperitivos nem com as "cordiais saudações" que são fechos de cartas tanto amáveis como agressivas. Força secreta e invisível que tudo domina, e que tudo submete com doçura. Fazendo mais do que todas as técnicas de violência, que dividem os homens e que só os submetem à custa de sangue. Poder-se-ia dizer que se trata (...) de uma bondade que se defende sempre, mesmo quando parece submeter-se. A função desse material afetivo difere muito da que cabe à bondade em sua acepção hospitaleira, liberal ou lírica.[61]

Os leitores de *Raízes do Brasil*, lançado em outubro do ano anterior, não poderiam deixar de se recordar das palavras de Sérgio Buarque no quinto capítulo:

O escritor Ribeiro Couto teve uma expressão feliz, quando disse que a contribuição brasileira para a civilização será de cordialidade – daremos ao mundo o homem cordial. A lhaneza no trato, a hospitalidade, a generosidade, virtudes tão gabadas pelos estrangeiros que nos visitam, formam um aspecto bem definido do caráter nacional.[62]

A leitura desses dois trechos sugere que Cassiano Ricardo não compartilhava a terminologia de Sérgio Buarque. Ricardo falava na cordialidade como etiqueta, atitude polida que engloba tanto a amabilidade quanto a agressividade. O novo ocupante da Cadeira 31 dava mostras de ter desconsiderado a advertência de Sérgio Buarque na frase seguinte à que acaba de ser citada: "Seria engano supor que, no caso brasileiro, essas virtudes possam significar 'boas maneiras', civilidade".[63] Na civilidade, explicava Sérgio Buarque, "há qualquer coisa de coercitivo – ela pode exprimir-se em mandamentos e em sentenças".[64] A polidez, de seu turno, era um "disfarce que permitirá a cada um preservar intactas sua sensibilidade e suas emoções".[65] A regulação impessoal à base da civilidade e a autocontenção proporcionada pela polidez andavam juntas no argumento de *Raízes do Brasil*. Civilidade e polidez eram, no livro, o exato oposto da cordialidade. O homem cordial era incapaz de compreender a distinção entre o privado e o público devido a um "fundo emocional extremamente rico e transbordante",[66] que lhe despertava um permanente "desejo de estabelecer intimidade".[67] Todo o contrário, repita-se, da máscara da polidez, com a qual o indivíduo é capaz de "manter sua supremacia ante o social".[68]

Mas o caso é mais complexo. Sérgio Buarque também falara na cordialidade como bondade. Em uma passagem do sétimo capítulo de seu livro, lê-se: "Com a cordialidade, a bondade, não se criam os bons princípios".[69] Mais de um estudioso já observou como o uso da vírgula, nessa frase, estabelece uma relação sinonímica entre a cordialidade e a bondade, estreitando o vínculo semântico entre ambas.[70] A dimensão de bondade da cordialidade era, no mínimo, reforçada pelos atributos antropológicos positivos de que Sérgio Buarque lançara mão ao definir o homem cordial: generosidade, hospitalidade, lhaneza no trato. Isso sugere, desde logo, cautela com a atribuição unilateral de culpa por mal-entendidos na polêmica Sérgio Buarque-Cassiano Ricardo. É justamente isso o que ocorre em afirmações como a de que "Houve sem dúvida nenhuma uma distorção no pensamento de Sérgio Buarque. O emprego do adjetivo 'cordial', como sinônimo de bondoso ou pacífico, deve-se a um equívoco alimentado por Cassiano Ricardo".[71]

Inegavelmente, Cassiano Ricardo teve sua parte. Em seu discurso na ABL, o autor simplesmente ignorou a acepção da cordialidade como encurtamento de distâncias sociais, bem como sua possível ligação com a bondade. Como se viu, Ricardo definia a cordialidade como aquilo que Sérgio Buarque dera como seu oposto. Com a cordialidade transformada em mera polidez, o caminho ficava livre para que a bondade discutida por Ricardo pudesse assumir o significado de riqueza emocional — que era justamente o significado atribuído por *Raízes do Brasil* à cordialidade. Essa manobra ficaria evidente em *Marcha para Oeste*. Lançado em 1940 pela editora José Olympio, o livro de Cassiano Ricardo incorporava trechos de seu discurso de posse na ABL, inclusive a passagem em que citara nominalmente Sérgio Buarque. Expandindo um deles, o autor asseverava que "O 'homem bom' não se esconde por trás do que diz, como o *homem cordial*. É mais sincero, mais tosco, mais brasileiro. Naquele há uma grande riqueza de seiva, de sentimento, de colorido. Neste, tudo é meia-tinta, polidez, perfídia, morceguismo".[72] Ao fim e ao cabo, a bondade ficava sendo a riqueza emocional, enquanto a cordialidade passava por desfaçatez sob a capa da polidez.

Ao rejeitar o termo cordialidade, Cassiano Ricardo assimilava-lhe a definição, dando-lhe conteúdo maior do que o proposto por Sérgio Buarque. A expansão de conteúdo é ilustrada pelo postulado da fusão racial e do cristianismo como fontes da bondade brasileira, inexistente em *Raízes do Brasil*. Em todo caso, não admira que o argumento de Cassiano Ricardo tivesse certa similaridade de fundo com o de Sérgio Buarque: diante da tendência global à esterilização das relações sociais (a civilidade, em *Raízes do Brasil*; o individualismo, no discurso de posse na ABL), ambos os autores identificavam, no Brasil, um tipo de sociabilidade singular e capaz de propiciar uma experiência mais humana da modernização (a cordialidade, no primeiro; a bondade, no segundo).

O segundo lance da polêmica veio apenas em 1948, três anos depois da queda do Estado Novo. A réplica de Sérgio Buarque às observações de Cassiano Ricardo em 1937 e 1940 transformaria o caso em um litígio sobre o sentido da cordialidade na edição original de *Raízes do Brasil*. Na segunda edição do livro, lançada em janeiro daquele ano, o autor alteraria a redação do trecho em que definia a cordialidade:

> Já se disse, numa expressão feliz, que a contribuição brasileira
> para a civilização será de cordialidade — daremos ao mundo o

homem cordial. A lhaneza no trato, a hospitalidade, a generosidade, virtudes tão gabadas por estrangeiros que nos visitam, representam, com efeito, um traço definido do caráter brasileiro, na medida, ao menos, em que permanece ativa e fecunda a influência ancestral dos padrões de convívio humano, informados no meio rural e patriarcal.[73]

Note-se, inicialmente, a exclusão da referência a Ribeiro Couto, cujo nome só reaparece em uma nota de rodapé colocada ao fim do trecho. Na segunda frase, há a substituição do verbo "formar" ("formam um aspecto bem definido...") pelo verbo "representar" ("representam, com efeito, um traço definido..."), e da expressão "caráter nacional" por "caráter brasileiro". A aparente perda de intensidade do vocabulário ligado à formação nacional é confirmada pela principal mudança em todo o trecho, o acréscimo da longa ressalva acerca da minguante influência dos padrões rurais e patriarcais. O que antes formava um aspecto bem definido da identidade nacional, sem ressalvas, agora passava a depender diretamente da manutenção — que, por isso mesmo, já se podia supor em perigo — daqueles padrões.

A nota de rodapé inserida ao fim do trecho é a peça central da réplica de Sérgio Buarque. Baseado na edição original de *Marcha para Oeste*, o autor afirma:

> Não pareceria necessário reiterar o que já está implícito no texto, isto é, que a palavra "cordial" há de ser tomada, neste caso, em seu sentido exato e estritamente etimológico, se não tivesse sido contrariamente interpretada em obra recente, onde se fala no *homem cordial* dos aperitivos e das "cordiais saudações", "que são fechos de cartas tanto amáveis como agressivas" e se antepõe à cordialidade, assim entendida, o "capital sentimento" dos brasileiros, que será a bondade e até mesmo certa "técnica da bon-

dade", "uma bondade mais envolvente, mais política, mais assimiladora" (...) cabe dizer que, pela expressão "cordialidade", se eliminam aqui, deliberadamente, os juízos éticos e as intenções apologéticas a que parece inclinar-se o sr. C. R., quando prefere falar em "bondade" ou em "homem bom". Cumpre ainda acrescentar que essa cordialidade, estranha, por um lado, a todo formalismo e convencionalismo social, não abrange, por outro, apenas e obrigatoriamente, sentimentos positivos e de *concórdia*. A inimizade bem pode ser tão *cordial* como a amizade, nisto que uma e outra nascem do *coração*, procedem, assim, da esfera do íntimo, do familiar, do privado.[74]

O tom da passagem é de esclarecimento, dirigido a um debatedor mal-avisado. Até certo ponto, a atitude de Sérgio Buarque é justificável, tendo-se em vista a manobra de Cassiano Ricardo de equiparar a cordialidade à etiqueta. É correto dizer que o tratamento etimológico já estava "implícito" na primeira versão do texto. O autor de *Raízes do Brasil* se via obrigado a explicar que nunca tinha usado o vocábulo "cordial" no sentido de polidez, o que é consistente com sua advertência de mesmo teor logo após caracterizar o homem cordial na edição *princeps*.

O tom de esclarecimento da nota de rodapé era menos justificado na sequência do argumento. O tratamento dado à cordialidade na primeira edição não estava isento de conotações elogiosas, ainda que contrabalançado em outros pontos do livro pela crítica às suas insuficiências.[75] O enaltecimento era evidente, por exemplo, na observação de que a cordialidade constituía uma "contribuição brasileira para a civilização". É difícil ler essa passagem, bem como a seguinte, que fala nas "virtudes gabadas" por estrangeiros, sem lhe notar algumas das "intenções apologéticas" que Sérgio Buarque pretendia só existirem — e é verdade que aí eram encontradas em maior escala — em *Marcha para Oeste*.

Sérgio Buarque tampouco parecia fazer um mero esclarecimento ao afirmar que a cordialidade não abrangia apenas sentimentos positivos. A primeira edição de *Raízes do Brasil* nada dizia acerca da cordialidade englobar tanto a amizade quanto a inimizade. As "virtudes" elencadas na definição do homem cordial, generosidade, hospitalidade e lhaneza no trato, não suscitavam a imagem da inimizade. A já mencionada associação entre cordialidade e bondade, por sua vez, faria mesmo supor que o homem cordial se limitaria aos sentimentos de concórdia. É muito significativo que, para a segunda edição de *Raízes do Brasil*, Sérgio Buarque tivesse suprimido essa associação. A frase citada há pouco sobre a cordialidade não conduzir à estabilidade social é alterada no texto de 1948, e o período intercalado que fazia referência à bondade desaparece: "Com a simples cordialidade, não se criam os bons princípios".[76] Essa alteração ajudava a desobstruir o caminho para o argumento de que a cordialidade podia envolver a inimizade.

Não é possível afirmar taxativamente que, na discussão de 1936 sobre a cordialidade, inexistisse qualquer elemento que apontasse para a dimensão da inimizade. O livro já trazia, por exemplo, o raciocínio de que a emotividade exacerbada conduzia à parcialidade nas interações sociais. "Todo afeto entre os homens", dizia Sérgio Buarque, "funda-se forçosamente em preferências. Amar alguém é amá-lo mais do que aos outros".[77] É concebível que o homem cordial da edição *princeps* não só amasse, como também odiasse. O fato é que apenas na segunda edição essa vertente seria explorada. Na já citada nota de esclarecimento que acompanha a definição de cordialidade na segunda edição, o tema seria desenvolvido por meio de citação do livro *O conceito do político*, de Carl Schmitt. O pensador alemão ensinava, aí, ser inimigo aquele de quem se tem "ódio privado".[78]

A tréplica de Cassiano Ricardo a Sérgio Buarque viria, em julho de 1948, na forma de um artigo em *Colégio: Revista de Cultura e Arte*. O autor contestava a abordagem etimológica que Sérgio Buarque empregara para defender sua interpretação da cordialidade. Pleiteava, em sua tréplica, uma abordagem semântica, cujo resultado seria a corroboração do sentido de polidez usualmente atribuído, no Brasil, à cordialidade. Sublinhava, em seguida, que a primeira edição de *Raízes do Brasil* tratara a cordialidade sobretudo pelo ângulo da concórdia. Para Cassiano Ricardo, a inclusão da inimizade na definição da cordialidade importara na completa diluição da singularidade do caráter nacional que o livro havia proposto. De acordo com ele,

> Pretendendo explicar a palavra, Sérgio alterou, descaracterizou o nosso "homem cordial". Desde que a "inimizade bem pode ser tão cordial quanto a amizade, nisto que uma e outra nascem do coração", o que se conclui é que estamos diante de um fenômeno universal e não específico do brasileiro. Já não é o Brasil quem oferece ao mundo o homem cordial.[79]

A crítica era pertinente.[80] A afirmação da cordialidade como singularidade brasileira no mundo fora pautada, na edição *princeps*, pela apresentação de atributos positivos do caráter nacional. Era difícil crer que visitantes estrangeiros no Brasil pudessem gabar "virtudes" como a inimizade e o ódio entre os cidadãos.[81] Ao contrário: na discussão original do poeta e diplomata Rui Ribeiro Couto, em artigo de 1931 que inspiraria Sérgio Buarque, a cordialidade era elogiada pela alternativa que oferecia ao "egoísmo europeu, batido de perseguições religiosas e de catástrofes econômicas, tocado pela intolerância e pela fome".[82] Para Ribeiro Couto, o homem cordial se distinguia do restante da humanidade em função de sua "hospitalidade" e de sua "credulidade".[83]

A nova resposta de Sérgio Buarque a Cassiano Ricardo foi publicada no número seguinte da revista *Colégio*, em setembro de 1948. Ao menos formalmente, era o texto final da polêmica. A "Carta a Cassiano Ricardo" é curta, curiosa e prenhe de consequências. Dizendo-se pouco à vontade em esgrimas literárias, o autor comenta que a divergência com Cassiano Ricardo reduzia-se ao uso da expressão "cordial". E afirma: "Se dela me apropriei foi na falta de melhor".[84] De saída, o leitor ficava em dúvida se, de fato, Ribeiro Couto havia tido uma "expressão feliz" ao cunhar a do homem cordial. Fosse pela dimensão elogiosa da primeira edição, fosse pelo mal-entendido com Cassiano Ricardo, Sérgio Buarque começava a se afastar publicamente de seu mais famoso personagem. De acordo com o autor, a "nova explicação" da cordialidade, que englobava amizade e inimizade, "seria uma ampliação, talvez, não uma reforma da anterior".[85] A frase marcava posição com segurança: o livro não se retratava, se aprimorava. De seu turno, a "técnica da bondade" proposta por Cassiano Ricardo não merecia muito crédito. "Não pretendo que sejamos melhores ou piores que outros povos".[86] Mais uma vez, a linguagem descomprometida afeta um distanciamento do autor de motivos antes assumidos com entusiasmo, como foi o caso, na primeira edição, da passagem acerca de uma contribuição original do Brasil à civilização. A passagem crucial da Carta é o seu parágrafo final:

> Por fim quero frisar, ainda uma vez, que a própria "cordialidade" não me parece virtude definitiva e cabal que tenha de prevalecer independentemente das circunstâncias mutáveis de nossa existência. Acredito que, ao menos na segunda edição de meu livro, tenha deixado este ponto bastante claro. Associo-a antes a condições particulares de nossa vida rural e colonial, que vamos rapidamente superando. Com a progressiva urbanização, que não consiste apenas no desenvolvimento das metrópeles [sic], mas ainda e sobretudo na incorporação de áreas cada vez mais extensas à esfera da influência metropolitana, o homem cordial se acha fadado a desaparecer, onde ainda não desapareceu de todo. E às vezes receio sinceramente que já tenha gasto muita cera com o defunto.[87]

O trecho pode ser lido em dois níveis. O primeiro é o do ritmo da mudança social, que se acelera. Em 1936, *Raízes do Brasil* falava na urbanização, iniciada no século XIX, como uma "revolução lenta, mas segura e concertada".[88] Como se verá adiante, a abordagem de Sérgio Buarque, naquele momento, indicava que os efeitos dessa revolução gradualmente se esgotavam. Na edição de 1948 e particularmente na Carta, que figura no Apêndice do livro em 1956, a rápida superação do quadro rural e colonial aponta para uma urbanização vertiginosa. O diagnóstico da Carta indica um maior espaço aberto ao revolvimento das camadas profundas da sociedade brasileira, coerente com o argumento do sétimo capítulo sobre uma "revolução vertical" que transformaria o panorama político do país. O segundo nível de leitura é o da conexão entre a mudança e a identidade nacional. O trecho citado é perpassado pela noção de que a cordialidade está vinculada a uma base minguante, sem a qual não pode sobreviver. Esse atrelamento reforça a indicação, feita na longa ressalva aposta à definição da cordialidade na segunda edição de *Raízes do Brasil*, de que os padrões que sustentavam a ordem colonial iam sendo arruinados. A cordialidade não era (mais) uma virtude definitiva.

A Carta a Cassiano Ricardo foi uma das raras ocasiões em que Sérgio Buarque se pronunciou sobre as mudanças de seu livro de estreia. A direção comum das modificações da obra foi discernida por Robert Wegner: "Sérgio Buarque tornou a sua argumentação mais sociológica e passou a apontar os efeitos que as mudanças estruturais da sociedade e da economia exerciam sobre o caráter do brasileiro, diluindo, no mesmo movimento, esta própria noção".[89] A ênfase da Carta em "circunstâncias mutáveis" era um reflexo do que o pesquisador da Casa de Oswaldo Cruz apontaria, na nova redação de *Raízes do Brasil*, como a substituição do tratamento ensaístico da cordialidade como característica fixa do brasileiro para seu tratamento sociológico como resultado de uma configuração socioeconômica particular. Ao menos nesse ponto, a "nova explicação" da cordialidade constituía uma "reforma da anterior". A morte do homem cordial representava o fracasso de um projeto.[90]

Um mês depois da Carta, Sérgio Buarque voltaria ao assunto, em outra das poucas referências públicas que fez à revisão do livro. A certa altura de um texto árido sobre novos rumos da sociologia, impresso no jornal carioca *Diário de Notícias* em outubro de 1948, Sérgio Buarque surpreendia o leitor com a confissão daquele fracasso.[91] *Raízes do Brasil*, dizia ele, carregava um vício de origem, próprio da atmosfera intelectual do entreguerras em que fora escrito. Tratava-se da noção de que a cada povo "cumpre discernir e cultivar com carinho sua personalidade essencial e irredutível, informada por tradições que são próprias e que, sobretudo, não partilha com nenhum outro".[92] Esse tipo de concepção organicista da sociedade tivera seu extremo na fabricação dos mitos fascistas sobre a comunhão total de indivíduos e coletividades. Mas também era suscetível de um aproveitamento político de aparência mais inofensiva. A noção de uma personalidade nacional singular encontrara campo fértil nas jovens nações da América Latina, que procuravam, na identificação de um passado respeitável, matéria-prima para a construção de um futuro ideal, capaz de justificar a confiança em seus destinos apesar das muitas adversidades com que se defrontavam. De acordo com Sérgio Buarque, a busca dessa personalidade era a razão da preferência dos autores de sua geração pelos ensaios de história social, em detrimento de investigações de cunho sociológico. Os estudos históricos então produzidos se haviam marcado no geral por uma atitude "subjetiva" e "apologética" frente à tradição, que contaminou até mesmo os autores que pretenderam se distanciar dessa abordagem. "Mesmo reagindo contra ela, a verdade, no entanto, é que eles parecem pertencer ao 'clima de opinião' que as [sic] gerou e em grande parte tornou possíveis".[93] Fora esse o caso de *Raízes do Brasil*, "livro que", afirmava Sérgio Buarque, "há cerca de doze anos publicou o autor do presente artigo e no qual se propunha investigar nada menos do que a nossa personalidade nacional através de suas raízes históricas".[94] Agora, na recém-lançada segunda edição da obra, tentara "corrigir o que pudesse haver de muito ambicioso nesse projeto".[95]

O artigo é um depoimento precioso sobre o teor do projeto de *Raízes do Brasil* em 1936, e sobre os porquês das alterações em 1948. É surpreendente que, um mês depois de fazer finca-pé acerca da intocabilidade do núcleo do argumento de seu livro na polêmica com Cassiano Ricardo, Sérgio Buarque se manifestasse francamente sobre o fracasso da abordagem organicista que o havia animado na tentativa de caracterizar o brasileiro como um homem cordial. O autor reconhecia o componente apologético radicado, apesar de tudo, em sua obra. É interessante que Sérgio Buarque procurasse distinguir entre *Raízes do Brasil* e os livros de outros dois grandes nomes do pensamento brasileiro. *Raízes* fora o "parente pobre" na "família numerosa" dos ensaios de história social, cujos "membros mais respeitáveis" eram identificados pelo nome: "a obra de Gilberto Freyre, por exemplo, ou de Oliveira Vianna (a de Caio Prado Júnior já pertence a família diferente)".[96] À diferença desses, no entanto, Sérgio Buarque afinal atinara com a tendência à pesquisa sociológica, e agora apresentava a versão corrigida de seu ensaio. Mas advertia: havia renunciado "a apagar completamente a marca de origem, para não ter de refundir a obra toda, escrita e impressa quando aquela atitude dominava quase sem contraste".[97]

Essas palavras, mais esclarecedoras do que as do prefácio à edição de 1948, explicam muito das dificuldades suscitadas pelo texto revisado. Mas não foram incorporadas ao livro, como ocorreu com a Carta a Cassiano Ricardo, incluída na terceira edição.[98] Cassiano Ricardo foi talvez o primeiro a apontar as dificuldades de leitura decorrentes da indecisão da nova forma do livro, que se aproximara da sociologia sem perder o aspecto de ensaísmo. O mal-entendido superficial sobre o emprego da expressão "cordial" em chave etimológica ou semântica encobria a concordância de fundo do autor de *Marcha para Oeste* com o projeto ensaístico de identificação de um caráter nacional, aliás eminentemente positivo, em *Raízes do Brasil*. O incômodo de Cassiano Ricardo após o lançamento da segunda edição teria menos a ver com o teor da cordialidade do que com "o abandono do terreno de disputa por parte de Sérgio Buarque".[99] Sob essa ótica, toda a controvérsia acerca da cordialidade pode ser lida como uma evidência das dificuldades que a revisão criou para a compreensão dos propósitos de *Raízes do Brasil* de 1948 em diante. A cordialidade constituirá, a partir daí, como propõe Alfredo Cesar Melo, "um dos termos mais instáveis do pensamento social brasileiro".[100]

## | A dissolução dos arcaísmos

O terceiro conjunto de alterações a destacar-se em *Raízes do Brasil* diz respeito à busca de um ordenamento político ajustado à crescente urbanização do país. Os capítulos seis e sete discutem os pouco mais de cem anos de vida independente do Brasil à luz da tradição legada pela colonização. Sua mensagem básica, na edição *princeps*, é de que o Estado não podia realizar seu potencial se negasse esse legado e evitasse a composição com ele. A partir da segunda edição, a própria afirmação do Estado dependerá da superação da herança ibérica, que ia sendo desmontada pela profunda transformação provocada no país pela urbanização.

O sexto capítulo de *Raízes do Brasil* trata basicamente da experiência liberal do Império e da República. É importante começar pelo registro de que o livro nunca perdeu sua linha crítica antiliberal, fruto da proximidade de seu autor a correntes autoritárias e conservadoras nos anos 1930.[101] Sua visão da democracia liberal no Brasil do século XIX é totalmente desfavorável, e não se altera entre 1936 e 1948. A célebre afirmação de que "A democracia no Brasil foi sempre um lamentável mal-entendido"[102] sobrevive intacta às revisões. O que se modifica são os termos em que a crítica é feita. Originalmente, o mal-entendido da democracia estava no desconhecimento da riqueza da tradição política personalista e cordial brasileira, encoberta pela errônea pretensão de um sistema liberal. Doze anos mais tarde, as referências à tradição como alternativa ao modelo liberal seriam eliminadas. Resta uma crítica à incompreensão da realidade brasileira pela elite de bacharéis conservadores. Como essa realidade se transformava em ritmo agora vertiginoso com a urbanização, o alvo da crítica é alterado. Assim como o liberalismo já o era, a tradição torna-se indesejável e infértil. Em vez de pecar por escamotear a tradição, o Estado passa a ser culpado de obstar à modernização. O problema não é mais tanto sua precocidade liberal quanto seu anacronismo ibérico. Nesse ponto, a República teria sido, até pelo avanço da urbanização, mais retrógrada do que o Império.

O sentido comum das modificações no capítulo seis é a eliminação do argumento de que a tradição oferecia uma alternativa viável e preferível ao ordenamento liberal. No texto original, Sérgio Buarque falava com ironia sobre os "sábios" e os "teóricos" do liberalismo — e também de outras doutrinas estrangeiras, como o positivismo — no Brasil do século XIX: "Os pensamentos e os conselhos que eles nos servem visariam criar, ao termo de nosso [sic] evolução, um quadro social milagrosamente destacado de nossas tradições portuguesas e mestiças".[103] A passagem é das mais significativas, por evidenciar a descrença do autor em um tipo de modernização que pudesse romper abrupta e exitosamente com o passado. Todo o trecho sucumbe à revisão.[104] Duas páginas adiante, encontrava-se no texto original a seguinte crítica a panaceias como a "miragem da alfabetização": "Assim, vão os nossos homens apegando-se a ficções e a vaticínios enganosos, que servem para disfarçar um invencível desencanto de nossa realidade e de nossa tradição".[105] Na segunda edição, a passagem restringe-se a mencionar "um invencível desencanto em face das nossas condições reais",[106] ou seja, suprime-se o argumento sobre o desencanto com a tradição e preserva-se o do desencanto com a realidade. A distinção entre a aversão da classe dominante à realidade e sua aversão à tradição terá importantes consequências para a mensagem de *Raízes do Brasil*. De um lado, a tradição deixa de fazer um contraponto ao liberalismo, tornando-se tão improfícua quanto ele. De outro, esvazia-se a defesa de seu valor no processo de formação do país. Na passagem citada, essa defesa era feita pela negativa, na crítica ao desencanto com a tradição. Mas a defesa também era feita pela afirmativa. É o caso, por exemplo, do já citado trecho na página de abertura da obra, em que se anunciava o propósito de averiguar até onde os brasileiros representavam "as formas de vida, as instituições e a visão do mundo de que somos herdeiros e de que nos orgulhamos".[107] A afirmação desse orgulho, na abertura do livro, seria contraditoriamente mantida no texto de 1948,[108] e afinal retirada na versão de 1956.[109]

A tradição, e mais especificamente a cordialidade, não era entendida, na edição original de *Raízes do Brasil*, como condição suficiente para a fundação de uma ordem política. Lia-se, por exemplo, que "um amor humano que se asfixia e morre fora de seu círculo restrito não pode servir de cimento a nenhuma organização humana concebida em escala mais ampla".[110] Mas o livro também continha indicações de um papel positivo a ser desempenhado pela tradição na formação do país. Assim, o sexto capítulo realçava o valor construtivo da cordialidade contra a esterilidade do formalismo jurídico, característico do bacharelismo oitocentista: "acabaríamos por esquecer tudo quanto fizesse pensar em nossa própria riqueza emocional, a única força criadora que ainda nos restava, para nos submetermos à palavra escrita, à retórica, à gramática, ao Direito abstrato".[111] Reescrita, a passagem perde seu argumento central e sua premência, tornando-se um tanto elíptica: "acabaríamos (...) por esquecer os fatos prosaicos que fazem a verdadeira trama da existência diária, para nos dedicarmos a motivos mais nobilitantes: à palavra escrita, à retórica, à gramática, ao Direito formal".[112] A supressão do enunciado da cordialidade como "única força criadora" sugere que a tradição não só deixa de ser um motivo de "orgulho", como também perde condições de desempenhar um papel positivo na formação do país.[113]

Essas modificações na redação do capítulo seis reorientam sua discussão. Sobre a mesma temática do bacharelismo oitocentista, Sérgio Buarque move seu foco da crítica à incompreensão acerca do papel da tradição para a denúncia dos desígnios de exclusão social embutidos no intelectualismo da elite brasileira. Decaída a nobreza rural dos tempos coloniais, os bacharéis investiram-se do papel aristocrático na sociedade brasileira. A "aristocracia do espírito",[114] representada pela intelectualidade bacharelista, revelava sua "missão nitidamente conservadora" de algumas maneiras.[115] Uma delas era o alheamento do mundo circundante. Outra era a presunção de que seu talento viesse de nascença, não exigindo, portanto, estudo aturado e esforço diligente, os quais fariam pensar antes nos "ofícios vis que degradam os homens" do que em atividades prestigiosas".[116] Para o autor, "O móvel dos conhecimentos não é, no caso, tanto intelectual quanto social, e visa primeiramente o enaltecimento e a dignificação daqueles que os cultivam".[117] A confiança dessa nova elite no "poder milagroso das ideias" ligava-se a um "secreto horror à nossa realidade".[118] Por um lado, esse horror podia ser explicado pelos desafios colocados pela nascente realidade urbana para uma aristocracia de formação rural. Por outro, pela discrepância entre o que prescreviam as ideias estrangeiras adotadas por esses aristocratas e o que sabiam ser a tradição política nacional. É esse segundo sentido do horror à realidade, prioritário na edição de 1936, que desaparece do texto de 1948. As doutrinas herméticas, em qualquer campo de atividade humana, ficavam sendo uma forma de defesa contra a realidade complexa e cambiante. O desencontro entre a doutrina e a realidade era resolvido por uma atitude de sistemática "indiferença (...) ao conjunto social".[119]

Sérgio Buarque não tinha em mente apenas os liberais, mas todos os adeptos de doutrinas estranhas à realidade brasileira. Cita, por exemplo, a proposta de luminares positivistas do tempo da fundação da República de que o Brasil fosse subdividido em duas esferas de cidadania: a dos habitantes que descendiam da fusão das três raças e a das "hordas fetichistas esparsas pelo território".[120] No sétimo capítulo, mencionará o silêncio destinado ao tema da escravidão ao longo do século XIX: "os políticos mais prudentes preferiram não mencionar o ponto vulnerável de uma organização que aspiravam perfeita e coerente consigo mesma (...) Criaram asas para não ver o espetáculo detestável que o país lhes oferecia".[121] Embora essas duas passagens já constassem do livro em 1936, pode-se dizer que, realçadas pela supressão da temática do desencanto com a tradição, ganharam, na edição de 1948, maior importância. O problema da exclusão social repontava em *Raízes do Brasil*. Contra o conservadorismo da elite bacharelista, o autor pleitearia por uma democracia antes popular que liberal.

Leopoldo Waizbort já observou que, na edição *princeps*, o fim do capítulo seis encadeava-se com muita naturalidade ao início do capítulo sete. O sexto capítulo terminava com o repúdio à ideia de que "o país não pode crescer pelas suas próprias forças naturais; deve formar-se de fora para dentro, deve merecer a aprovação dos *outros*".[122] Logo a seguir, vinha uma citação de Friedrich Nietzsche como epígrafe do capítulo final, retirada em 1948: "Um povo perece quando confunde *seu* dever com o conceito geral de dever".[123] "O conceito de dever é aquele valor alienígena", escreve o professor da USP, "estranho ao povo — no caso em pauta, a democracia. O verdadeiro triunfo de um povo está no reconhecimento e na assunção de seus instintos e sentimentos os mais vivos; o povo triunfa quando segue sua própria natureza, no caso o personalismo".[124] Um Brasil que se formasse de dentro para fora, com base em suas forças naturais, era um país bem resolvido com sua herança, sobranceiro em seu personalismo e em seu caráter cordial. É verdade que seria necessária uma composição entre o tradicional e o moderno, pois sem civilidade não podia haver ordem. Havia uma sugestão de equilíbrio entre ambos os termos, cordialidade e civilidade, entre os quais devia haver um contraponto. As mudanças no sétimo capítulo teriam o sentido geral de apagar essa perspectiva, e sinalizar o predomínio, ainda que somente no futuro, da civilidade sobre a cordialidade. Esse o significado da revolução em curso no país. Veja-se, em detalhe, como se enuncia o argumento político do capítulo em cada edição.

Em 1936, o sétimo capítulo iniciava-se com a constatação de que uma "revolução lenta, mas segura e concertada", havia cumprido seu curso no Brasil.[125] Essa revolução é tratada no pretérito perfeito: "processou-se",[126] "não foi um fato que...",[127] "foi antes um processo...".[128] A direção do processo revolucionário havia sido o aniquilamento das raízes ibéricas, cuja existência entretanto ainda se faria sentir por longo período: "Ainda testemunhamos presentemente, e por certo continuaremos a testemunhar durante largo tempo, as ressonâncias últimas do lento cataclismo".[129] A Abolição da escravatura representara o "marco visível entre duas épocas",[130] a do iberismo e a do americanismo, cuja singularidade era dada pela ascensão da vida urbana. Se 1888 fora a confirmação da derrocada do "predomínio agrário", a proclamação da República, no ano seguinte, buscava "responder à conveniência de uma forma adequada para a nova composição social".[131]

O problema estava em que a República não alcançara esse propósito. Sua forma era inorgânica em relação à realidade nacional. O desencontro da política com a sociedade era diagnosticado por uma citação de *O problema nacional brasileiro*, do pensador fluminense Alberto Torres: "A separação da política e da vida social — dizia ele — atingiu, em nossa pátria, o máximo de distância (...) A política é, de alto a baixo, um mecanismo alheio à sociedade, perturbador de sua ordem, contrário a seu progresso".[132] Nos termos de *Raízes do Brasil*, a democracia liberal perturbava o personalismo e a cordialidade. No Império, regime estreitamente ligado ao predomínio rural, o Estado, embora já sob vestes liberais, encarnara o ideal ibérico do personalismo. O conjunto nacional alcançara, com isso, "certa solidez orgânica, que nunca mais foi restaurada".[133] A impregnação do Estado pela cultura política do país, no Império, é apontada como condição para o bom funcionamento da máquina pública:

> O Estado, entre nós, de fato, não precisa e não deve ser despótico — o despotismo condiz mal com a doçura de nosso gênio — mas necessita de pujança e de compostura, de grandeza e de solicitude, ao mesmo tempo, se quiser adquirir alguma força e também essa respeitabilidade que os nossos pais ibéricos nos ensinaram a considerar com a virtude suprema entre todas. Ele pode conquistar, por esse meio, e só por ele, uma força verdadeiramente assombrosa em todos os departamentos da vida nacional (...) O Império brasileiro realizou isso em grande parte.[134]

A respeitabilidade guardava estreita relação com a obediência, que, nos países de cultura personalista, era a única forma de sujeição dos indivíduos ao bem comum. O respeito que inspirasse um governante, sua capacidade de ser obedecido, era, entre os povos ibéricos, "o único princípio político verdadeiramente forte".[135] Na República, o juridicismo liberal substituiu por completo o personalismo. A pretensão de que a realidade nacional pudesse ser transformada por meio de boas leis teria sido exemplificada pelo próprio Alberto Torres. Falando sobre seu livro *A organização nacional*, Sérgio Buarque observa: "Acreditou sinceramente, ingenuamente, que a letra morta pode influir de modo enérgico sobre os destinos de um povo (...) Coerente consigo mesmo, o que nos legou (...) foi um minucioso projeto de constituição política".[136] Era o caso mais amplo do Estado brasileiro, apesar da cota de êxito havida pelo Império: "Tudo isso são feições bem características do nosso aparelhamento político, que se empenha em desarmar todas as expressões genuínas e menos harmônicas de nossa sociedade, em negar toda espontaneidade nacional".[137] Como já ficava claro pela discussão do capítulo seis, o alvo da negação era a tradição. Em especial, a figura da espontaneidade fazia pensar nos atributos do homem cordial, uma vez que a cordialidade consiste, "quase paradoxalmente, em uma forma de sociabilidade cujo conteúdo em certa medida resiste a ser formalizado por completo, ou melhor, consiste em uma forma social cristalizada, mas de cuja composição faz parte certa margem de espontaneidade".[138]

Sérgio Buarque reconhecia ser indispensável alguma medida de civilidade na regulação da vida pública: "É claro que a necessidade de boa ordem entre os cidadãos e a estabilidade do conjunto social tornaram necessária a criação de certos preceitos obrigatórios e de sanções eficazes".[139] O que inspirava a cautela do autor era o risco da abstração excessiva, que desligaria as leis e as normas do contato com as circunstâncias a que se dirigiam: "Em verdade, o racionalismo excedeu os seus limites somente quando, ao erigir em regra suprema os conceitos assim arquitetados, separou-os irremediavelmente da vida e criou com eles um sistema lógico, homogêneo, a-histórico".[140] Fora esse o erro da filosofia política do século XIX:

> O grande pecado do século passado foi justamente o de ter feito preceder o mundo das formas vivas do mundo das fórmulas e dos conceitos. Nesse pecado é que se apoiam todas as revoluções modernas, quando pretendem fundar os seus motivos em concepções abstratas como os famosos Direitos do Homem (...) Julgou-se que um formalismo rígido e compreensivo de todas as ações individuais é o máximo de perfeição e de apuro a que pode aspirar uma sociedade. Esse engano só agora se dissipa lentamente.[141]

Na história das nações ibero-americanas, a prevalência dos conceitos sobre as formas vivas se verificava desde o tempo da independência em relação às metrópoles. Os movimentos emancipacionistas haviam ocorrido na esteira da Revolução Francesa, quando o princípio da liberdade assumiu, em todos os países da região, um "prestígio verdadeiramente mágico",[142] em detrimento do personalismo. Sérgio Buarque argumenta então:

> E dessa forma os povos de nossa América foram levados a enaltecer um sistema de ideias que contrastava em absoluto com o que há de mais positivo em seu temperamento e que, bem compreendido, levaria à total despersonalização. Não é pois de estranhar que o ponto extremo de despersonalização na esfera política fosse encontrado em um país sul-americano. O Uruguai batllista pretendeu, enquanto existiu, realizar, ao menos em teoria, a consequência lógica do ideal democrático moderno (...) Colocado no polo oposto à despersonalização democrática, o "caudilhismo" muitas vezes se encontra no mesmo círculo de ideias a que pertencem os princípios do liberalismo. Pode ser a

forma negativa da tese liberal, e seu surto é compreensível se nos lembrarmos de que a História jamais nos deu o exemplo de um movimento social que não contivesse os gérmens de sua negação (...) Essa negação do liberalismo, inconsciente em um Rosas, um Melgarejo, um Porfirio Diaz, afirma-se hoje como um corpo de doutrina no fascismo europeu, que nada mais é do que uma crítica do liberalismo na sua forma parlamentarista, erigida em sistema político positivo. Uma superação da doutrina democrática só será possível, efetivamente, quando tenha sido vencido [sic] a antítese impersonalismo-caudilhismo.[143]

A frase inicial do parágrafo é a demonstração do que acabava de ser dito no raciocínio sobre o "grande pecado" do século XIX. Sérgio Buarque contestava, com todas as palavras, o menosprezo do que os povos ibero-americanos tinham de melhor, o personalismo. Tanto essa frase sobre o temperamento ibero-americano quanto a passagem anterior sobre o século XIX desaparecerão na revisão do texto.[144] Em alguns países, como o Uruguai, a doutrina estrangeira pretendera realizar-se por completo. Em outros, o liberalismo gerara dialeticamente sua antítese, o caudilhismo, que mais recentemente dera no fascismo. Sérgio Buarque não manifesta simpatia por nenhum deles. Seu livro repudia tanto o liberalismo (tema dos capítulos seis e sete) quanto o fascismo (mais adiante, no capítulo sete). Daí que fale, ao cabo da passagem, na vitória sobre a antítese entre impersonalismo e caudilhismo. No Brasil, relativamente menos tocado pelo caudilhismo, a "superação da doutrina democrática" era a prioridade. Na prática, o personalismo parecia oferecer a via média entre os extremos.

As páginas seguintes ao pleito por essa superação são todas vazadas em uma linguagem de aceitação do personalismo como fato incontornável da vida política brasileira. Lê-se, por exemplo, que: "Por mais que se julgue achar o contrário, a verdadeira solidariedade só se pode sustentar realmente nos círculos restritos".[145] Merece especial atenção a forma por que Sérgio Buarque trata, nessa altura do sétimo capítulo da edição *princeps*, a obra de Herbert Smith. O naturalista norte-americano, que percorreu o Brasil na segunda metade do século XIX, havia reprovado, em seu livro *Do Rio de Janeiro a Cuiabá*,[146] o faccionismo excessivo do sistema partidário do Império. Sua crítica, afirma Sérgio Buarque,

> é válida realmente do ponto de vista estritamente democrático-liberal que em teoria era e ainda é o das nossas instituições. Só em teoria, porém. No fundo, o que denuncia essa crítica é a incompreensão intolerante que é forçoso existir entre dois estilos de vida radicalmente diversos.[147]

Entre o personalismo ibérico e a racionalização ocidental (ou, pelo menos, saxônica), uma clivagem insuperável. Como se verá, o tratamento a Herbert Smith se inverterá por completo em 1948. Aí, a discussão do faccionismo será transferida para o terceiro capítulo e endossada sem hesitação.[148]

Em 1936, porém, essa censura à "incompreensão intolerante" do autor norte-americano dá a deixa para o que é uma das passagens-chave da edição *princeps*:

> Entre nós, já o dissemos, o personalismo é uma noção positiva — talvez a única verdadeiramente positiva que conhecemos. Ao seu lado, todos os lemas da democracia liberal são conceitos puramente decorativos, sem raízes fundas na realidade. Isso explica bem como nos países latino-americanos, onde o personalismo — ou mesmo a oligarquia, que é o prolongamento do personalis-

mo no espaço e no tempo – conseguiu abolir as resistências da demagogia liberal, acordando os instintos e os sentimentos mais vivos do povo, tenha assegurado, com isso, uma estabilidade política que de outro modo não teria sido possível. A formação de elites de governantes em torno de personalidades prestigiosas tem sido, ao menos por enquanto, o princípio político mais fecundo em nossa América (...) A ideia de uma entidade imaterial e impessoal, pairando sobre os indivíduos e presidindo aos seus destinos, é dificilmente inteligível para a mentalidade dos povos da América Latina. De tudo isso resulta uma confirmação do que se vem dizendo aqui sobre a adoção das fórmulas democráticas no Brasil e em outros países do continente, a saber, que ela resultou simplesmente de um mal-entendido.[149]

Salvo engano, Sérgio Buarque nunca mais falaria com semelhante determinação sobre o caráter positivo do legado ibérico no Brasil. Se o espírito de aventura talvez não conviesse para a organização política de um povo, a cultura da personalidade era um caso diferente. Tratava-se, sem ambiguidades, de uma noção "verdadeiramente positiva". Talvez mesmo a "única", o que sugeria ser pragmático aceitá-la enquanto tal, ou, no mínimo, resignar-se ao seu papel.[150] Comparada ao liberalismo, era a que deitava "raízes fundas na realidade". Defendê-la implicava defender, no limite, a oligarquia, entendida como "uma espécie de decantação da alma popular, que saberia expressar".[151] O grande mérito do personalismo era prover estabilidade. Compreende-se, assim, o porquê da cautela com sistemas legais a-históricos, desvinculados da realidade particular do país. Para que não fosse uma imposição destrutiva, ou estéril, dada sua ininteligibilidade entre os latino-americanos, a lei não podia pretender erradicar o personalismo, o que, aliás, viria a ocorrer de qualquer forma, no devido tempo, com a extinção do "ciclo de influências ultramarinas" no país. A retomada do personalismo era parte integrante, ainda que possivelmente transitória, da regeneração da política brasileira no século XX. Não era outro o sentido da afirmação de que o "engano" juridicista do século anterior — ou ainda: o mal-entendido da democracia — começava a se "dissipar lentamente". Tampouco outra a leitura da advertência de Nietzsche sobre a causa do perecimento de um povo ser o abandono de "seu dever". O personalismo era nada menos que o "princípio político mais fecundo" na América hispânica. A crítica ao desencanto bacharelista com a tradição e com a realidade mirava menos o elitismo em si do que o alheamento e o desconhecimento, pela elite, das fontes tonificadoras da nacionalidade. Diante do reconhecimento do papel que ainda cabia às "elites de governantes" formadas ao redor de "personalidades prestigiosas", seria prematuro identificar, na edição *princeps* de *Raízes do Brasil*, uma perspectiva radical de "profundas transformações nos quadros sociais".[152]

A essa altura, o sétimo capítulo do livro volta-se para o exame de aspectos políticos da cordialidade. Diferentemente do personalismo, que era um traço comum a toda a América Ibérica, a cordialidade era uma manifestação circunscrita ao Brasil. Essa parte do capítulo sofreu comparativamente menos alterações. Uma delas foi a atenuação da linguagem usada na discussão sobre a democracia. A doutrina liberal democrática, dizia Sérgio Buarque em 1936, "insiste na excelência, na infalibilidade, na intangibilidade do voto da maioria ('o povo não erra', pretendem os declamadores liberais), subordinando assim, sub-repticiamente, os ideais qualitativos à quantidade".[153] A crítica antiliberal, de que Sérgio

Buarque já se aproximava por meio de autores brasileiros como Alberto Torres e Oliveira Vianna,[154] era reforçada em uma discussão sobre a relação entre o homem cordial e a doutrina totalitária alemã.[155] Como se viu na seção anterior, Sérgio Buarque equiparava, na primeira edição, a cordialidade à bondade. Em sua avaliação, o totalitarismo não poderia se articular com o temperamento nacional, pois o homem cordial haveria de considerar "extremamente antipática e desconcertante" a tese da humanidade má por natureza, que era o fundamento daquela doutrina.[156] "É um fato instrutivo o das doutrinas que exaltam o princípio de autoridade pressuporem fatalmente a ideia de que os homens são maus por natureza",[157] sustentava.[158]

As restrições ao totalitarismo não impediam Sérgio Buarque de encampar, em nota de rodapé, argumentos de Carl Schmitt acerca do liberalismo:

> Carl Schmitt, o conhecido teórico do Estado Totalitário, vai ainda mais longe e chega a pretender que todas as teorias políticas puras hão de pressupor o homem forçosamente como um ente "mau" por natureza, ou seja, problemático, "perigoso" e "dinâmico". E é por esse motivo que, para o ilustre professor de Direito Público da Universidade de Bonn, o liberalismo, posto que não tenha negado radicalmente o Estado, como o fazem os anarquistas, não estabeleceu "nenhuma teoria positiva do Estado, mas buscou tão somente associar a Política à Ética e subordiná-la à Economia; elaborou uma tese da divisão e do equilíbrio dos 'poderes' e, portanto, um sistema de freios e *controles* do Estado que não se pode designar como teoria de Estado ou princípio político de construção".[159]

Em 1948, o trecho sobre a infalibilidade do voto majoritário sairia consideravelmente reduzido e esmaecido.[160] Além do abrandamento da crítica ao regime democrático, todo o raciocínio sobre o totalitarismo e toda a citação de Schmitt são excluídos.[161] Resta apenas a constatação da ojeriza do homem cordial à ideia do homem naturalmente mau.[162]

A página dedicada, em 1936, à discussão do totalitarismo continha uma afirmação de especial relevo: "Patenteia-se, neste caso, a importância extraordinária do exame dos fundamentos antropológicos das sociedades para a compreensão das doutrinas de Estado".[163] Mais do que da incompatibilidade entre o homem cordial e o totalitarismo, essa frase é reveladora do tipo de abordagem que orientava a discussão do sétimo capítulo. Situada ao fim de um livro dedicado ao estudo das formas de vida legadas pela colonização portuguesa, e após extensas críticas à inadaptação das instituições políticas modernas importadas para o Brasil, particularmente à democracia liberal, seu sentido é claro: na disjunção entre fundamento antropológico e doutrina política de que padecia o Brasil, o ônus do ajuste recaía sobre o segundo termo da equação. É verdade que, com a urbanização, a cordialidade era posta em risco. Isso permite identificar, no "plano lógico" da primeira edição de *Raízes do Brasil*, a "tênue chance de que, desvencilhando-se de sua tralha cordial, (...) o indivíduo despontasse em cena finalmente liberto do poder da família e da tradição".[164] Mas esse desdobramento, sem dúvida indispensável para que aflorasse a igualdade jurídica entre os cidadãos, esbarrava nas duras palavras de Sérgio Buarque, e, por seu intermédio, de Carl Schmitt, sobre a democracia liberal. Por assim dizer, o plano lógico era travado pelo plano teórico. A segunda edição altera os termos da questão. A frase sobre fundamentos antropológicos e doutrinas de

Estado é suprimida, e leva consigo a sugestão de que o ajuste recaísse sobre as instituições políticas. Tratava-se, agora sim, de superar os obstáculos à democracia.

Na redação de 1948, o sétimo capítulo também se inicia com o tema da revolução. A transformação social, contudo, é tratada no presente: "processa-se",[165] "não é um fato que...",[166] "é antes um processo...".[167] A alteração do tempo verbal é consistente com a aceleração do ritmo das mudanças provocadas pela urbanização, conforme visto na seção anterior. Se, em 1936, o autor afirma que a "fase aguda" da revolução "já foi transposta",[168] em 1948 diz apenas que "já entramos em sua fase aguda".[169] O resultado é o aumento das potencialidades da revolução, que será sentido na nova direção tomada pelo capítulo. Daí porque não se possa tratar indistintamente a primeira e a segunda edições de *Raízes do Brasil* quando se cuida do ritmo da revolução. É o caso, por exemplo, da avaliação de que o objeto central do livro era, já em 1936, a "relação entre ordem socioeconômica em rápida transformação e uma ordem política que a ela não se ajusta, que se mantém presa ao passado, às nossas raízes".[170]

A guinada na redação do capítulo — e na mensagem política de *Raízes do Brasil* — ocorre à altura da afirmativa acerca da superação da doutrina democrática. Até ali, o texto havia seguido, *grosso modo*, o roteiro de 1936, embora com modificações importantes.[171] Algumas delas devem ser mencionadas. Seu sentido é sempre o de dissociar o argumento do livro da defesa do legado ibérico e, em particular, do personalismo. Dessa forma, a "certa solidez orgânica" do conjunto nacional ao tempo do Império é reduzida a "certa harmonia".[172] No raciocínio sobre o Estado poder conquistar uma "força verdadeiramente assombrosa" por meio do personalismo, "e só por ele", como ressalvava Sérgio Buarque, o esclarecimento é cortado. O texto dirá simplesmente: "Ele ainda pode conquistar por esse meio uma força verdadeiramente assombrosa em todos os departamentos da vida nacional".[173] No passo em que o Estado desarmava as "expressões genuínas" da sociedade, o adjetivo é apagado. Permanece a afirmativa sobre a "espontaneidade nacional" ser negada, mas ela já não está tão obviamente ligada às manifestações autênticas e tradicionais do país. Na citação de O problema nacional brasileiro, de Alberto Torres, não consta mais a frase segundo a qual a política era um mecanismo "perturbador" da ordem da sociedade e "contrário a seu progresso".[174] Exclusões como essa ajudam a preparar o terreno para a inversão do argumento de que a política devia amoldar-se à realidade nacional. Apagam-se também do texto, como já se indicou, o raciocínio sobre o "grande pecado" do século XIX, assim como a afirmativa de que os princípios da Revolução Francesa haviam contrariado o melhor do temperamento ibero-americano. Lê-se, agora, que os lemas revolucionários haviam servido de fachada para a manutenção dos velhos padrões coloniais. Em certos países, a doutrina democrática fora levada a sério. Fora o caso do Uruguai batllista, em que tudo não passara de uma ilusão: "enganados por essas exterioridades, não hesitamos, muitas vezes, em tentar levar às suas consequências radicais alguns daqueles princípios".[175]

Quando se atinge, portanto, a passagem sobre a superação da doutrina democrática, já é perceptível o desconforto do autor com a defesa do personalismo. O que poderá surpreender o leitor é a virada radical que dá ao seu argumento. Antes de mais nada, essa superação depende de que seja vencida a "antítese liberalismo-caudilhismo",[176] e não mais "impersonalismo-caudilhismo", o que preservava o impersonalismo. E então se abrem da seguinte maneira oito novos parágrafos que, entre as páginas 269 e 274 da segunda edição, transformaram a mensagem política de *Raízes do Brasil*:

> Essa vitória nunca se consumará enquanto não se liquidem, por sua vez, os fundamentos personalistas e, por menos que o pareçam, aristocráticos, onde ainda assenta nossa vida social. Se o processo revolucionário a que vamos assistindo, e cujas etapas mais importantes foram indicadas nestas páginas, tem um significado claro, será a dissolução lenta, posto que irrevogável, das sobrevivências arcaicas, que o nosso estatuto de país independente até hoje não conseguiu extirpar. Em palavras mais precisas, somente através de um processo semelhante teremos revogada a velha ordem colonial e patriarcal, com todas as consequências morais, sociais e políticas que ela acarretou e continua a acarretar. A forma visível dessa revolução não será, talvez, a das convulsões catastróficas, que procuram transformar de um mortal golpe, e segundo preceitos de antemão formulados, os valores longamente estabelecidos. É possível que algumas das suas fases culminantes já tenham sido ultrapassadas, sem que possamos avaliar desde já sua importância transcendente. Estaríamos vivendo assim, para recorrer às expressões de Mathew [sic] Arnold, entre dois mundos: um definitivamente morto e outro que luta por vir à luz.[177]

O processo que se anuncia nada tem de simples. Nem a composição com a tradição, nem um salto pujante para o futuro; vivia-se "entre dois mundos". Um *definitivamente morto* – mais enfático do que o *dead* no texto original do poema de Matthew Arnold –, o outro *que luta por vir à luz* – sensivelmente menos pessimista do que o *powerless to be born* da redação original.[178] Roberto Vecchi identificou, nesse limiar entre dois mundos, uma "temporalidade residuária do presente". Para o professor da Universidade de Bolonha, Sérgio Buarque revelava uma

> intuição profunda, histórica, da vida nacional, onde um tempo regressivo e um outro progressivo forjam a contemporaneidade, contrastando precocemente os dualismos e as fáceis dialéticas do contexto periférico. Nele, o que emerge com força é um tempo opaco onde os conflitos ficam em aberto, sem uma conciliação viável, tempo trágico por excelência.[179]

Quaisquer que fossem as dificuldades, a ordem colonial – aí incluídos não só o legado ibérico *stricto sensu*, como também a cordialidade – está destinada a ser revogada e extirpada. É verdade que a edição *princeps* já avisava sobre esse "cataclismo". Mas, com a aceleração do ritmo das transformações, ele já não parece tão "lento" como então. Além disso, e ainda mais importante, tradição e modernização já não estão em pé de igualdade, como na versão anterior do texto. A valorização da herança colonial, fosse por pragmatismo, fosse por entusiasmo, era substituída agora – e só agora – pela "clara opção de rompimento com o passado".[180]

A revisão do sétimo capítulo culmina com a inclusão de uma passagem-chave sobre a revolução ser "vertical". Nela, concede-se lugar de honra a Herbert Smith, esquecida sua "incompreensão intolerante" de outrora:

> Escrevendo há sessenta anos, com intuição verdadeiramente divinatória, um naturalista norte-americano pôde anunciar, em forma de aspiração, o que não está longe, talvez, de constituir realidade. Coloridas, por vezes, desse progressismo otimista que

foi característica suprema de seu século e de seu país, as palavras de Herbert Smith representam, não obstante, um convite, mais do que um mero devaneio, e merecem, por isso, ser meditadas. "De uma revolução", dizia, "é talvez o que precisa a América do Sul. Não de uma revolução horizontal, simples remoinho de contendas políticas, que servem para atropelar algumas centenas ou milhares de pessoas menos afortunadas. O mundo está farto de tais movimentos. O ideal seria uma boa e honesta revolução, uma revolução vertical e que trouxesse à tona elementos mais vigorosos, destruindo para sempre os velhos e incapazes." De que maneira se efetuaria essa revolução? "Espero", responde Smith, "que quando vier, venha placidamente e tenha como remate a amalgamação, não o expurgo, das camadas superiores; camadas que, com todas as suas faltas e os seus defeitos, ainda contam com homens de bem. Lembrai-vos de que os brasileiros estão hoje expiando os erros dos seus pais, tanto quanto os próprios erros. A sociedade foi mal-formada nesta terra, desde as suas raízes. Se as classes cultas se acham isoladas do resto da nação, não é por culpa sua, é por sua desventura. Não ouso afirmar que, como classe, os operários e tendeiros sejam superiores aos cavaleiros e aos grandes negociantes. A verdade é que são ignorantes, sujos e grosseiros; nada mais evidente para qualquer estrangeiro que os visite. Mas o trabalho dá-lhes boa têmpera, e a pobreza defende-os, de algum modo, contra os maus costumes. Fisicamente, não há dúvida de que são melhores do que a classe mais elevada, e mentalmente também o seriam se lhes fossem favoráveis as oportunidades".[181]

Revelava-se, para o leitor de 1948, o sentido definitivo – e aclamado – da "Nossa revolução". O texto de Herbert Smith suscita um brilhante jogo metafórico com o título do livro: estava em curso uma "revolução vertical", que arrancaria as "raízes" envelhecidas e "malformadas" e traria "à tona" os elementos "mais vigorosos", isto é, as camadas inferiores ou oprimidas. A citação era de um livro publicado por Smith em Nova York, em 1879, sob o título de *Brazil: the Amazons and the coast*.[182] Embora Sérgio Buarque não o citasse na bibliografia de *Raízes do Brasil*, é sabido que teve acesso à obra na edição original em inglês poucos anos antes de revisar *Raízes do Brasil* para a segunda edição.[183] O cotejo entre a redação de Smith e a tradução de Sérgio Buarque tem singular relevância, em se tratando da frase que é um "núcleo temático fundamental" de *Raízes do Brasil*:[184] "A sociedade foi mal-formada nesta terra, desde as suas raízes." No original, Herbert Smith escrevera: "*Society here was wrongly constituted in the outset*".[185] Salta à vista o investimento metafórico das opções — bastante livres — feitas por Sérgio Buarque: *here* por *nesta terra*; *wrongly constituted* por *mal-formada*; *in the outset* pelo emblemático *desde as suas raízes*.

Com a defesa da ascensão das camadas populares ao poder — sem prejuízo, aliás, da participação dos bons elementos das classes superiores —, Sérgio Buarque revelava sua "maior preocupação como intelectual": "a inclusão e (...) a participação popular. Tratava-se de transpor o abismo existente entre a vida política e a vida social, entre as elites dominantes e a grande massa do povo, de fortalecer a sociedade civil e os espaços públicos".[186] Ou, melhor dizendo: tratava-se, a partir de agora, de transpor aquele abismo. O problema da exclusão social, acentuado na argumentação do sexto capítulo na edição de 1948, começa a receber um encaminhamento político. Não poderia haver progresso social sem a dissolução dos arcaísmos coloniais. A narrativa de *Raízes do Brasil* passava a conter a promessa da superação da cordialidade e do estabelecimento da civilidade. O aparo do excesso de críticas à democracia, particularmente à insistência dos "declamadores liberais" na infalibilidade do voto da maioria, abria caminho para um encontro entre a civilidade e a soberania popular. Brasilio Sallum Jr. apontou bem como Sérgio Buarque cuidava em não definir o teor de uma democracia despersonalizada: "E nem poderia, sob pena de desdizer-se em relação às críticas reiteradas feitas às fórmulas prontas, importadas em geral, destinadas a salvar a sociedade de seus problemas".[187] De sua parte, a cordialidade, que na primeira edição do livro podia ser entendida mais como uma proteção do que como um obstáculo,[188] passa a ser vista sobretudo como uma barreira à instauração de um espaço público democrático. A isso se poderia ajuntar que a "boa têmpera" conferida à classe operária pelo trabalho, se ainda distava consideravelmente de ensejar uma ética própria, sinalizava sem dúvida para um mundo de práticas desligado da valorização aristocrática da "digna ociosidade",[189] projetando o trabalho em uma fase pós-ibérica.

Nessa nova ordem argumentativa era preciso eliminar, naturalmente, o elogio do personalismo como "noção verdadeiramente positiva" e "princípio político mais fecundo". Sérgio Buarque o faz de modo sinuoso:

> É inegável que em nossa vida política o personalismo pode ser em muitos casos uma força positiva e que ao seu lado os lemas da democracia liberal parecem conceitos puramente ornamentais ou declamatórios, sem raízes fundas na realidade. Isso explica como, entre nós e, em geral, nos países latino-americanos, onde quer que o personalismo – ou a oligarquia, que é o prolongamento do personalismo no espaço e no tempo – conseguiu abolir as resistências liberais, assegurou-se, por essa forma, uma estabilidade política aparente, mas que de outro modo não seria possível (...) A existência de tais situações, em verdade excepcio-

nais, chega a fazer esquecer de que os regimes discricionários, em mãos de dirigentes "providenciais" e irresponsáveis, representam, no melhor caso, um disfarce grosseiro, não uma alternativa, para a anarquia.[190]

O personalismo, afinal, nada tem de positivo. A estabilidade política que pode gerar é apenas "aparente" e, tudo pesado, um "disfarce grosseiro para a anarquia". É importante notar que Sérgio Buarque agora designa por "regimes discricionários", conduzidos por líderes "providenciais" e "irresponsáveis", o que antes chamava de "elites de governantes" formadas ao redor de "personalidades prestigiosas", capazes de acordar "os instintos e os sentimentos mais vivos do povo". Embora lhes atribuindo um valor negativo, é significativo que Sérgio Buarque fale em regimes discricionários ao discutir a dimensão política do personalismo e de seu prolongamento, a oligarquia. Em 1936, o autor defendia o papel desses regimes, e não os incluía em sua crítica ao totalitarismo. Os governos personalistas, fundados "na excessiva centralização e na obediência",[191] como observa Sérgio Buarque no primeiro capítulo de seu livro, não deixavam de ter um cariz autoritário. Antonio Candido percebeu essa distinção, ao observar que *Raízes do Brasil* apontava dois tipos de autoritarismo, "tanto os herdados da velha estrutura oligárquica, quanto os surgidos da conjuntura contemporânea, como o integralismo".[192] Para Candido, Sérgio Buarque criticava ambos, o que era verdade da segunda edição em diante. Mas, no texto original, não há semelhante cautela contra o "perigo de persistência (...) do tipo de autoritarismo denunciado em nossa história",[193] isto é, dos frutos do governo personalista e oligárquico. Ao contrário: como observa Francisco Weffort, a possibilidade do autoritarismo em *Raízes do Brasil* liga-se à experiência europeia dos anos 1930, testemunhada por Sérgio Buarque em seu período em Berlim, mas "de certo modo já [está] incluída na importância que ele mesmo atribuía ao personalismo na cultura brasileira".[194]

Ainda que o adjetivo de "excessiva" centralização soasse como uma advertência, não chegava a haver, na edição *princeps*, uma denúncia dos governos fortes dessa procedência. Enquanto não degenerassem em caudilhismo ou despotismo e não ferissem a "doçura de nosso gênio", a cordialidade, Sérgio Buarque não lhes dirigia sua crítica.[195] Ao personalismo, está visto, o sétimo capítulo da edição de 1936 reservara palavras de compreensão e estímulo. É verdade que, no fim do primeiro capítulo, o livro afirmava que a obediência como princípio de disciplina era uma forma "caduca e impraticável".[196] Sua inviabilização era fonte da "instabilidade constante de nossa vida social".[197] Mas isso pode ser lido como um lamento, contrastado pelas palavras positivas do capítulo final: o personalismo devia ser recuperado, no que ainda tinha de vigor, para contribuir com o esforço de pôr ordem no país em urbanização. Só a partir de 1948 é que Sérgio Buarque de fato criticaria tanto o autoritarismo "histórico" quanto o "contemporâneo".[198]

Como Sérgio Buarque esclarece em seu artigo de outubro de 1948 no *Diário de Notícias*, a revisão de *Raízes do Brasil* não eliminara totalmente a "marca de origem" do ensaio. Com efeito, o texto é pontuado por vestígios da perspectiva primitiva de seu autor. Se a mensagem política do livro fica mais linear com a inscrição de uma promessa de civilidade, o andamento do texto torna-se, em troca, mais difícil.[199] Quatro exemplos ilustram o truncamento da enunciação. Em primeiro lugar, resta, no texto de 1948, uma série de dúvidas acerca do papel do personalismo. Assim, a constatação de tom factual de que a verdadeira solidariedade só pode ser sustentada em círculos restritos, conservada na segunda edição,[200] discrepa da nova afirmação sobre o personalismo não produzir nenhum grau de estabilidade, senão na aparência. Em segundo lugar, já não se compreende bem se a cordialidade tem, ou não, um papel a desempenhar no processo político. Na passagem acerca da negação da espontaneidade nacional pelo Estado,[201] não se compreende se isso será indesejável, caso se entendam por espontaneidade as manifestações múltiplas e multifárias da nova vida urbana do Brasil, ou desejável, caso ela seja entendida como a expressão "genuína" da tradição colonial. Em terceiro lugar, a própria posição radical assumida pelo autor não é sempre favorecida pela redação. Não está dito explicitamente que a "superação da doutrina democrática" se refira especificamente à democracia liberal, e tampouco se alcançará a razão da qualificação da busca radical da despersonalização no Uruguai batllista como um "engano". Por último, a afirmativa da "dissolução irrevogável das sobrevivências arcaicas" convive com a asserção categórica de que seria um engano supor possível a extinção de um "mundo de essências mais íntimas",[202] referência à cordialidade. Contradições como essas não parecem ter solução no texto revisado do livro, mas podem ser esclarecidas quando se compreendem o teor do texto original e a direção em que se processaram as revisões.

| Desterrados na própria terra

O quarto conjunto de alterações a registrar-se em *Raízes do Brasil* diz respeito à temática do desterro como condição característica do brasileiro. Na edição *princeps*, a situação de desterro é definida pelo descompasso entre o transplante bem-sucedido da cultura ibérica para a sociedade brasileira e a equívoca pretensão da elite local de fundar uma ordem política assentada em doutrinas inorgânicas. O desterro era, àquela altura, outra forma de nomear o mal-entendido da democracia. Na segunda edição, todo o primeiro parágrafo do livro, que contém a passagem relativa ao desterro, reproduz o texto da versão de 1936. Contudo, as amplas modificações da obra impedem que se repita a leitura anterior. Termos importantes desse parágrafo ganham mais de um sentido ou perdem-nos por completo, e o enunciado do desterro assume grande complexidade. Na terceira edição, o autor faz modificações importantes na redação dos dois parágrafos iniciais, tornando-os consistentes com a argumentação que já era apresentada desde 1948. O desterro passa a referir-se a uma irresolução na passagem da cordialidade à civilidade. Nessa nova enunciação, o mal-entendido da democracia, já destituído da componente de desencanto com a tradição portuguesa, torna-se apenas uma das partes do problema.

Tomem-se as duas primeiras frases de *Raízes do Brasil* em 1936:

> Todo estudo compreensivo da sociedade brasileira há de destacar o fato verdadeiramente fundamental de constituirmos o único esforço bem-sucedido, e em larga escala, de transplanta-

ção da cultura europeia para uma zona de clima tropical e subtropical. Sobre território que, povoado com a mesma densidade da Bélgica, chegaria a comportar um número de habitantes igual ao da população atual do globo, vivemos uma experiência sem símile.[203]

Observe-se, inicialmente, o significado da expressão "cultura europeia". A sequência do primeiro capítulo do livro, intitulado "Fronteiras da Europa", cuidará de destacar o fato de que a formação cultural do continente não podia ser compreendida unitariamente. Portugal e Espanha, de par com a Rússia, os países balcânicos e a Inglaterra, são definidos como "territórios-ponte, pelos quais a Europa se comunica com os outros mundos. Assim, eles constituem uma zona fronteiriça, de transição, menos carregada, por isso mesmo, desse europeísmo que, não obstante, mantêm como um patrimônio".[204] As "formas de vida", "instituições" e "visão do mundo" transplantadas para o Brasil eram oriundas da Península Ibérica: "É significativa, em primeiro lugar, a circunstância de termos recebido a herança através de uma nação ibérica".[205] Onde o autor falava em "cultura europeia", portanto, leia-se "cultura ibérica". É nessa direção que segue o primeiro capítulo, ao abordar uma "característica bem peculiar" aos peninsulares,[206] a "cultura da personalidade". No segundo capítulo, o autor acrescentará ao complexo cultural transportado pelos ibéricos para a América a "ética da aventura", distinta da "ética do trabalho" característica dos povos de além-Pirineus, isto é, de "europeísmo carregado". Isso reforçará a especificidade da cultura ibérica dentro do quadro europeu.

Na segunda frase do parágrafo de abertura, a menção a uma "experiência sem símile" relaciona-se intimamente ao propósito do autor, anunciado no segundo parágrafo, de "investigar até que ponto poderemos alimentar no nosso ambiente um tipo próprio de cultura".[207] O sucesso do transplante da cultura ibérica não impediria que, em sua evolução, a sociedade local adquirisse feições próprias. A resposta que o livro oferece àquela indagação é tentativa. A cordialidade, que Sérgio Buarque distingue da experiência tipicamente portuguesa, será a manifestação mais nítida dessa nova cultura em formação. A abordagem do homem cordial é feita em tom mais de uma vez entusiástico, como já se viu na afirmação do quinto capítulo do livro sobre a cordialidade como "contribuição brasileira para a civilização". O mesmo tom perpassa a segunda frase do parágrafo de abertura, tanto na afirmação do papel expressivo que poderia caber à cultura brasileira no mundo, quanto no enaltecimento da singularidade da experiência nacional.[208]

Fixada a direção das duas frases iniciais da edição de 1936, pode-se reler o parágrafo de abertura com o acréscimo de sua terceira (e penúltima) sentença:

> Todo estudo compreensivo da sociedade brasileira há de destacar o fato verdadeiramente fundamental de constituirmos o único esforço bem-sucedido, e em larga escala, de transplantação da cultura europeia para uma zona de clima tropical e subtropical. Sobre território que, povoado com a mesma densidade da Bélgica, chegaria a comportar um número de habitantes igual ao da população atual do globo, vivemos uma experiência sem símile. Trazendo de países distantes as nossas formas de vida, nossas instituições e nossa visão do mundo e timbrando em manter tudo isso em um ambiente muitas vezes desfavorável e hostil, somos ainda uns desterrados em nossa terra.[209]

Uma interpretação possível de toda a passagem, e talvez mesmo a mais intuitiva, apontaria uma contradição entre a primeira frase e a terceira. A afirmação sobre o desterro (terceira frase) contraditaria frontalmente a afirmação sobre o transplante bem-sucedido (primeira frase). Estaria dado o paradoxo, sem dúvida instigante, de uma cultura a um tempo enraizada e desenraizada: "Os brasileiros tiveram uma experiência única porque bem-sucedida, mas, ao mesmo tempo, como resultado, eles vivem desenraizados em seu próprio país".[210] No entanto, esse paradoxo pode ser desarmado por uma leitura do parágrafo de abertura com base no conjunto da narrativa da primeira edição.

A chave de compreensão da terceira frase do parágrafo está no tema do "mal-entendido da democracia". Conforme visto na seção anterior, a edição original de *Raízes do Brasil* formula uma crítica acerba à rejeição da tradição política nacional e à importação de doutrinas estrangeiras a partir do século XIX. Em particular, o escamoteamento do personalismo em favor da democracia liberal. É a essas doutrinas que o livro faz referência quando trata das "formas de vida", "instituições" e "visão do mundo" trazidas de "países distantes". Embora Sérgio Buarque não tenha usado uma conjunção adversativa na terceira frase, o que terá dificultado sua boa compreensão, essa frase mantém uma relação de oposição ao que vinha sendo dito no parágrafo. A cultura ibérica, exitosamente arraigada no solo brasileiro, a ponto de começar a se condensar em um novo tipo de cultura, o cordial, vinha sendo deslocada pela tentativa de implantação de uma cultura vinda de terras estranhas. A condição de desterro é complementar, e não contraditória, à "transplantação" bem-sucedida da cultura ibérica. Justamente porque bem enraizada a cultura ibérica, os brasileiros se desterram ao pretenderem adotar doutrinas que negam sua tradição. Ainda que o ciclo de influências ibérico estivesse condenado, convinha recordar que a alternativa do americanismo não passaria, àquela altura, de uma "sorte de exacerbamento de manifestações estranhas, de decisões impostas de fora, exteriores à terra".[211]

A interpretação aqui proposta do parágrafo de abertura do livro reforça-se com uma leitura cerrada de sua terceira frase. A afirmativa sobre o desterro é precedida por duas orações. A primeira diz respeito ao fato de que "nossas formas de vida", "nossas instituições" e "nossa visão do mundo" sejam trazidas de "países distantes". A segunda diz respeito ao fato de que essas formas, instituições e visão sejam mantidas em "ambiente muitas vezes desfavorável e hostil". Lidas como uma decorrência das frases anteriores ("Todo estudo compreensivo..."; e "Sobre território que..."), essas orações conduziriam logicamente a um dilema. Se a cultura ibérica fora enraizada com sucesso incomparável, como seria possível que o mesmo ambiente que a recebera engendrasse, concomitantemente, seu desenraizamento? E como explicar que uma região com a qual o Brasil mantinha uma "alma comum", a Penínsusla Ibérica, fosse reduzida a "países distantes"? Lendo-se as orações da terceira frase como enunciados independentes daqueles das duas frases anteriores, chega-se a outro resultado, consistente com a interpretação que se vem propondo. As duas orações em questão não prolongam as frases anteriores, mas lhes acrescentam novas informações. Exatamente porque timbrava em manter-se em solo ibérico, a democracia liberal (mas também o positivismo, o totalitarismo e as demais importações denunciadas em *Raízes do Brasil*) enfrentava um "ambiente muitas vezes desfavorável e hostil". Nessa leitura, soa natural a menção a "países distantes", pois o intervalo cultural entre os dois lados dos Pirineus excedia em muito o espaço geográfico que separava o Brasil da Península Ibérica.

É importante elucidar, a propósito, a questão da presença de motivos geográficos como "clima tropical e subtropical", "território", "ambiente" e "paisagem" no parágrafo inicial. Esse linguajar levou à cogitação da existência de um desterro já nos primeiros tempos da colonização: "um descompasso que Sérgio Buarque sublinha ter havido nos albores da colonização, quando os portadores das instituições transplantadas tiveram que enfrentar o desafio de condições naturais e sociais diferentes das existentes no mundo ibérico".[212] O desterro de que falava Sérgio Buarque seria, assim, entre a cultura ibérica e a circunstância geográfica do Novo Mundo, "ambiente muitas vezes desfavorável e hostil". Quiçá se pudesse mesmo notar, nessa descrição, um eco de *Casa-grande & senzala*, que afirmava sobre a geografia americana: "Tudo era aqui desequilíbrio. Grandes excessos e grandes deficiências, as da nova terra".[213] O diagnóstico de um descompasso entre o colonizador luso e o meio brasileiro carece, entretanto, de amparo no argumento de *Raízes do Brasil*, em qualquer edição. O segundo capítulo do livro estende-se na demonstração da excelente adaptação do colonizador ao espaço americano. Diz Sérgio Buarque: "E nesse ponto, precisamente, os portugueses e seus descendentes imediatos foram inexcedíveis. Procurando recriar aqui o meio de sua origem, fizeram-no com uma destreza que ainda não encontrou segundo exemplo na história".[214] O desterro era um fenômeno surgido no século XIX.

Na edição de 1948, o texto dos parágrafos de abertura é idêntico, descontados mínimos ajustes de estilo.[215] O autor continua declarando o Brasil "experiência sem símile", e a transplantação da "cultura europeia", um êxito. Propõe-se igualmente, no segundo parágrafo, a examinar até que ponto o país representava as formas de vida, instituições e visão de mundo "de que somos herdeiros e de que nos orgulhamos".[216] Não será preciso repisar como as inúmeras modificações na segunda edição esvaziam ou trocam o significado de afirmações desse teor. O "orgulho" com a tradição e a busca do "tipo próprio de cultura" tornam-se mais alguns dos vestígios do texto original a desorientar o leitor da segunda edição. Ao passo que na primeira edição o transplante cultural envolvia o conteúdo ibérico fixado no Brasil e a denúncia do implante daninho das doutrinas estrangeiras, na segunda ele envolvia a denúncia daquele conteúdo e a disposição a aceitar elementos da democracia representativa. Com essa inversão, o autor conferiu sentidos disjuntivos ao termo "cultura europeia": a referência pode ser tanto ao personalismo, cuja atual decadência não esconde o sucesso de seu antigo transplante, quanto à democracia, cuja promessa ainda não é realizada devido à incipiência de seu implante. Essa ambivalência não contribui, como se percebe, para a clareza da exposição da segunda edição.

A terceira edição do livro, publicada em 1956, atualiza a redação do parágrafo de abertura:

A tentativa de implantação da cultura europeia em extenso território, dotado de condições naturais, se não adversas, largamente estranhas à sua tradição milenar, é, nas origens da sociedade brasileira, o fato dominante e mais rico em consequências. Trazendo de países distantes nossas formas de convívio, nossas instituições, nossas ideias, e timbrando em manter tudo isso em ambiente muitas vezes desfavorável e hostil, somos ainda hoje uns desterrados em nossa terra.[217]

Tome-se, inicialmente, o câmbio na redação da frase inicial. O vocábulo "implantação" remete à presença de um corpo estranho, diferentemente da "transplantação", que sugeria uma inserção orgânica. Trata-se, ademais, de uma "tentativa", gradação bastante inferior ao "esforço bem-sucedido" de 1936. Por isso, é pouco plausível relacionar a "tentativa de implantação" à cultura ibérica, pois o "lento cataclismo"[218] desta ocorria depois de mais de três séculos de pleno e bem-sucedido enraizamento, reconhecido como tal pelo autor. A "implantação" agora se refere ao esforço de reduplicação da ordem ocidental no Brasil,[219] calcada na democracia e na ética do trabalho. É importante assinalar o acréscimo de um advérbio de tempo na última oração da segunda frase: "somos ainda hoje uns desterrados em nossa terra". O vocábulo "hoje" aproxima toda a frase, e mesmo a anterior (dado que o que se traz dos "países distantes" é precisamente o que se tenta implantar no "extenso território"), aos problemas do presente.

Sérgio Buarque nunca distingue claramente entre a democracia liberal, cujo caráter estrangeiro critica reiteradamente, e as aspirações democráticas em sentido amplo, que defende no contexto da "revolução vertical". Tampouco há, em seu texto, indicações ostensivas de que o sentido democrático da transformação, gerada pela urbanização, represente uma implantação da cultura europeia. Na verdade, o novo complexo cultural destinado a substituir o iberismo é chamado de americanismo. Em todo caso, tanto o americanismo, citado no capítulo sete, quanto a cultura europeia, mencionada no primeiro parágrafo do livro, parecem próximos às "influências novas" referidas por Sérgio Buarque: "por exemplo, do primado da vida urbana, do cosmopolitismo".[220] Fosse pela cultura europeia, fosse pelo americanismo, fosse, mais genericamente, pelo cosmopolitismo, sua discussão apontava sempre para a promessa de civilidade.

O desterro dizia respeito agora à transformação da sociedade, e não mais ao desajuste entre doutrina política e fundamento antropológico. É nesse sentido que se pode retomar as palavras do então ministro do Exterior, Fernando Henrique Cardoso, em aula magna de 1993 no Instituto Rio Branco, na qual falava em *Raízes do Brasil* como um livro que "discute as possibilidades de se mudarem as raízes, as heranças culturais, a ordem vigente".[221] Mudar as raízes é desterrar a sociedade para modernizá-la. Ou, em dizer de Gabriel Cohn que merece apenas um reparo, a proposta do livro passava a ser a "erradicação dos implantes malogrados" — melhor se diria dos transplantes exauridos — "e o preparo do solo para as novas personagens históricas".[222] Essas interpretações condizem com a retificação dos objetivos da obra pelo autor. Onde o segundo parágrafo estipulava, na redação original, o propósito de "investigar até que ponto poderemos alimentar no nosso ambiente um tipo próprio de cultura",[223] o texto corrigido passa a informar simplesmente o intuito de "perguntar até que ponto poderá alcançar bom êxito a tentativa" de implantação da cultura europeia.[224]

O significado assumido pelo desterro ao longo da segunda e da terceira edições é melhor compreendido pela prévia identificação do sentido das mudanças gerais do texto. A inversão do juízo positivo sobre a tradição ibérica, a atribuição de um sentido predominantemente negativo à cordialidade e a substituição do personalismo pela democracia como saída política para o país reorientam a mensagem do livro em uma direção radical. Embora se revigore com a inclusão de uma promessa de civilidade no fim do capítulo sete, a narrativa não pode saltar sobre o espaço limítrofe entre dois mundos, "um definitivamente morto e outro que luta por vir à luz". O desterro poderia ser visto como o signo desse entrelugar. Desse modo, a circunstância enunciativa de *Raízes do Brasil* ficaria "suspensa num *entre* que é conexão — mas também hiato".[225] É nesse sentido que a linearidade da narrativa poderia ser problematizada ou até interrompida por uma leitura também radical, ou aporética, da condição de desterro. Haveria desterro justamente porque o implante da civilidade seria, por enquanto — a duração é indeterminável —, uma tentativa. Em outras palavras, a nova redação do parágrafo de abertura, mais o enunciado da situação limítrofe entre tradição e modernidade, deixaria a promessa feita no capítulo final em um estado de "suspensão temporal interminável".[226] Não haveria, nesse contexto de conflitos sem resolução, fundações estáveis para noções como a de caráter nacional. Daí a conclusão pessimista que já se apontou no texto definitivo de *Raízes do Brasil* — e à qual seria mais difícil chegar na versão original do livro, em que a passagem da tradição para o moderno era amortecida pelo contraponto entre cordialidade e civilidade:[227] "ou nos modernizamos, e deixamos de ser o que somos; ou nos mantemos como somos, e não nos modernizamos".[228] Diante desses termos, o desterro seria uma "via para o descentramento, para a desprovincianização".[229]

O brasileiro, que havia sido o homem cordial, sólido herdeiro da tradição rural e ibérica, caía em um sério impasse identitário, tornado atualíssimo em tempos globalizados de — suposta — crise do conceito de Estado:[230] passava a desterrado.

## Conclusão

Em uma das últimas entrevistas que deu em vida, em junho de 1981, Sérgio Buarque referiu-se da seguinte maneira a *Raízes do Brasil*:

> O fato é que o livro foi concebido de uma maneira, e se fosse conceber de outra teria que fazer um livro inteiramente novo. Mas acredito que ele ainda tem valor: o livro foi publicado em 1936, uma época muito dura para o Brasil, quase tão dura quanto a atual. E nele afirmo que uma revolução no Brasil não pode ser uma revolução de superfície: teria de ser uma revolução que levasse em conta todos os elementos mais aptos que estão por baixo. Essa é uma afirmação que já na época era difícil fazer.[231]

O que a frase inicial tem de judiciosa, as últimas têm de inexatas. Como se procurou demonstrar nestas páginas, o livro publicado no ano de 1936 não continha a defesa de uma revolução que trouxesse à tona as camadas inferiores da sociedade brasileira. Havia, é certo, a discussão sobre a "Nossa revolução". Mas esse era um processo cuja fase aguda já havia sido transposta e que, ainda assim, não havia reunido até ali condições suficientes para tornar dispensável a composição com o legado colonial. Naquela quadra, o autor julgava não só estéril como contraproducente pretender que a revogação *in toto* da herança ibérica e cordial fosse o caminho para a modernização. Sequer havia espaço apreciável para a democracia, uma vez que o imperativo da estabilidade política era atendido pelo personalismo e seu prolongamento no tempo e no espaço, a oligarquia.

A mudança do ponto de vista do autor levou à revisão do livro e, junto dela, às dificuldades geradas pela permanência do que ele próprio chamou a "marca de origem" do ensaio. Apesar disso, a inegável radicalidade na transformação do argumento do livro justifica o louvor que depois mereceu como "interpretação progressista do seu país".[232] Foi essa transformação que permitiu ao leitor encontrar, colada na apresentação das tradições ibéricas, uma expectativa de que os obstáculos criados pela colonização pudessem ser ultrapassados. Ela, também, que explicitou — ou: acrescentou — a dimensão de inimizade e violência embutida no caráter cordial do brasileiro. Ela, ainda, que descartou a viabilidade do personalismo como princípio político, reduzindo-o a mero disfarce da anarquia, e ressaltou o espaço aberto à democratização do país. Ela, finalmente, que advertiu para os estorvos nesse caminho de formação de uma sociedade moderna.

Esse clássico do pensamento social brasileiro só incorporou a defesa da "emergência das camadas oprimidas da população"[233] — que Antonio Candido dava como razão da atualidade do livro e subentendia-se justificar, em importante medida, o *status* da obra — doze anos depois de seu lançamento. Outras avaliações eram possíveis, naturalmente. Foi o caso, por exemplo, do brasilianista Richard Morse, para quem a ênfase na resistência do iberismo ao utilitarismo anglo-saxão era um dos fatores pelos quais o livro "já nasceu clássico".[234] Mas mesmo esse autor já parecia trabalhar com a perspectiva do texto revisado.[235] Havia muito, a visão de Sérgio Buarque sobre o passado nacional mudara. Em outra entrevista que concedeu no ano de 1981, o autor reservava ao tema palavras cabais:

> O historiador está dentro da história. Mas o passado não é o presente e o bom historiador sabe disso. O passado, é claro, leva ao presente e ajuda a explicá-lo. A função do historiador, no entanto, é nos fazer esquecer do passado, nos libertar dele. No caso do Brasil, nosso passado é tão triste que o melhor é esquecê-lo.[236]

# Organizar a desordem

O parágrafo de abertura da primeira edição de *Raízes do Brasil* é uma cifra de todo o livro. Em quatro frases intricadas, Sérgio Buarque de Holanda traça as grandes linhas de seu esforço de interpretação e aponta uma tensão central de sua obra de estreia. Indo diretamente ao texto:

> Todo estudo compreensivo da sociedade brasileira há de destacar o fato verdadeiramente fundamental de constituirmos o único esforço bem-sucedido, e em larga escala, de transplantação da cultura europeia para uma zona de clima tropical e subtropical. Sobre território que, povoado com a mesma densidade da Bélgica, chegaria a comportar um número de habitantes igual ao da população atual do globo, vivemos uma experiência sem símile. Trazendo de países distantes as nossas formas de vida, nossas instituições e nossa visão do mundo, e timbrando em manter tudo isso em um ambiente muitas vezes desfavorável e hostil, somos ainda uns desterrados em nossa terra. Podemos construir obras excelentes, enriquecer nossa humanidade de aspectos novos e imprevistos, elevar até à perfeição o tipo de cultura que representamos: o certo é que todo o fruto de nosso trabalho ou de nossa preguiça participa fatalmente de um estilo e de um sistema de evoluções naturais a outro clima e a outra paisagem.[1]

O trecho contém enunciados-chave do livro, mas só se decodifica por completo ao cabo da leitura de todo o ensaio. Por esse ponto de vista, as passagens se esclarecem e ganham espessura conceitual. Na primeira frase, a cultura europeia transportada com êxito para os trópicos pode ser detalhada como a cultura proveniente da Península Ibérica, que se marca pelo apego generalizado aos valores da personalidade e pela consequente iminência do estado de anarquia social. Na segunda frase, a referência à plausibilidade de que o território brasileiro viesse a abrigar número de habitantes igual àquele então existente em todo o planeta pode ser relacionada ao elogio da cordialidade, caracterizada entre outros pela hospitalidade, como contribuição do Brasil ao mundo moderno. Na terceira frase, o tom benévolo da narrativa é alternado com o diagnóstico crítico do desterro, isto é, a incompatibilidade entre os costumes e doutrinas importados pela elite bacharelista (sobretudo, a democracia liberal) e o ambiente personalista e cordial que acaba de ser mencionado. Na última frase, a constatação algo desolada de que, a persistir o desterro, a vitalidade cultural emprestada ao país pela cordialidade será desperdiçada pode ser relacionada à crítica contundente do autor aos bovarismos artísticos e políticos negadores do caráter nacional.

Essa sumária reconstrução do alcance e do jogo dos enunciados contidos no parágrafo de abertura de *Raízes do Brasil* sugere a pertinência de um modo de leitura dessa obra que lhe assinale a qualidade de ensaio e, por isso, busque compreender seu conteúdo sem descurar da análise de sua forma.[2] Nesse sentido, uma característica da escrita do livro é a alternância da perspectiva adotada para a avaliação dos enunciados propostos. O ponto é ilustrado pela inadvertida mudança do tom elogioso para o tom crítico na metade do parágrafo inicial. Além de surpresas, esse procedimento formal contribui para a criação de ambiguidades. A principal delas dirá respeito ao papel da herança colonial na construção do Brasil moderno. Nesse sentido, a leitura *espessa* do parágrafo de abertura aponta os contornos de um dilema no centro do argumento de *Raízes do Brasil*: como fundar uma organização política respeitável em uma sociedade eivada de elementos anárquicos sem reprimir o substrato cultural que singulariza os brasileiros e distingue seu lugar no concerto das nações?

Esses não são os termos em que se costuma apresentar o dilema político de *Raízes do Brasil*, em geral associado aos obstáculos para a democratização do país. No entanto, como trabalhos recentes têm procurado evidenciar,[3] a mensagem do livro foi significativamente alterada pelas modificações realizadas para sua segunda e terceira edições, vindas a lume, respectivamente, em 1948 e 1956. Reconstruir o dilema político apresentado pelo volume inaugural da coleção Documentos Brasileiros, da editora José Olympio, com lançamento marcado para 20 de outubro de 1936,[4] é o propósito deste capítulo.

Para tanto, este texto examinará o diálogo de Sérgio Buarque com Francisco José Oliveira Vianna e com Gilberto Freyre, dois autores cujas reflexões contribuíram para a formulação daquele dilema de transformação da anarquia personalista em civilidade política sem supressão do caráter cordial da população. A interlocução desses três autores já foi explorada com proveito,[5] mas raramente o foi do ponto de vista do texto original de *Raízes do Brasil*, e ainda assim apenas parcialmente.[6] Este trabalho contribuirá para lançar outra luz sobre as afinidades e desacordos entre eles e, assim, ressaltar a importância da interlocução de Sérgio Buarque com o pensamento nacional. Dissentindo, de certo modo, da tendência de apontar em autores estrangeiros a maior – frequentemente, a única – fonte de inspiração conceitual de Sérgio Buarque, este trabalho sublinha o papel crucial que obras de Vianna e de Freyre desempenharam na concepção de uma tese central de *Raízes do Brasil*, a cordialidade.[7]

O texto se dividirá em quatro seções, que discutirão *grosso modo* as duas metades do parágrafo inicial, que também são as duas metades do livro. De um lado, o enunciado do desterro, com seu diagnóstico (primeira seção do artigo) e seu prognóstico (quarta seção). De outro, o enunciado da cordialidade, visto sob ótica negativa (segunda seção) e depois sob ótica positiva (terceira seção). A seção inicial identificará, no diálogo de Sérgio Buarque com Alberto Torres e, sobretudo, com Oliveira Vianna, a formulação do que se designou um diagnóstico do desterro. A seção seguinte cotejará insolidariedade e cordialidade, conceitos centrais no quadro privatista da realidade brasileira composto tanto por Oliveira Vianna quanto por Sérgio Buarque. A penúltima seção acompanhará o engajamento com a obra de Gilberto Freyre, focando-se no reconhecimento de uma herança ibérica e na elaboração de um elogio da cordialidade. A seção final analisará a tentativa de solução do problema do desterro por meio do diálogo com Gilberto Freyre e o caminho afinal tomado para equacionar o dilema.

Aproximando e contrastando o texto original do clássico de Sérgio Buarque com escritos desses pensadores, compreende-se um pouco melhor as certezas e as inquietações de uma obra longamente meditada e enfim publicada, segundo o relato do próprio autor, após quase uma década de preparação.[8] Uma conclusão desse estudo será a percepção de que *Raízes do Brasil* não foi sempre o símbolo de crítica ao legado ibérico em que depois foi erigido. A consulta à edição *princeps* revela uma grande ambiguidade do autor em relação ao passado. A cifra do parágrafo de abertura desvenda-se, ao correr das páginas, tanto pela afirmação otimista da identidade cordial quanto pela indagação desassossegada sobre as condições de implantação da civilidade. O oximoro com que Sérgio Buarque sintetizou o dilema político de seu livro empregava sintomaticamente, como verbo, o vocábulo que também designava a forma de sua escrita: tratava-se de "ensaiar a organização de nossa desordem".[9]

## |O PECADO DE CEM ANOS

Em meados da década de 1930, a obra de Alberto Torres constituía o "centro de gravitação ideal" para o qual tendiam os brasileiros de inclinação inovadora, no dizer de Oliveira Vianna, autointitulado "discípulo esquivo" do ministro aposentado do Supremo Tribunal Federal, ex-ministro da Justiça e antigo presidente da província do Rio de Janeiro.[10] Falecido em 1917, Alberto Torres dedicara os últimos anos de sua vida a estudos sobre a política mundial e a realidade brasileira. Após a Revolução de 1930, seus livros sobre o país foram reeditados e conheceram ampla divulgação, inclusive pelo estímulo de uma então fundada Sociedade dos Amigos de Alberto Torres.[11]

Nessas circunstâncias, não admira que *Raízes do Brasil* fizesse referência a Torres, "um publicista cuja obra goza hoje de larga popularidade",[12] para discutir o impasse político do país. É por meio de uma longa passagem do livro *O problema nacional brasileiro* que *Raízes* diagnostica a disjunção entre instituições políticas e realidade social:

> A separação da política e da vida social — dizia ele — atingiu, em nossa pátria, o máximo de distância. À força de alheação da realidade a política chegou ao cúmulo do absurdo, constituindo em meio da nossa nacionalidade nova, onde todos os elementos se propunham a impulsionar e fomentar um surto social robusto e progressivo, uma classe artificial, verdadeira superfetação, ingênua e francamente estranha a todos os interesses, onde, quase sempre com a maior boa fé, o brilho das fórmulas e o calor das imagens não passam de pretextos para as lutas de conquista e a conservação das posições. A política é, de alto a baixo, um mecanismo alheio à sociedade, perturbador da sua ordem, contrário a seu progresso; governos, partidos e políticos sucedem-se e alternam-se, levantando e combatendo desordens, criando e destruindo coisas inúteis e embaraçosas. Os governantes chegaram à situação de perder de vista os fatos e os homens, envolvidos entre agitações e enredos pessoais.[13]

Citando favoravelmente essa avaliação, Sérgio Buarque rejeita o prognóstico que a acompanhava. Indicada em *O problema nacional brasileiro*[14] e detalhada em *A organização nacional*,[15] a solução de Alberto Torres para o hiato entre política e sociedade exigia uma ampla revisão da Constituição de 1891, com a restauração de prerrogativas centralizadoras pela criação de um Poder Coordenador. Essa solução traía, aos olhos de Sérgio Buarque, a "pretensão de compassar os acontecimentos pelos sistemas, as leis e os programas, uma das origens da separação que existe entre a nação e sua vida política".[16] Era ingênua a crença de que "a letra morta pode influir de modo enérgico sobre os destinos de um povo".[17]

O mote fazia parte do repertório de Sérgio Buarque desde a década anterior. Em "Perspectivas", artigo saído em 1925 na revista *Estética*, equiparava a linguagem a uma força de "negação de vida".[18] Um tratado de história da civilização ainda poderia ser escrito, dizia, "em que se consideram o esplendor e a decadência de cada povo coincidindo precisamente com a maior ou menor consideração que a palavra escrita ou falada mereceu de cada povo".[19] Lidas em conjunto, as passagens de 1925 e 1936 assinalam que a crítica à "letra morta" das soluções jurídico-institucionais continha não apenas a condenação dos ímpetos negadores da realidade nacional como também uma advertência sobre a corrupção das energias do povo que insistisse em ilusões formalistas.

A divergência com Alberto Torres não se limitava a esse aspecto. Um exame menos superficial do diagnóstico do desterro apresentado em *O problema nacional brasileiro* revela uma importante discrepância no tratamento dado ao tema por Sérgio Buarque, e abre uma via de acesso à obra de Oliveira Vianna. A diferença diz respeito ao momento da história nacional em que se poderia marcar o início do desterro. Ao passo que em Torres ele era tão antigo como o Brasil, em Sérgio Buarque o fenômeno tinha a data precisa do século XIX.

De acordo com Torres,[20] a organicidade da política de uma nação decorria da existência de um "instinto de nacionalidade" e de hábitos perpetuados pela tradição, por meio dos quais a população desenvolvia o senso do interesse coletivo e da solidariedade. Essa experiência secular não se verificava nas nações surgidas artificialmente por descoberta e colonização. O problema era agravado no Brasil, cuja metrópole entrara em declínio ao tempo da descoberta, e "onde a discordância entre o meio e os costumes do colonizador apresenta feição mais flagrante".[21] Sintomaticamente, o país "até hoje não fundou as bases de sua adaptação à terra",[22] o que fazia de seus habitantes "eternos desaclimados".[23] A separação entre a política e a vida social tinha sua causa primeira nesse desconhecimento do país real.

O caso é bem outro em *Raízes do Brasil*. Os portugueses são reputados como "portadores naturais" da tarefa da colonização nos trópicos.[24] Devido à ética de aventura que os animava, os lusos adaptaram-se com admirável plasticidade a um meio sujeito a múltiplas injunções de clima, ecologia, cultura e raça. "Procurando recriar aqui o meio de sua origem, fizeram-no com uma destreza que ainda não encontrou segundo exemplo na história".[25] Conforme antecipado no parágrafo inicial do livro, esse "esforço bem-sucedido" de transplantação cultural somente será perturbado mais tarde, pela importação bacharelesca de doutrinas incompatíveis com a realidade nacional, e negadoras dela. Explica-se no sexto capítulo do livro que, a partir do desembarque da família real, em 1808, a aristocracia rural foi atingida por uma crise de adaptação à forma de vida urbana. "Começou", então, "a patentear-se a distância entre o elemento 'consciente' e a massa brasileira (...) Nos livros, na imprensa, nos discursos, a realidade começava a ser, infalivelmente, a 'dura', a 'triste' realidade".[26]

O diagnóstico do desterro em Sérgio Buarque tem sua principal formulação em outra passagem do capítulo seis.

O trecho em questão já havia aparecido no artigo "Corpo e alma do Brasil: ensaio de psicologia social", prelúdio de *Raízes do Brasil* publicado no número de março de 1935 da revista *Espelho*. Sua redação de 1935 é a seguinte:

> O fato é que a ideologia impessoal e antinatural do liberalismo democrático, com as suas maiúsculas impressionantes e com as suas fórmulas abstratas, jamais se naturalizou entre nós. Só assimilamos efetivamente esses princípios até o ponto em que coincidiam com a negação pura e simples de uma autoridade incômoda, em que confirmavam nosso instintivo horror às hierarquias e em que nos permitiam tratar com intimidade os governantes. A democracia no Brasil foi sempre um lamentável mal-entendido. Uma aristocracia rural e semifeudal importou-a e tratou de acomodar-se como pôde aos seus preceitos que tinham sido justamente a bandeira de combate da burguesia europeia, e isso somente porque esses preceitos pareciam os mais acertados para os tempos e eram exaltados nos livros e nos discursos. O pecado original dessa atitude livresca nunca mais se apagou de nossa vida pública.[27]

A passagem foi aproveitada no sexto capítulo do livro lançado no ano seguinte. Mas, na redação de 1936, o trecho sofre alterações no começo e no fim: acrescenta-se uma nova frase no início e exclui-se a frase final. Essas duas modificações do artigo de 1935 para o livro de 1936 merecem atenção.

A frase que passa a anteceder o trecho é a seguinte: "Trouxemos de terras estranhas um sistema completo e acabado de preceitos, sem saber até que ponto se ajustam à vida brasileira".[28] É possível observar a identidade substantiva e até formal dessa nova frase com a terceira frase do parágrafo de abertura do livro. O início do trecho do sexto capítulo ("Trouxemos de terras estranhas...") é uma paráfrase do início do trecho da abertura do livro ("Trazendo de países distantes..."). Substantivamente, reitera-se a censura à importação de doutrinas incompatíveis com a realidade brasileira. Essa censura será a tônica da discussão do capítulo seis de *Raízes do Brasil*. A passagem escrita em 1935, e transcrita com alterações em 1936, enuncia uma dinâmica em que o liberalismo democrático é assimilado seletivamente em proveito do personalismo (incômodo com a autoridade) e da cordialidade (aversão à hierarquia, desejo de intimidade). (A correlação desses sentimentos com essas categorias será esclarecida adiante). O resultado é que, em *Raízes*, a ligação direta entre o primeiro parágrafo e o sexto capítulo associa o desterro não somente à importação de ideias estranhas, mas à dinâmica em que as doutrinas importadas são reprocessadas à conveniência das forças orgânicas da sociedade local.

Considere-se agora a segunda modificação sofrida pela passagem em análise. Na frase final do raciocínio de 1935, afirmava-se que a "atitude livresca" – ou "bovarismo", expressão usada por Sérgio Buarque no mesmo sentido –[29] era um "pecado original" da vida política brasileira. A figura do "pecado original" ganha um significado específico à luz do opúsculo *O idealismo na evolução política do Império e da República*, publicado em 1922 por Oliveira Vianna. Lançada na coleção do centenário da Independência editada por *O Estado de S. Paulo*, a pequena encadernação consta ainda hoje da biblioteca de Sérgio Buarque na Universidade Estadual de Campinas.

Nessa obra, Oliveira Vianna apontava a existência no Brasil de um antigo conflito entre quixotismo e espírito de clã. Segundo o autor fluminense,

O quixotismo é um sentimento todo impregnado de intelectualismo, em cuja gênese dominam os fatores imaginativos; e, portanto, um sentimento fraco, de pequena energia emocional. O sentimento de clã, ao contrário, é vivaz, enérgico, todo feito de materialidade; poderoso (...) pela sua energia emocional, porque está nas tradições e costumes do povo.[30]

O embate entre quixotismo e clanismo era desigual: "aquele tem que ceder e recuar diante da rude instintividade do poderoso sentimento oriundo do espírito de clã".[31] A dissolução das doutrinas estrangeiras pela realidade local era a razão de fundo pela qual as tentativas de organização política do Brasil nos moldes do federalismo norte-americano, do parlamentarismo inglês ou do liberalismo democrático francês haviam fracassado no Império e na República. O conflito entre quixotismo e espírito de clã estava na raiz do que Oliveira Vianna designava "idealismo utópico", isto é, um "conjunto de aspirações políticas em íntimo desacordo com as condições reais e orgânicas da sociedade que pretendem reger e dirigir".[32] E o idealismo utópico, sentenciava, "tem sido o nosso grande pecado de cem anos".[33]

Admitindo-se que Sérgio Buarque tenha lido o opúsculo de Oliveira Vianna, o que parece fora de dúvida, seria difícil desconsiderar o indício de uma citação velada a *O idealismo na evolução política do Império e da República* no artigo de 1935. O "pecado original" mencionado por Sérgio Buarque remontava ao início da vida política independente no Brasil ou pouco antes, com a transmigração da Corte portuguesa. Tratava-se do mesmo período coberto pelo "pecado de cem anos" denunciado no texto de Oliveira Vianna publicado no centenário da Independência. Esse autor retomaria o mote cinco anos mais tarde, no livro *O idealismo da constituição*. Censura aí o idealismo utópico que, "há cem anos, vem 'sonhando' a democracia no Brasil".[34] E lamenta o fato de que

> Nenhum dos nossos ideais rescende o doce perfume da nossa terra natal. Trazem-nos sempre à nossa lembrança uma evocação de estranhas terras, de outros climas, de outros sóis, de outras pátrias. Neste ponto de vista, somos *deracinés*: os nossos ideais não se alimentam da nossa seiva, não se radicam na nossa vida, não se embebem na nossa realidade, não mergulham na nossa história.[35]

*O idealismo da constituição* não consta da biblioteca hoje catalogada de Sérgio Buarque, mas não é implausível que ele o tivesse lido. Já se apontou nas entrelinhas de *Raízes do Brasil*, e com razão, "diálogos implícitos" com *O idealismo da constituição*.[36] Pode-se imaginar, nessa linha, uma interlocução entre o livro de 1927 e o de 1936, com a fala do primeiro ("somos *deracinés*...") e a réplica do segundo ("somos ainda uns desterrados..."). Nessas locuções sucessivas, o advérbio de tempo "ainda" evocaria uma atualização do diagnóstico do desterro, ou desenraizamento, no vocábulo francês.

Outra formulação bastante próxima da empregada por Sérgio Buarque no parágrafo de abertura de *Raízes do Brasil* é de autoria de Martins de Almeida.[37] Em seu livro *Brasil errado*, de 1932, o autor afirmava: "o brasileiro é um exilado dentro da própria terra".[38] Para Martins de Almeida, a "civilização bovarista" ligada às cidades representava uma corrente artificial na história brasileira, que devia ser subjugada a uma corrente orgânica, centrada no "tipo rural centro-meridional", no qual "vamos encontrar ainda em nossos dias os fortes elementos estruturais, as grandes forças ocultas do inconsciente sociológico da nacionalidade".[39] Em todo esse linguajar pode-se entrever forte influxo de *Populações meridionais do Brasil*, o que sugeriria que também Martins de Almeida dialogava com Oliveira Vianna ao diagnosticar o desterro da vida política nacional.

A coincidência entre expressões usadas por Sérgio Buarque e termos empregados por Oliveira Vianna ("pecado", "desterro") se dá sempre no contexto preciso da discussão acerca do caráter estéril ou contraproducente do "idealismo utópico". O engajamento com a obra do autor fluminense não se limitava ao empréstimo de expressões. Apanha-se no diagnóstico do desterro descrito por Sérgio Buarque em 1935 o essencial da lógica proposta por Oliveira Vianna em 1922. Na interação das doutrinas estrangeiras com a realidade nacional, esta neutraliza aquelas e as utiliza em seu proveito. O "íntimo desacordo" entre aspirações políticas e condições sociais resolvia-se sempre em favor destas.[40] Ou, nos termos de Sérgio Buarque, o liberalismo democrático era efetivamente assimilado apenas até o ponto em que atendia ao personalismo e à cordialidade.

Esse raciocínio não era, em si, uma formulação original de Oliveira Vianna. De um lado, o tropo do desterro tem uma longa história no pensamento nacional.[41] De outro, o argumento da assimilação seletiva das doutrinas estrangeiras já estava presente em Alberto Torres, para ficar apenas no antecedente já citado. Recorde-se, por exemplo, a longa passagem de Torres citada em *Raízes do Brasil*: o "brilho das fórmulas e o calor das imagens" não passavam de "pretextos para as lutas de conquista e a conservação das posições".

135

Podia-se ler em outro ponto de *O problema nacional brasileiro* que a vida pública no país era composta por "duas correntes artificiais, estranhas à vida positiva da sociedade: de um lado, a ideação – literária, ou, pelo menos, teórica (...) do outro, a força dos interesses (...) agindo na mais (...) desconcertante balbúrdia".[42] Torres percebe a invertebração social, mas não oferece uma explicação concatenada sobre a origem dos interesses disparatados (donde dizê-los artificiais) e sobre como seu jogo com a ideação leva à "balbúrdia".[43]

O que distingue a abordagem de Oliveira Vianna, revestindo-a de especial interesse para o autor de *Raízes do Brasil*, é a tese de que as condições em que se processara a formação colonial do país explicavam a falta de coesão social que, por sua vez, gerava o fracasso da implantação de modelos políticos estrangeiros. Essa tese não se encontra, como tal, em *O idealismo na evolução política do Império e da República*, mas pode ser subentendida no fato de que Oliveira Vianna postulasse o espírito de clã, um dos conceitos centrais da análise histórica de *Populações meridionais do Brasil*, como termo do conflito que também envolvia o quixotismo. Em seu diagnóstico do desterro, o "discípulo esquivo" de Torres refinava a discussão do mestre agregando-lhe uma dimensão histórica e dando-lhe rigor conceitual. O "realismo sociológico" apura-se na obra de Oliveira Vianna.[44] Nisso pode estar uma razão porque Sérgio Buarque, mencionando ostensivamente o finado Torres, mantivesse um diálogo mais substantivo, embora predominantemente implícito, com Oliveira Vianna, que após a Revolução de 1930 havia ascendido a posição de destaque no Ministério do Trabalho.

## | Uma impressão desolante

O diálogo de Sérgio Buarque com Oliveira Vianna acerca da tese da existência de uma relação entre formação colonial e falta de coesão social no país extrapola os limites estritos da questão do desterro. Sérgio Buarque engajava uma tese capital de *Populações meridionais do Brasil*, obra maior de Oliveira Vianna lançada em 1920. O resultado dessa interlocução já foi descrito como um "encontro de interpretações",[45] em que os autores explicam similarmente o país ao atribuírem papel de destaque ao ruralismo. O ponto de contato, e mesmo de comensurabilidade, entre as duas narrativas é dado pelos conceitos de insolidariedade e de cordialidade.

Há em *Raízes do Brasil* apenas duas referências ostensivas a Oliveira Vianna, e de nenhuma delas se concluiria pela existência de um diálogo enriquecedor entre os dois autores. Elas terão relevância pela ótica da aproximação de Sérgio Buarque a Gilberto Freyre, e é preciso aquilatá-las antes de as colocar em perspectiva. A primeira referência, única no corpo do texto, encontra-se no sétimo capítulo: "No Brasil, e não só no Brasil, iberismo e agrarismo confundem-se, apesar do que têm dito em contrário alguns estudiosos eminentes, entre outros o snr. Oliveira Vianna".[46] A segunda referência encontra-se em uma nota ao capítulo três. Antes da indicação da nota há a afirmação de que o ruralismo era uma característica típica da projeção ultramarina portuguesa. "E vale a pena assinalar-se isso", segue o texto, "pois parece mais cômodo, e talvez mais lisonjeiro à vaidade nacional de alguns, a crença, nesse caso, em certa misteriosa 'força centrífuga' própria ao meio americano e que tivesse compelido nossa aristocracia rural a abandonar a cidade pelo isolamento dos engenhos e pela vida rústica das terras de criação".[47] Na nota (que, por sua extensão, foi posta ao fim do volume), o destinatário da crítica era nominado: devia-se "ao snr. F. J. Oliveira Vianna" a "teoria artificiosa e extravagante da 'força centrífuga'".[48] O novo emprego do reverente pronome de tratamento "snr." não esconde, dessa feita, a mordacidade da crítica ao ufanismo e ao despropósito atribuídos à teoria em questão. Sérgio Buarque contra-arrestava que o desequilíbrio entre riqueza rural e miséria urbana já se verificava em Portugal.[49] E, o que é ainda mais importante e se lia em outro passo do livro, esse desequilíbrio resultava no Brasil da "fisionomia mercantil" da colonização, fruto do espírito de aventura com que se conduziu o empreendimento ultramarino.[50] O autor concluía a nota tecendo considerações, aliás ainda pertinentes, acerca da "obsessão do arianismo" de Oliveira Vianna.[51]

O golpe assestado contra a tese do ruralismo apresentada em *Populações meridionais do Brasil* era certeiro. Atingia um ponto de partida da narrativa histórica de Oliveira Vianna: a tendência do meio americano de impelir a nobreza colonial para o "rude isolamento" dos campos, diferenciando-a do "espírito peninsular" pela ação tenaz do "conformismo rural".[52] Outro ponto do raciocínio do autor fluminense, a tese de que a autonomia do grande domínio rural impedia o desenvolvimento de outras áreas da sociedade, também mereceu reparos. Embora Oliveira Vianna não seja citado, sua asserção de que o caráter absorvente do latifúndio conferia "fisionomia característica [a]o nosso interior rural"[53] terá sido o alvo da observação de que a autonomia dos grandes domínios "não é (...) um privilégio do Brasil colonial".[54] O que distinguia as fazendas brasileiras era, na verdade, "o tipo de família organizada dentro das normas do velho direito romano-canônico, mantido na Península Ibérica através das gerações",[55] designado páginas adiante como o "tipo primitivo da família patriarcal".[56] Pode-se identificar nesse passo um sinal do diálogo com Gilberto Freyre sobre a formação portuguesa e patriarcal do Brasil,[57] objeto da próxima seção. No geral, é perceptível o sentido das manobras de Sérgio Buarque. Cada objeção sua à diferenciação entre o brasileiro e o português é acompanhada por uma reiteração do vínculo do Brasil com a cultura ibérica. A ligação já fora categoricamente definida no primeiro capítulo: "a verdade (...) é que ainda nos associa à Península Ibérica, e a Portugal especialmente, uma tradição longa e viva, bastante viva para nutrir até hoje uma alma comum (...) Podemos dizer que de lá nos veio a *forma* atual de nossa cultura".[58]

Contra o "centrifugismo rural", a "alma comum". De fato, o ponto de partida de Sérgio Buarque era nitidamente diverso do de Oliveira Vianna, e as consequências da divergência não eram desprezíveis em se tratando — caso de *Raízes do Brasil* — de compor um quadro da cultura brasileira. Tome-se como exemplo dessas consequências o fato de que a cronologia usada em *Populações meridionais do Brasil* identifica o início da colonização como um marco zero histórico. Assim, não se lê sobre o "século XIX", mas sobre o "IV século". Sérgio Buarque, em troca, opera com o calendário cristão. Mais importante era que *Raízes do Brasil* rejeitava uma explicação situacional da colonização do Novo Mundo, em favor de uma explicação genética. Essas categorias, tributárias da discussão de Richard Morse,[59] iluminam a diferença entre a visão de que o ambiente americano moldava formas sociais originais (explicação situacional) e a visão de que as formas sociais nele estabelecidas não podiam deixar de ser vazadas na fôrma ibérica (explicação genética). O fato de que fossem críticas todas as referências ostensivas de Sérgio Buarque a Oliveira Vianna sugere um intuito de marcar posição no debate público da época afastando-se de um autor conhecido pela abordagem situacional. A exclusão da referência implícita ao "pecado de cem anos", feita em tom positivo no artigo de 1935, do trecho transposto sem outras modificações para *Raízes do Brasil* no ano seguinte poderia ser explicada na mesma chave. É perceptível a inclusão, em *Raízes*, de um conjunto de argumentos genéticos (no sentido precisado acima) que não se tinham formulado claramente em "Corpo e alma do Brasil". Esse é o caso, por exemplo, da discussão estruturada do personalismo como atributo ibérico, que está ausente em 1935 mas ocupa todo o primeiro capítulo do volume de 1936.

Ocorre que as divergências entre esses autores não anulam convergências provavelmente mais relevantes.[60] A vocação privatista desenvolvida ao longo do passado rural e o desafio que ela representava para a fundação de uma ordem pública moderna são métricas comuns da reconstrução histórica de *Populações meridionais do Brasil* e de *Raízes do Brasil*. As narrativas desses dois livros têm nexos similares: a fragmentação da população colonial em fazendas isoladas; o caráter absorvente das relações familiares aí desenvolvidas; a formação de uma sociabilidade baseada eminentemente em afetos; e a configuração de uma sociedade infensa à impessoalidade e carente de solidariedade em nível nacional.

As duas obras compartilham a avaliação de que os colonizadores do Brasil adaptaram-se bem ao novo meio. Para Oliveira Vianna, foi preciso ao português abandonar o perfil ibérico e conformar-se à vida rústica. Para Sérgio Buarque, o êxito foi conquistado justamente devido ao iberismo. Animados pela ética de aventura, os lusos adaptaram-se com admirável plasticidade a um meio sujeito a múltiplas injunções de clima, ecologia, cultura e raça. Apesar dos raciocínios distintos, os dois autores concordavam na avaliação da boa adaptação do português ao meio brasileiro, o que explica porque viam a configuração fragmentária da sociedade colonial como uma resposta justificada aos desafios daquele período. Daí, entre outras razões, a simpatia com que Oliveira Vianna tratava a nobreza territorial na primeira metade de *Populações meridionais do Brasil*,[61] e os bons olhos com que Sérgio Buarque via os aventureiros portugueses.[62] Daí também a dificuldade que a herança colonial representava quando considerada pela ótica da organização da ordem pública no Brasil. Por um lado, a visão positiva do legado histórico como que predispunha os autores a julgar estranhas à terra as doutrinas que começam a ser importadas no século XIX; por outro, eles não deixam de reconhecer o imperativo de dar algum tipo de forma moderna ao país gestado no privatismo. Nesse sentido, poder-se-ia cogitar serem as próprias narrativas de *Populações* e de *Raízes* que se desterrariam, ao porem em suspenso a herança colonial e se indagarem sobre o futuro. Isso se refletiria no fato de as duas narrativas não conseguirem disfarçar o que se denominou, no caso da segunda metade de *Populações*, uma "guinada",[63] e, no caso dos três últimos capítulos de *Raízes*, uma "tensão".[64] A hipótese é instigante, mas terá que ser tratada com cautela, especialmente no caso do livro de Sérgio Buarque.

Começando por *Populações meridionais do Brasil*: para Oliveira Vianna, a dispersão geográfica dos núcleos de produção agrária disseminava e insulava os grupos humanos. A decorrência era que "a vida da família se reforça progressivamente e absorve toda a vida social em derredor. O grande senhor rural faz da sua casa solarenga o seu mundo".[65] Essas condições herméticas favorecem a criação de uma nova identidade à altura do século XVIII, ou "III século": "Sente-se que o nosso tipo do homem rural – *homo rusticus* – (...) já se vai modelando por esse tempo, e diferenciando-se cada vez mais do tipo peninsular originário".[66] A enunciação é aprofundada com uma afirmação de certa tonalidade essencialista: "Rural é o luso; mas, o luso não conhece a grande propriedade (...) Nós somos o latifúndio".[67] O fato geográfico do isolamento aparentava querer adensar-se em substância identitária. Oliveira Vianna fala em um tipo, mas não incursiona no terreno da cultura. Sua sociologia preocupa-se eminentemente com a compreensão das condições de funcionamento das instituições políticas brasileiras e dispensa pouca atenção à busca de uma identidade brasileira, como até certo ponto o faria Sérgio Buarque.

A narrativa de *Populações meridionais do Brasil* prossegue com a descrição do papel do clanismo, cujos atributos negativos começam a criar o ambiente para a guinada narrativa do livro. O núcleo familiar latifundiário armou-se, desde cedo, com um serviço de defesa, que veio a constituir o "clã fazendeiro". Sob o comando do grande proprietário de terras, a milícia rural tornou-se "um fator de turbulência social dos mais virulentos", e, a partir da descoberta de minas no século XVIII, se caracterizaria por uma "exacerbação caudilheira".[68] O espírito de corpo dentro do clã era elevado, e estiolava em seu exterior. Inexistiriam na colônia móveis de coesão social mais ampla, como inimigos externos ou hostilidades de classe. No Brasil, haveria sociabilidade sem chegar a haver sociedade. A solidariedade restringia-se à família e ao clã. Por isso, no campo, onde habitava a maioria da população e preservava-se íntegro ainda na atualidade o "caráter nacional",[69] "a insolidariedade é completa. Não se descobre ali nenhum traço de associação entre vizinhos para fins de utilidade comum. Tudo nos dá uma impressão desolante de desarticulamento e desorganização".[70]

Grassando já no nível vicinal ou municipal, a insolidariedade impedia a formação de uma consciência nacional. O *homo rusticus*, após quatro séculos, não tinha sequer consciência da solidariedade de aldeia ou tribo, como ocorreria em outras partes do mundo. O padrão de sociabilidade do homem rústico está bem descrito nesta afirmação: "Normalmente, o círculo da nossa simpatia ativa não vai, com efeito, além da solidariedade de clã. É a única solidariedade social que realmente *sentimos*, é a única que realmente praticamos".[71] Explica-se, portanto, que os brasileiros não houvessem atingido a "intelectualização do conceito de Estado",[72] isto é, a capacidade de discriminar entre o nível concreto e pessoal e o nível abstrato e impessoal da ação política.

A essa altura consuma-se a guinada narrativa de *Populações meridionais do Brasil*.[73] Oliveira Vianna identifica na reação do Segundo Reinado contra as oligarquias políticas um ponto de virada na história do país. Os protagonistas da narrativa deixam de ser os grandes proprietários e tornam-se o impe-

143

rador D. Pedro II e os estadistas conservadores que pregaram a organização da ordem legal por meio da "trituração da caudilhagem".[74] Esses estadistas não se teriam deixado iludir pela doutrina liberal implantada na Regência, que, defendendo a descentralização política em uma sociedade cindida pelo espírito de clã, pusera o país na rota da fragmentação territorial. A defesa, pelos conservadores, do Estado unitário contra a "utopia" liberal fora obra de "idealismo orgânico", aquele "que só se orienta pela observação do povo e do meio".[75] Em vez do parlamentarismo britânico, da fórmula "o rei reina, mas não governa", os conservadores criaram um "parlamentarismo brasileiro", pelo qual "o rei reina, governa e administra". Agira-se, no Império, "fora" dos princípios constitucionais, ou mesmo "contra" eles,[76] com vistas a concentrar o poder. Essa solução, de "inegável hipocrisia",[77] salvara a unidade nacional no Império, mas era limitada. Faltava infundir no povo o sentimento de um "alto destino histórico", o que ainda teria que ser obtido por um Estado capaz de impor-se "pelo prestígio fascinante de uma grande missão nacional".[78]

A visão de Sérgio Buarque tem muitas afinidades com a narrativa de Oliveira Vianna. O autor também partia do isolamento rural para a constatação de que as famílias ignoravam princípios superiores que lhes pudessem tolher a autonomia. Predominavam no país as vontades particularistas, próprias aos "círculos fechados e pouco acessíveis a uma ordenação impessoal".[79] A família era o principal desses círculos, e constituía a imagem modelar de poder, respeitabilidade e obediência. No âmbito familiar, as relações fundam-se no sangue e no coração. Por isso, a "supremacia absorvente" do núcleo familiar sobre a sociedade torna desconhecida qualquer "forma de convívio que não seja ditada por uma ética de fundo emocional".[80] Esse tipo de sociabilidade é dito cordial, pois dimana do coração. Decorria da cordialidade uma aversão às regras impessoais e coercitivas, próprias da civilidade. Os ritualismos sociais pressupõem uma medida de distanciamento entre as pessoas, contrária ao "desejo de estabelecer intimidade", que é marca registrada da cordialidade.[81]

*Raízes do Brasil* chega, nessa altura, a uma asserção sobre a identidade do brasileiro: o "horror às distâncias (...) parece constituir, ao menos até agora, o traço mais específico do espírito brasileiro".[82] A cordialidade representaria, com efeito, "um aspecto bem definido do caráter nacional".[83] Esse caráter é encarnado pelo "homem cordial". Vista em perspectiva comparada, a alegoria do homem cordial faz pensar imediatamente na do *homo rusticus*, também ele um personagem que estereotipa as características humanas próprias do meio brasileiro. Revela-se aí um componente identitário que aproxima os livros de Sérgio Buarque e Oliveira Vianna. Ambos põem em circulação, por intermédio desses personagens desindividualizados, enunciados capazes de oferecer algum sentido de identidade nacional, embora apenas tentativamente (em Oliveira Vianna) ou provisoriamente (vide a ressalva em Sérgio Buarque: "ao menos até agora").[84]

Essas duas figuras alegóricas, que de alguma forma condensam o legado colonial, colocam-se como barreiras à implantação da moderna ordem pública no país. É significativa a epígrafe escolhida por Sérgio Buarque para o quinto capítulo de seu livro, "O homem cordial". Trata-se de um verso que o autor atribui ao poeta seiscentista John Milton:[85]

"How small of all that human hart [sic] can endure / That part that kings or laws can cause or cure...".[86] Em versão livre: uma ínfima parte do que o coração tem que aguentar pode ser causada ou curada pela ação dos reis ou das leis. Ou seja, com Milton, a discussão sobre a cordialidade ficava desde logo sob o signo da desconfiança quanto à aplicabilidade das normas impessoais. Essa reticência quanto à possibilidade de que a ordem pública pudesse "causar" sentimentos virtuosos ou "curar" os viciosos era especialmente compreensível no ambiente privatista retratado por Sérgio Buarque e por Oliveira Vianna. O coração que pulsava no homem cordial pareceria poder bater também no peito do homem rústico. A vocação privatista era a mesma em ambos.

Sérgio Buarque registra desafios similares aos descritos por Oliveira Vianna no tocante à implantação da ordem pública. A impressão deixada pela ordem familiar rural gerava uma forte nostalgia no homem urbano. Dava-se uma "invasão do público pelo privado, do Estado pela Família", o que explicava a "difícil adaptação" do país ao Estado democrático e a uma burocracia eficiente.[87] Sérgio Buarque não relata aquela "invasão" com simples complacência. Em que pesem as dúvidas consignadas quanto à viabilidade de uma ordem pública no país, chega a afirmar categoricamente no parágrafo inicial do quinto capítulo:

> Não existe, entre o círculo familiar e o Estado, uma gradação, mas antes uma descontinuidade e até uma oposição. A indistinção entre essas duas formas é um prejuízo romântico e que teve os seus adeptos mais entusiastas e mais zelosos durante o século décimo nono (...) Só pela superação da ordem doméstica e familiar é que nasce o Estado.[88]

Até essa passagem, o Estado desvinculado das condições ambientes e contraposto ao círculo familiar vinha sendo pensado como uma forma de desterro, contra a qual se dirigia o peso da crítica do livro. Essa desvinculação fora o cerne da experiência brasileira com a democracia liberal. Mas nesse ponto o ensaio alterna seu ângulo de visão, não para referendar tal e qual o desterro que vinha sendo condenado, mas para abrir uma nova perspectiva sobre a civilidade. A civilidade não se reduz à democracia liberal, entendida como forma política decadente.[89] Ainda que a cordialidade fosse um traço identitário, ou justamente por isso, era preciso buscar algum fundamento de estabilidade. "É necessário um elemento normativo, sólido, (...) para que possa haver cristalização social".[90] Patenteia-se a tensão de uma narrativa que é simpática, de um lado, ao legado colonial e privatista, e que reconhece, de outro, a necessidade de estabelecimento de algum tipo de ordem assentada na impessoalidade.

A limitação das formas de solidariedade social ao círculo das preferências afetivas, operada pela cordialidade, tem um correlato claro na insolidariedade, em que o clã é o único vínculo realmente sentido. Embora estes conceitos tenham estatutos próprios, insolidariedade e cordialidade podem ser vistos em uma "posição de equivalência estrutural" em *Raízes do Brasil* e *Populações meridionais do Brasil*.[91] Residirá aí uma razão para que se possa aplicar à discussão de Sérgio Buarque a noção da difícil intelectualização do conceito de Estado. Uma passagem do capítulo final de seu livro assemelha-se até à linguagem de Oliveira Vianna: "A ideia de uma entidade imaterial e impessoal, pairando sobre os indivíduos e presidindo aos seus destinos, é dificilmente inteligível para a mentalidade dos povos da América Latina".[92] E em *Populações*: "essa grande e patriótica aspiração dos nossos maiores é ainda um alto ideal, sobrepairante nas camadas superiores da nacionalidade".[93]

Havendo acompanhado Oliveira Vianna tanto no diagnóstico do desterro quanto em traços básicos da enunciação do privatismo brasileiro, Sérgio Buarque afasta-se da solução proposta pelo autor fluminense para o "pecado de cem anos". A discussão de Sérgio Buarque não se fará em termos da "trituração" das oligarquias políticas, do pleito por um "idealismo orgânico" e da defesa da infusão no povo de um sentimento de destino nacional. (Apenas no "parlamentarismo brasileiro" haverá uma proximidade). É no diálogo com Gilberto Freyre que se pode esclarecer o prognóstico político de Sérgio Buarque, diverso e mesmo oposto ao de Oliveira Vianna.

## | A LIÇÃO PORTUGUESA

Gilberto Freyre tem uma presença de peso em *Raízes do Brasil*. O autor assina o prefácio da obra, no qual afirma sobre Sérgio Buarque:

> O escritor paulista é uma daquelas inteligências brasileiras em que melhor se exprimem não só o desejo como a capacidade de analisar, o gosto de interpretar, a alegria intelectual de esclarecer. Quando apareceu, há dez ou doze anos, ao lado de Prudente de Moraes, neto (Pedro Dantas) – talvez a vocação mais pura de crítico que já surgiu entre nós – foi logo revelando as qualidades e o gosto, que agora se afirmam vitoriosamente.[94]

Sérgio Buarque, de sua parte, considerava *Casa-grande &
senzala* "o estudo mais sério e mais completo sobre a formação social do Brasil".[95] O diálogo entre ambos será ostensivo
e profícuo, fruto de uma amizade de juventude no Rio de
Janeiro.[96] A partir de observações de Ricardo Benzaquen de
Araújo,[97] é possível vislumbrar os contornos da contribuição
de Gilberto Freyre para a montagem da visão genética (sempre na acepção sugerida por Morse) e do elogio da cordialidade contidos em *Raízes do Brasil.*[98]

O *ethos* da colonização portuguesa no livro de Sérgio Buarque assenta-se na renúncia à ação transformadora no mundo,
derivada do personalismo, e na atitude plástica de adaptação
às circunstâncias da realidade, decorrente do aventureirismo.
Por um lado, a cultura ibérica da personalidade predicava-se
na máxima independência do indivíduo frente aos seus pares.
Nessa concepção, traduzida no sentimento de sobranceria,
o "círculo de virtudes capitais" relacionava-se diretamente
com o "sentimento da própria dignidade de cada homem".[99]
Atributos como o proceder sisudo, a inteireza e o termo
honrado eram "virtudes essencialmente inativas, pelas quais
o indivíduo se reflete sobre si mesmo e renuncia a modificar
a face do mundo".[100] Por outro lado, a ética da aventura de
que estavam imbuídos os colonizadores portugueses os predispôs a se amoldarem à realidade dos trópicos. Os primeiros
colonos do Brasil "aclimavam-se facilmente, aceitando o que
lhes sugeria o ambiente, sem cuidar de impor-lhe normas
fixas e indeléveis".[101] Um exemplo disso foi a assimilação de
incontáveis costumes indígenas. Outro foi o acolhimento de
dissonâncias raciais, devido, segundo Sérgio Buarque, à ausência quase completa de orgulho de raça no português. Tra-

tava-se de "face bem típica de sua extraordinária plasticidade social", explicada "muito pelo fato de serem os portugueses (...) um povo de mestiços".[102]

A associação entre o perfil mestiço do português e a plasticidade de sua ação colonizadora leva a marca inconfundível de *Casa-grande & senzala*. É revelador a esse respeito que, logo no quinto parágrafo de *Raízes do Brasil*, a Península Ibérica fosse designada como uma "região indecisa entre a Europa e a África".[103] Pois é essa mesma imagem, aplicada unicamente a Portugal, que Gilberto Freyre emprega no terceiro parágrafo do prefácio de sua obra para explicar a origem da adaptabilidade lusa ao Novo Mundo: "A singular predisposição do português para a colonização híbrida e escravocrata dos trópicos, explica-a em grande parte o seu passado étnico, ou antes cultural, de povo indefinido entre a Europa e a África".[104] A "indecisão étnica e cultural" era responsável pela índole "flutuante" dos portugueses: "o bambo equilíbrio de antagonismos reflete-se em tudo que é seu, dando-lhe ao comportamento uma fácil e frouxa flexibilidade".[105] Esse perfil deu aos portugueses a dianteira na colonização dos trópicos. A índole flexível criada pela mestiçagem originária os permitiu alcançar inigualada propensão à miscibilidade, mobilidade e aclimatabilidade, categorias que se condensam na de plasticidade.

A plasticidade suscita outro encontro entre interpretações em *Raízes do Brasil*, dessa feita com *Casa-grande & senzala*, derivando-se naquele da ética da aventura, e neste da mestiçagem. Ao formular o *ethos* colonial, Sérgio Buarque combinava considerações a respeito da cultura da personalidade, próprias ao seu livro, com uma reflexão sobre o espírito da aventura que, embora também própria, engajava a abordagem de Gilberto Freyre.[106] A plasticidade originada na mestiçagem entre Europa e África somava-se à renúncia à modificação da realidade para criar um tipo especialmente bem-sucedido de colonizador. O desmazelo com as normas fixas, transmitido aos habitantes da nova terra, teria uma consequência direta na aversão do homem cordial à impessoalidade. Outra consequência seria o desleixo no traçado das cidades construídas no Brasil, diferentemente da urbanização planificada das colônias espanholas, e ainda aqui é possível surpreender-se o diálogo criativo de Sérgio Buarque com seu estimado colega de geração.

É conhecido o argumento do quarto capítulo de *Raízes do Brasil*: "a cidade que os portugueses construíram na América não é produto mental, não chega a contradizer o quadro da natureza, e sua silhueta confunde-se com a linha da paisagem".[107] Menos notada é uma passagem duas frases depois, suprimida nas edições posteriores do livro:

> As casas eram semeadas com desalinho, em volta de uma igreja toda branca e situada quase sempre no lugar mais elevado; com um desalinho que faz pensar um pouco nesses jardins de Portugal evocados por Gilberto Freyre, cheios de uma poesia meio selvagem e onde aparecem, aqui e ali, flores de nomes que "pedem poemas: Flor de Noiva, Três Marias, Cinco Chagas, Brinco de Princesa, Flor de Viúva, Suspiros, Saudades, Resedá, Palmas de Santa Rita".[108]

A citação no fim do trecho provém de um artigo de opinião de Gilberto Freyre no *Diário de Pernambuco* de março de 1925, intitulado "Acerca de jardins",[109] depois republicado em coletânea de 1934.[110] Freyre louvava o caráter irregular

151

dos jardins de Portugal, com sua "meia selvageria que é a delícia da nossa natureza". E antepunha essa "magnífica lição portuguesa" ao "rígido geometrismo dos jardins suíços e franceses, que obrigam as flores e as plantas a atitudes de soldados em dia de parada".[111]

A discussão de Gilberto Freyre sobre o desleixo dos jardins portugueses há de ter sido um achado para Sérgio Buarque, que tira daí a bela imagem das cidades semeadas.[112] (Apenas na segunda edição de *Raízes do Brasil*, em 1948, surgiriam as figuras do semeador e do ladrilhador). Era a própria (des)ordem da aventura e do personalismo que se incrustava no espaço urbano brasileiro. Isso não podia deixar de mitigar as forças impessoais que o autor sabia emanarem da "habitação em cidades, que é, essencialmente, uma habitação antinatural; associa-se a uma poderosa manifestação do espírito e da vontade, na medida em que estes se opõem à natureza".[113] A partir do desembarque da família real, em 1808, o ímpeto dado à urbanização e a formas de vida mais pautadas pela civilidade começaria a pôr em relevo essa contradição. Com a Abolição, oitenta anos mais tarde, a transição entre a "ditadura dos domínios rurais" e a "urbanocracia" lançaria a sociedade brasileira em uma crise prolongada.[114] Por ora, cabe apenas dimensionar esse como enraizamento da cultura ibérica no país.

Herança ibérica (ou: *ethos* colonial), ruralismo e cordialidade andam juntos, como já se afirmou com razão.[115] Conforme exposto na seção anterior, a base rural da sociedade colonial criou as condições para uma profunda fragmentação, em que a sociabilidade limitava-se ao círculo familiar e a consciência pública não excedia as preferências políticas pessoais ou clânicas. Insolidariedade e cordialidade podiam ser vistas por Oliveira Vianna e Sérgio Buarque como elementos negativos, por constituírem óbices à ordem moderna. Mas a cordialidade também admitiria uma visão positiva, à diferença da insolidariedade. Não apenas de estrutura social fragmentária se fazia o Brasil. O país herdara a cultura ibérica, com destaque para o personalismo e a aventura. Engastados nas fazendas e nas cidades, esses elementos participaram da moldagem do caráter nacional brasileiro. O *ethos* colonial, conjugação de renúncia à mudança da realidade com plasticidade social, gravara-se no cerne da cordialidade. Esta convertia-se, assim, "em uma espécie de filtro entre o homem e o mundo, filtro que impede a redução do mundo ao projeto interno do sujeito, forçando um certo tipo de negociação entre ele[s]".[116] Na polidez, ou civilidade, pressupunha-se uma "presença soberana do indivíduo", e obtinha-se "um dos mais decisivos triunfos do espírito sobre a vida".[117] Sob o império da cordialidade, todavia, "A vida íntima do brasileiro não é bastante coesa, nem bastante disciplinada, para envolver e dominar toda a personalidade, ajustando-a como uma peça consciente ao ambiente social".[118] Como explicou um comentador da obra, "a vida social livra o homem cordial de ter que racionalizar o seu mundo e de ter que viver consigo próprio".[119] Incoesa a identidade, infactível a civilidade. O núcleo de vida cordial inviabilizava o triunfo das fórmulas abstratas.[120]

A "aversão ao ritualismo social", correspondida pelo já mencionado "desejo de estabelecer intimidade", manifestava-se na dificuldade havida pelos brasileiros em manter prolongada reverência frente a um superior. As fórmulas de reverência eram admitidas desde que não excluíssem a possibilidade de convívio mais próximo. De acordo com Sérgio Buarque, em passagem também excluída das edições posteriores do livro,

> A generalização do tratamento por "você", que perdeu, aliás, a tonalidade cerimoniosa e substitui, praticamente, o tratamento pela segunda pessoa, poderia ser explicada por motivos especiais: limitemo-nos a lembrar, por enquanto, que não foi, talvez, simples casualidade o que fez coincidir a extensão geográfica, entre nós, do uso dessa forma de tratamento com a parte do território brasileiro em que teve maior força a escravidão africana: o extremo norte e, sobretudo, o extremo sul utilizam-na menos do que o centro.[121]

Novamente, sente-se que *Raízes do Brasil* – e também "Corpo e alma do Brasil", onde o trecho aparece pela primeira vez – entabula diálogo com *Casa-grande & senzala*. O argumento de que o uso linguístico é flexibilizado em função da ocorrência do regime híbrido e escravocrata de colonização remete à demonstração de uma tese central de *Casa-grande*. Para Sérgio Buarque, o tratamento por "você" era um índice da cordialidade. Para Gilberto Freyre, a flexibilidade no uso da próclise e da ênclise indicava o equilíbrio de antagonismos na formação brasileira:

> Sucedeu, porém, que a língua portuguesa nem se entregou de todo à corrupção das senzalas, no sentido de maior espontaneidade de expressão, nem se conservou acalafetada nas salas de aulas das casas-grandes sob o olhar duro dos padres-mestres. A nossa língua nacional resulta da interpenetração das duas tendências. Devemo-la tanto às mães Bentas e às tias Rosas como aos padres Gamas e aos padres Pereiras. O português do Brasil,

ligando as casas-grandes às senzalas, os escravos aos senhores, as mucamas aos sinhôs-moços, enriqueceu-se de uma variedade de antagonismos que falta ao português da Europa. Um exemplo, e dos mais expressivos, que nos ocorre, é o caso dos pronomes. Temos no Brasil dois modos de colocar pronomes, enquanto o português só admite um – o "modo duro e imperativo": diga-me, faça-me, espere-me. Sem desprezarmos o modo português, criamos um novo, inteiramente nosso, caracteristicamente brasileiro: me diga, me faça, me espere. Modo bom, doce, de pedido. E servimo-nos dos dois. Ora, esses dois modos antagônicos de expressão, conforme necessidade de mando ou cerimônia, por um lado, e de intimidade ou de súplica, por outra [sic], parecem-nos bem típicos das relações psicológicas que se desenvolveram através da nossa formação patriarcal entre os senhores e os escravos; (...) O mestre ilustre que é João Ribeiro permita-nos acrescentar esta interpretação histórica ao seu exame psicológico da questão dos pronomes; e ao mesmo tempo fazermos nossas estas suas palavras: "Que interesse temos, pois, em reduzir duas fórmulas a uma única e em comprimir dois sentimentos diversos numa só expressão?" Interesse nenhum. A força ou antes a potencialidade da cultura brasileira parece-nos residir toda na riqueza dos antagonismos equilibrados; o caso dos pronomes que sirva de exemplo (...) Somos duas metades confraternizantes que se vêm mutuamente enriquecendo de valores e experiências diversas; quando nos completarmos num todo, não será com o sacrifício de um elemento ao outro.[122]

A proximidade entre o caso dos pronomes de tratamento e o caso da colocação pronominal é significativa. É o próprio Sérgio Buarque quem traça o paralelo entre o linguajar encurtador de distâncias sociais e a zona de colonização escravocrata. Custaria a crer que ele não tivesse em mente, nessa aproximação, a tese proposta pelo prefaciador de seu livro.[123] O mesmo se poderia dizer sobre um trecho como este, que se segue à constatação de que na colônia houve uma acentuação da afetividade e da passionalidade: "Uma suavidade dengosa e açucarada invadiu, desde muito cedo, quase todas as esferas de nossa vida colonial".[124] O paralelo entre os exemplos de uso pronominal pode ser formulado de modo mais preciso nos seguintes termos: a área onde grassa o tratamento por "você", típico do desejo cordial de intimidade, coincide com a área onde se fixou a variação entre uso proclítico e enclítico, típica do equilíbrio de antagonismos da colonização híbrida e escravocrata do Brasil. Cordialidade e equilíbrio de antagonismos parecem produzir efeitos similares, pelo que são suscetíveis de uma aproximação mais detalhada. Ressalve-se apenas terem estatutos diferentes, como se nota do fato de Gilberto Freyre falar em uma "necessidade" de "mando" e de "intimidade", ao passo que Sérgio Buarque aborda somente o "desejo" de "intimidade".[125]

Um primeiro aspecto desse cotejo diz respeito à identificação de algum tipo de elemento nacional na cordialidade e no equilíbrio de antagonismos. Em *Casa-grande & senzala*, a sociedade patriarcal é profundamente vincada pelo privatismo. O regime de monocultura latifundiária acompanha-se do mal inseparável do "exagerado sentimento de propriedade privada. O qual começa criando rivalidades sangrentas entre vizinhos – grandes senhores de terras – para terminar balcanizando continentes".[126] Embora os habitantes da colônia compartilhassem um substrato cultural, esse quadro anárquico tornaria impossível a formação de uma unidade nacional. Sucede que as tendências dispersivas eram contrabatidas por forças homogeneizadoras de igual ordem. Os padres jesuítas, com sua ação disciplinadora, oposta à experiência desregrada dos senhores de engenho, contribuíram para salvaguardar a integridade da colônia. O catolicismo, de modo mais amplo, foi "realmente o cimento da nossa unidade".[127] A unidade não resultava somente do patriarcalismo, nem do jesuitismo ou do catolicismo, mas, algo precariamente, do equilíbrio entre essas tendências antagônicas de dispersão e uniformização. Um "todo" alcançado sem o sacrifício de uma parte a outra, e sim pela "confraternização" entre ambas. Essa dinâmica ilustra o sentido da defesa da nacionalidade feita por Gilberto Freyre, na qual "o que está efetivamente em jogo não é uma substância específica, mas aquela maneira particularmente híbrida e plástica de combinar as mais diferentes tradições sem pretender fundi-las em uma síntese completa e definitiva: antagonismos em equilíbrio".[128]

Por esse caminho, tornava-se possível pensar a unidade — conquanto instável — em uma sociedade de outra forma fraturada pelo privatismo. Nesse sentido, a aproximação da cordialidade ao equilíbrio de antagonismos se terá afigurado a Sérgio Buarque como particularmente proveitosa. Compartilhando com Oliveira Vianna a narrativa sobre a baixa coesão social, podia não obstante conceber, com Gilberto Freyre, uma escala nacional no Brasil. Nisto o porquê da visão positiva do passado nacional que se encontra em *Casa-grande & senzala*, sem paralelo em *Populações meridionais do Brasil*: a colônia legara ao país uma unidade nacional.[129] Em *Raízes do Brasil*, a visão positiva da herança portuguesa e colonial também não deixa margem a dúvidas. Algumas de suas passagens mais contundentes dirigem-se àqueles que pretendiam negar a "alma comum" com a Península Ibérica. A "tradição longa e viva", lia-se no primeiro capítulo, era uma verdade incontestável, "por menos sedutora que possa parecer [a] alguns de nossos patriotas".[130] Na nota de rodapé dedicada a Oliveira Vianna, a tese situacional do centrifugismo era considerada, criticamente, "tão própria para lisonjear a vaidade patriótica de numerosos brasileiros".[131]

A insistência nessa crítica não haveria de estar desligada do fato de que, a julgar pelo testemunho de outro importante ensaísta da época, Azevedo Amaral,[132] um ano antes da publicação de *Raízes do Brasil*, a visão genética era minoritária nos meios intelectuais brasileiros. Afirmar o papel da herança ibérica requeria uma atitude de enfrentamento.[133] Mas se era possível tratar o patriotismo situacional como vaidade ignorante do país, por outra parte era preciso comedimento na afirmação de um caráter nacional, ponto delicado em uma explicação genética. Tudo estava em ressaltar a dimensão cultural compartilhada com terras de além-mar. Como já evidenciara *Casa-grande & senzala*, a peculiaridade do brasileiro devia resultar de diferenciação incremental, ou da aposição de nova forma a um velho conteúdo. Isso ficava claro no modo pelo qual a arquitetura das casas-grandes de engenho no Brasil do século XVI não imitara simplesmente o risco original da metrópole, mas se amoldara à nova circunstância americana. "Desde esse momento que o português, guardando embora aquela saudade do reino que Capistrano de Abreu chamou 'transoceanismo', tornou-se luso-brasileiro: o fundador de uma nova ordem econômica social; o criador de um novo tipo de habitação".[134]

Em Gilberto Freyre, o equilíbrio de antagonismos já era uma característica da psicologia do português, que depois adquiriria contornos próprios na experiência tropical e daria sentido à cultura brasileira. A cordialidade, por sua vez, surgiria das condições específicas de personalismo, aventura e ruralismo no Brasil. A coincidência entre a zona de colonização escravocrata e o emprego do pronome de tratamento "você" volta à tona. Segundo Sérgio Buarque, esse linguajar cordial, capaz de estabelecer "um convívio mais familiar", em detrimento das hierarquias sociais,[135] não tinha correspondente em Portugal: "E isso é tanto mais específico, quanto é sabido o apego dos portugueses, tão próximos de nós, sob tantos aspectos, aos títulos e sinais de reverência".[136] É significativo que esse esclarecimento se localize nas páginas em que a cordialidade é definida.

Um segundo aspecto da aproximação entre equilíbrio de antagonismos e cordialidade diz respeito ao significado atribuído ao caráter nacional.[137] Já se viu que a unidade nacional em Gilberto Freyre é uma totalidade tensa e instável. Quiçá em atenção a essa maneira híbrida e plástica de conceber o nacional, as inscrições propriamente essencialistas de Sérgio Buarque acerca do caráter nacional serão esparsas. Mas a passagem em que a cordialidade é definida pela primeira vez em *Raízes do Brasil* é marcada pelo entusiasmo. Esse entusiasmo parecia incorporar um ponto de vista estrangeiro que busca um sentido nacional estável para categorizar o país. Em Gilberto Freyre, esse ângulo também fora contemplado, em observação acerca do equilíbrio de antagonismos: "Talvez em parte alguma se estejam verificando com igual liberalidade o encontro, a intercomunicação e até a fusão harmoniosa de tradições diversas, ou antes antagônicas, de cultura como no Brasil".[138] Em Sérgio Buarque essa ótica revela-se na menção à visita de estrangeiros:

O escritor Ribeiro Couto teve uma expressão feliz, quando disse que a contribuição brasileira para a civilização será de cordialidade – daremos ao mundo o "homem cordial". A lhaneza no trato, a hospitalidade, a generosidade, virtudes tão gabadas pelos estrangeiros que nos visitam, formam aspecto bem definido do caráter nacional. Seria engano supor que, no caso brasileiro, essas virtudes possam significar "boas maneiras", civilidade. São antes de tudo expressões legítimas de um fundo emocional extremamente rico e transbordante.[139]

O tom da passagem faz eco ao do texto, publicado em 1931 na *Revista do Brasil*, em que Rui Ribeiro Couto cogitou desse personagem. O "homem cordial", dizia Couto, era um produto da junção do homem ibérico à gente e às terras do meio americano. Sua atitude de hospitalidade e credulidade era tipicamente ibero-americana, de "disponibilidade sentimental".[140] Diferenciava-se, nisto, do egoísmo fomentado na Europa pelas intolerâncias religiosas e pelas calamidades econômicas. A "civilização cordial" seria nada menos que uma "contribuição da América Latina ao mundo".[141]

Recém-chegado de sua estada na Alemanha entre 1929 e 1930, Sérgio Buarque deverá ter encontrado no pequeno texto de Ribeiro Couto uma intuição fundamental. A estrutura social brasileira era sem dúvida fragmentária e infensa à ordenação pública, como sentenciava Oliveira Vianna. Mas a "ética de fundo emocional" formada no recesso do mundo rural e enriquecida pela cultura ibérica tinha a capacidade de singularizar o Brasil no mundo. Nesse passo Sérgio Buarque centra seu argumento no país, deixando de lado o foco de Ribeiro Couto na América Latina, em uma limitação representativa da mudança do projeto do autor, que relataria anos mais tarde ter regressado de Berlim com o esboço de uma *Teoria da América*, afinal abandonado.[142] Embora Ribeiro Couto pintasse um quadro mais tétrico da Europa, também era sua ordem fria e impessoal que Sérgio Buarque parecia ter em mente. Os traços atribuídos ao homem do meio americano (hospitalidade e credulidade) são ampliados para o caso brasileiro (lhaneza no trato, hospitalidade e generosidade).

Há um evidente otimismo no contraste, que retoma a tonalidade benévola do parágrafo de abertura do livro: "vivemos uma experiência sem símile".[143] Essa expressão consta da segunda frase do parágrafo, na qual também se observava que o território brasileiro poderia abrigar uma população semelhante à de todo o planeta caso fosse "povoado com a mesma densidade da Bélgica". Essa conjectura fora retirada, se bem que sem indicação da referência bibliográfica,[144] do célebre *Porque me ufano do meu país*, do Conde Affonso Celso. No famoso livro, postulava-se a grandeza territorial como primeiro motivo para a superioridade do Brasil. Entre outros dados, o autor citava o de que o país é trezentas vezes maior do que a Bélgica, para arrematar: "O Brasil é um mundo. Quer isto dizer que, se a população do Brasil igualar a densidade da população belga, tornar-se-á superior à que se calcula existir hoje na terra inteira".[145] É interessante que Sérgio Buarque fizesse essa referência velada, justamente no *incipit* de *Raízes do Brasil*, ao expoente maior, e já então estigmatizado,[146] do tipo de "vaidade patriótica" que criticava duramente em seu próprio livro.

A explicação para o entusiasmo passa pela percepção de que havia na cordialidade — como também no equilíbrio de antagonismos — a identificação de uma "resposta criadora do modernismo à problemática de autolegitimação cultural do Brasil".[147] Para Gilberto Freyre, ali estaria a "força ou antes a potencialidade da cultura brasileira". Para Sérgio Buarque, era da "contribuição brasileira para a civilização" que se tratava. Percebe-se então por que o "tipo de cultura que representamos", citado na última frase do parágrafo inicial de seu livro, se anunciava logo no parágrafo seguinte como um "tipo próprio de cultura".[148] Tanto a cordialidade quanto o equilíbrio de antagonismos envolviam uma grande medida de tradição lusa e outra, menor, de diferenciação brasílica. Acima de tudo, ambas apontavam para uma alternativa aos rigores da modernidade ocidental.[149] O desejo de intimidade e a confraternização entre opostos eram, cada um à sua maneira, manifestações "daquele calor que, mal ou bem, emanava da nossa promíscua e anárquica experiência colonial".[150] Celebrar esse calor humano não era reproduzir a apologia formalista da pátria, mas, ao contrário, exaltar a fonte de vitalidade cultural brasileira. O elogio da cordialidade estava longe do ufanismo estéril, evocado pela citação porventura irreverente do Conde Affonso Celso. Mais instigante era a frase "O Brasil é um mundo", do mesmo autor, que não era citada por Sérgio Buarque, mas antecedia em *Porque me ufano* a observação sobre a Bélgica e que pode ser relida aqui no registro um tanto altíssono do Brasil como território capaz de abrigar uma experiência própria de modernização.[151] Era justamente o que fazia a segunda frase do parágrafo inicial, e o que o quinto capítulo reiterava.

## | Uma tradição ortodoxa

Após diagnosticar o desterro, dimensionar o privatismo e elogiar a cordialidade, *Raízes do Brasil* passa a se ocupar de um prognóstico político. Seria difícil abordá-lo sem fazer menção, ainda que sumária, à reflexão modernista de Sérgio Buarque nos anos 1920. Um dos temas fundamentais que ela ajudaria a enquadrar em meados da década seguinte é a crítica à pretensão de que soluções jurídico-institucionais dessem conta da complexa realidade brasileira. A desconfiança em relação às fórmulas sedimentadas estava no centro do projeto modernista que buscava o desrecalque de forças inconscientes como caminho vitalista para a renovação cultural.[152] Recorde-se o artigo "Perspectivas", de 1925, em que Sérgio Buarque equiparava a linguagem a uma força de "negação de vida", e acrescentava: "Nada do que vive se exprime impunemente em vocábulos".[153] Em outro artigo da mesma época, "O lado oposto e outros lados", saído na *Revista do Brasil* em 1926, o autor ironizava os passadistas que lamentavam não ser o Brasil "um país velho e cheio de heranças", ao mesmo tempo em que criticava colegas modernistas adeptos de uma "panaceia abominável da construção".[154] A arte brasileira haveria de surgir antes pela "indiferença" que pela imposição de critérios estrangeiros. Era equivocada a ideia de que o panorama artístico se definisse pela desordem: "a ordem perturbada entre nós não é decerto, não pode ser a *nossa ordem*; há de ser uma coisa fictícia e estranha a nós, uma lei morta, que importamos, senão do outro mundo, pelo menos do Velho Mundo".[155]

Os artigos de 1925 e 1926 ainda não falavam propriamente de política, mas já deixam entrever os fundamentos do esquema analítico de *Raízes do Brasil*. "Tudo se passa como se um núcleo de vida resistisse, e devesse resistir sempre, às construções especiosas dos homens. Aí estão, numa primeira e fundamental manifestação, as traves dos argumentos [de] (...) *Raízes do Brasil*".[156] Esse núcleo seria denominado, no livro, o "mundo de essências mais íntimas".[157] Nesses termos, o prognóstico do desterro em Sérgio Buarque começava a tomar forma como uma cobrança de que as forças políticas emanadas desse mundo fossem libertadas: "nosso aparelhamento político (...) se empenha em desarmar todas as expressões genuínas e menos harmônicas de nossa sociedade, em negar toda espontaneidade nacional".[158]

O "pecado original" da atitude livresca fora criar um ambiente em que, como se lê no sexto capítulo de *Raízes do Brasil*, "nossa vida verdadeira morria de asfixia".[159] Uma passagem em especial articula, de forma consistente, os temas discutidos até aqui:

> Comparsas desatentos do mundo que habitávamos, quisemos viver fervorosamente contra nós mesmos, viver pelo espírito e não pelo sangue. Como Plotino de Alexandria, que sentia vergonha do próprio corpo, acabaríamos por esquecer tudo quanto fizesse pensar em nossa própria riqueza emocional, a única força criadora que ainda nos restava, para nos submetermos à palavra escrita, à retórica, à gramática, ao Direito abstrato.[160]

Aí está a crítica à negação formalista da realidade, expressa na oposição entre espírito ("palavra escrita") e vida ("sangue"), bem como a referência à cordialidade ("riqueza emocional") como elemento criador. É com a herança ibérica e a cordialidade em mente que se pode ler este trecho, no primeiro capítulo de *Raízes*, que retoma a problemática dos artigos da década anterior: "toda cultura só absorve, assimila e elabora verdadeiramente os traços de outras culturas, quando estes encontram uma possibilidade de ajuste aos seus quadros de vida".[161] A crítica às importações doutrinárias combinava-se, dessa maneira, com a lógica da evolução orgânica da sociedade.[162] A superação do desterro envolveria duas componentes. Por um lado, o Estado devia aceitar (em vez de negar) as forças vitais da sociedade e robustecer-se com elas; por outro, as ideias estrangeiras deviam poder ajustar-se aos "quadros de vida" brasileiros.

A experiência do Império e da República constituía, em *Raízes do Brasil*, o campo sobre o qual se podia refletir acerca dessa solução. No século de vida independente, a atitude livresca fora comum a todo o espectro político, de D. Pedro II aos positivistas. Os conselhos desses homens predicavam-se na duvidosa perspectiva de que se pudesse criar "um quadro social milagrosamente destacado de nossas tradições portuguesas e mestiças. O prestígio moderno e provavelmente efêmero das superstições liberais e protestantes parece-lhes definitivo, eterno, indiscutível e universal".[163] D. Pedro II era destacado como caso exemplar do "amor bizantino pelos livros",[164] que, no fundo, traduzia um "invencível desencanto de nossa realidade e de nossa tradição".[165]

Sérgio Buarque encampa, nesse momento, uma crítica de Gilberto Freyre ao bovarismo de D. Pedro II: "Esse Imperador, que alguém comparou finamente a um pastor protestante oficiando em templo católico (...)".[166] A referência é direta a uma conferência de Gilberto Freyre por ocasião do centenário de nascimento do imperador, em 1925. (Sérgio

Buarque só a citaria em nota de rodapé a partir da terceira edição do livro).[167] O texto, publicado na *Revista do Norte* em 1926, criticava D. Pedro II por ter assentado o governo do país nas bases equívocas da imitação dos mores da Inglaterra vitoriana e da importação do liberalismo. Contra o pano de fundo da colônia, que Freyre já associava desde seus estudos de mestrado a uma experiência de desregramento,[168] o Império aparecia como um tempo de cerceamento moral e político. "Olhando-se hoje o Segundo Império tem-se uma grande impressão de cinzento (...) Faltam-lhe à paisagem política contrastes vivos, fortes, definidos (...) O liberalismo a quase todos acinzenta numa conciliação acaciana bem ao sabor do século".[169] Os próprios conservadores do Segundo Reinado se haviam deixado confundir doutrinariamente com os liberais, o que redobrou as forças que pleiteavam a redução ou a negação do princípio de autoridade. Fiado na "superstição da solução jurídica e do liberalismo",[170] o imperador afastou-se das forças em que se deveria ter escorado. Seria de desejar que D. Pedro II houvesse sido "mais sensível à aliança do Trono com a Igreja e o Exército e a Terra — os grandes senhores de engenho (...) desta rústica nobreza o Imperador poderia ter feito uma das forças do Trono".[171] Para esse lado deveria ter pendido o poder moderador.[172]

Em vez disso, D. Pedro II sofreu de uma "espécie de calvinismo político". Seu poder teria sido mais robusto se houvesse explorado o imaginário religioso popular:

> Pedro II fez-nos na verdade mergulhar no mais inestésico dos puritanismos; (...) exagerou-se na tirania moral para falhar na estética ou ritual do Poder — elemento tão caro ao sentido de beleza de um povo nascido sob o encanto da liturgia da missa

(...) Povo assim nascido e assim criado não nasceu nem se criou para ver os seus destinos ligados ao cinzento de uma cartola (...) nasceu e criou-se para ver os seus destinos ligados ao ouro vivo de uma coroa (...) E à testa da monarquia brasileira, igreja manuelina a pedir missas pontificais, ele nos dá esta ideia melancólica: a de um pastor protestante a oficiar em catedral católica. Na verdade ele não oficia: o litúrgico lhe parece desprezível. Apenas sermoniza, moraliza, prega.[173]

A analogia religiosa ganha mais densidade com o entendimento de catolicismo com que trabalhava o autor, baseado em G. K. Chesterton. Uma virtude da Igreja era

a de manter intactas, sem as confundir, energias divergentes, tragicamente divergentes até, como o culto da família e o culto da virgindade. O vermelho e o branco. O vermelho vivo e o branco puro. Conserva-os a Igreja Católica à parte, enquanto o protestantismo — acrescente-se a Chesterton — preferiu reuni-los no cor de rosa da temperança burguesa.[174]

Embora o conceito só fosse ser delineado com clareza alguns anos mais tarde em *Casa-grande & senzala*, Freyre indicava que D. Pedro II poderia ter governado mais "brasileiramente"[175] por meio do equilíbrio de antagonismos herdado da colônia. No fim de sua conferência, o autor evocava alguns luminares do patriarcalismo político do Segundo Reinado, como Zacarias de Gois e Vasconcelos e Martinho Campos — conhecido por se haver jactado no parlamento de ser "escravocrata da gema" —, cujas "vozes ortodoxas perdidas no coro da oratória liberal (...) são vozes a reviver hoje, (...) para que se fixe mais inteligentemente uma tradição ortodoxa entre nós".[176]

Tomando de empréstimo a Gilberto Freyre a imagem do pastor protestante oficiando em catedral católica, e talvez também a expressão das superstições liberais e protestantes, Sérgio Buarque não o acompanhava, entretanto, na avaliação do Segundo Reinado. O "bovarismo nacional" de fato marcara o Império, mas a verdade é que se agravara na República: "o mal (...) cresceu com o tempo (...) nesse ponto, a nossa República ainda foi além da Monarquia".[177] No Império, uma doutrina política estrangeira fora ajustada aos quadros de vida brasileiros e o Estado retirara deles sua força:

> Neste o princípio do Poder Moderador, chave de toda a organização política, e aplicação da ideia do *pouvoir neutre*, em que Benjamin Constant, o suíço, definia a verdadeira posição do chefe de Estado constitucional, corrompeu-se bem cedo, graças à inexperiência do povo, servindo de base para a nossa monarquia tutelar, bem compreensível em um regime agrário e patriarcal. A divisão política, segundo o modelo inglês, em dois partidos menos representativos de ideologias do que de personalidades e de famílias, satisfazia nossa necessidade fundamental de solidariedade e de luta. Finalmente o próprio parlamento tinha uma função precípua a cumprir dentro do quadro da vida nacional, dando uma imagem visível dessa solidariedade e dessa luta.[178]

O pano de fundo dessa passagem é o personalismo. O culto exaltado à independência pessoal traduzia-se, no plano político, em um obstáculo à estabilidade e à solidariedade. Lê-se no começo de *Raízes do Brasil* que a anarquia encontrava um campo fértil no país, e cúmplices nas instituições e costumes. "Em terra onde todos são barões, não é possível acordo coletivo durável, a não ser por uma força exterior respeitável e temida".[179] Nos países ibéricos, isso redundou muitas vezes em ditaduras militares. Mas Sérgio Buarque formula uma ressalva para o caso brasileiro. "Entre nós", dizia, a força não poderia ser despótica, pois se incompatibilizaria com a cordialidade: "o despotismo condiz mal com a doçura de nosso gênio".[180] O Estado necessitava de "pujança", "compostura", "grandeza" e "solicitude", meios para que adquirisse "alguma força e também essa respeitabilidade que os nossos pais ibéricos nos ensinaram a considerar como a virtude suprema entre todas".[181] O Império encarnara esse ideal, e por isso tornara-se um modelo para a imaginação coletiva nacional.

Note-se como o autor detalha em três pontos o ajuste entre o regime político e o substrato cordial e personalista. Em primeiro lugar, o poder moderador embasara a monarquia tutelar, "bem compreensível" no regime agrário e patriarcal. (Registre-se que, na segunda edição do livro, o advérbio "bem" seria suprimido, tornando a forma monárquica menos cara ao autor). Em segundo lugar, o bipartidarismo exprimia adequadamente a "necessidade fundamental" de conflito e colaboração típica de uma sociedade composta por indivíduos autossuficientes e sobranceiros. Em terceiro lugar, o parlamentarismo cumpria a função de dar uma "imagem visível" da dinâmica política personalista. Bem compreendido, isto é, equacionado com respeito à cordialidade, o personalismo tornava-se "uma noção positiva", ao lado da qual sobressaía o aspecto "decorativo" dos lemas da democracia liberal. Daí porque o personalismo, nos países latino-americanos em que afastara as resistências liberais, tivesse assegurado "uma estabilidade política que de outro modo não teria sido possível. A formação de elites de governantes em torno de personalidades prestigiosas tem sido, ao menos por enquanto, o princípio político mais fecundo em nossa América".[182]

Sérgio Buarque apontava no Império um regime político exitosamente articulado com a base da sociedade. Ora, era precisamente essa a cobrança que Gilberto Freyre dirigira a D. Pedro II. Onde o pernambucano vira um fracasso, o paulista vira um sucesso. A "tradição ortodoxa" ligada ao equilíbrio de antagonismos, que Gilberto Freyre julgava abandonada no século XIX e propunha fosse revivida, havia sido surpreendida em plena atividade, no mesmo período, por Sérgio Buarque. A "monarquia tutelar" e o "regime agrário e patriarcal" associavam-se com a força da aliança que Freyre desejava ter existido entre o "Trono" e a "Terra". No artigo "Corpo e alma do Brasil", de 1935, havia uma importante ressalva sobre esse tema, retirada em *Raízes do Brasil*: "Não quer dizer que o Império representasse em todos os sentidos uma forma definitiva, ou sequer o gérmen de um sistema orgânico com o *substractum* da nacionalidade. É indiscutível, porém, que estava menos longe disso que a República".[183] Sérgio Buarque julgava o Segundo Reinado por um olhar mais benévolo, talvez um vestígio de seu monarquismo de juventude.[184]

A interpretação que Sérgio Buarque faz do século XIX difere em importantes aspectos das análises de Oliveira Vianna e de Gilberto Freyre, mas dialoga frequentemente com ambas. O autor está mais próximo de Freyre do ponto de vista da prescrição de um enlace do Estado à base social e cultural do país, mas não deixa de observar que a indistinção entre as ordens familiar e pública era "prejuízo romântico". Para mais, distancia-se de Freyre ao considerar que a doutrina liberal foi devidamente absorvida, ou esterilizada, pelo personalismo e pela cordialidade. Remontava, nesse ponto, ao entendimento de Oliveira Vianna acerca da prevalência do "clanismo" sobre o "quixotismo". O desacordo entre aspirações políticas e condições sociais resolvia-se em favor destas. Já o acinzentamento que Freyre apontava no liberalismo do Segundo Reinado, em sua conferência de 1925, equivalia à supressão do desregramento social da colônia. Esse abafamento daria a deixa, em *Sobrados e mucambos*, para a denúncia do reordenamento quase total da sociedade brasileira em função de uma modernização excludente e estetizante.[185] Bastaria citar, como ilustração, sua observação de que, no século XIX, a "maravilha de acomodação" representada pelo sistema da casa-grande "quebrou-se [,] e novas relações de subordinação, novas distâncias sociais começaram a desenvolver-se entre o rico e o pobre, entre o branco e a gente de cor, entre a casa-grande e a casa pequena";[186] e seus comentários sobre o "rígido geometrismo" dos canteiros suíços e franceses que substituíram no Brasil os jardins à moda portuguesa. Gilberto Freyre defenderia, em *Sobrados e mucambos* e em obras posteriores da década de 1930, algum tipo de retomada dos equilíbrios de antagonismos na cultura brasileira.

Com Oliveira Vianna, Sérgio Buarque comunga a avaliação de que a ordem política do Segundo Reinado baseou-se em um ajuste da doutrina às condições locais. Para *Populações meridionais do Brasil*, tratara-se de "inegável hipocrisia"; para *Raízes do Brasil*, a inexperiência popular ensejara uma "corrupção". Para Sérgio Buarque, o fato era "bem compreensível", e o sentido do ajuste era a acomodação às condições personalistas e cordiais. Nesse ponto, a despeito das críticas, Sérgio Buarque reconhecia que D. Pedro II não havia sucumbido ao bovarismo no manejo do poder moderador. Em se tratando do século XIX, o autor aparentava dar-se por satisfeito com um quadro político personalista articulado com a cordialidade. Para Oliveira Vianna, o ajuste era uma burla da burla, ou seja, uma forma de neutralizar a ilusão liberal e fortalecer o poder central em sua "trituração" dos clãs políticos de formação imemorial. Cada vez mais, seria necessário superar o insolidarismo pelo peso decisivo do Estado.[187]

A urbanização alterará completamente o equilíbrio alcançado no Segundo Reinado. As inovações materiais haviam sido introduzidas no país até então de modo congruente com a "estrutura moral" em vigor e com o "predomínio da casta dos senhores rurais".[188] O limite dos empreendimentos econômicos era dado pelo critério de que não "alterassem profundamente a fisionomia" do país.[189] Quando isso de fato ocorreu, com a Abolição, o colapso do ruralismo levaria consigo o iberismo. O "aniquilamento das raízes ibéricas" da cultura brasileira era um "lento cataclismo", e ainda não estava bem delineado o "americanismo" que tomaria seu lugar.[190] Mas as reflexões de Gilberto Freyre e de Oliveira Vianna teriam pouca valia para Sérgio Buarque na busca do caminho a seguir. Os projetos desses dois autores não suscitam proximidades tão relevantes, seja na chave da recuperação do equilíbrio de antagonismos,[191] seja na chave da organização de um aparato estatal corporativo, que aparece na obra de Oliveira Vianna já antes da publicação de *Raízes do Brasil*.[192]

O retorno puro e simples à ordem personalista, identificada em bom funcionamento no Segundo Reinado, não era mais possível. "Hoje a obediência como princípio de disciplina parece uma forma caduca e impraticável, e daí sobretudo a instabilidade constante de nossa vida social".[193] Para se fundamentar, a respeitabilidade do Estado também teria que buscar elementos estranhos ao "círculo de virtudes capitais" da gente ibérica. O personalismo era o principal ameaçado com a debacle da cultura ibérica, mas a cordialidade tampouco oferecia terreno seguro. Nem o personalismo, nem a cordialidade, com a qual "não se criam os bons princípios",[194] eram suficientes para gerar ordem. Alguma medida de civilidade tornava-se indispensável, preservado o núcleo de vida cordial. Parecia improvável encontrar esse elemento normativo "inato na alma do povo",[195] que era justamente ibérica e cordial. Restava examinar a viabilidade das tiranias, mas essa era outra questão, que Sérgio Buarque enfrentaria pelo diálogo com outros autores.

A dicotomia entre Estado e ordem familiar, citada na abertura do quinto capítulo, era retomada e modulada no fecho do sétimo. No capítulo cinco, civilidade e cordialidade eram colocadas em uma relação de oposição absoluta. Aquela só surgiria pela ruptura com esta. A discussão do livro conduzia, no entanto, à desconfiança quanto à imposição arbitrária de doutrinas, nacionais ou estranhas à terra. Sérgio Buarque não fez exceção à medida que ele próprio reconhecia necessária, a civilidade. Seu pressuposto era o de que, "até para que essa civilidade conseguisse impor-se de forma mais ajustada, mais articulada (...), com um custo político menor, ela deveria levar em conta esse 'miolo', esse centro cordial".[196] A oposição entre a "criatura espiritual" e o "mundo de essências mais íntimas" devia resolver-se não com o simples predomínio de um polo sobre o outro, mas em um "contraponto":

> Se no terreno político e social o liberalismo revelou-se entre nós antes um destruidor de formas preexistentes do que um criador de novas; se foi sobretudo uma inútil e onerosa superfetação, não será pela experiência de outras elaborações engenhosas que nos encontraremos um dia com a nossa realidade. Poderemos ensaiar a organização de nossa desordem segundo esquemas sábios e de virtude provada, mas há de restar um mundo de essências mais íntimas que, esse, permanecerá sempre intacto, irredutível e desdenhoso das invenções humanas. Querer ignorar esse mundo será renunciar ao nosso próprio ritmo espontâneo, à lei do fluxo e do refluxo, por um compasso mecânico e uma harmonia falsa. Já temos visto que o Estado, criatura espiritual, opõe-se à ordem natural e a transcende. Mas também é verdade que essa oposição deve resolver-se em um contraponto para que o quadro social seja coerente consigo (...) O espírito não é força normativa, salvo onde pode servir à vida social e onde lhe corresponde. As formas exteriores da sociedade devem ser como um contorno congênito a ela e dela inseparável: emergem continuamente das suas necessidades específicas e jamais das escolhas caprichosas.[197]

Em 1926, a "nossa ordem" era um elemento fictício e estrangeiro, próximo ao campo semântico da decadência civilizacional. Em 1936, ela era substituída pela "nossa desordem", a cordialidade, "força criadora" capaz de levar a um "tipo próprio de cultura" e de renovar os destinos nacionais, desde que conjugada à civilidade. Seria preciso organizá-la sem destruí-la: "ensaiar a organização de nossa desordem".

# | Conclusão

Concatenar as partes da primeira edição de *Raízes do Brasil* não é tarefa simples, e menos ainda extrair de sua leitura uma conclusão unívoca. À maneira ensaística, o autor alterna o ângulo de avaliação sobre a cordialidade. Ela é, a um tempo, vista como séria barreira à implantação da ordem pública e celebrada como principal distinção do caráter nacional brasileiro. A ambiguidade seria eliminada, ou reduzida, nas edições posteriores da obra, prevalecendo sua avaliação como obstáculo. Essa intervenção no texto desacostumaria o público leitor à ideia de *Raízes do Brasil* como um livro que trata de modo largamente benévolo a herança colonial, e de seu autor como um intelectual disposto a reconhecer e até a promover o papel da tradição no equacionamento do dilema nacional brasileiro. Daí, por exemplo, a definição de Sérgio Buarque como um "inimigo do passado",[198] a identificação de uma linha "sempre antitradicionalista" em seus livros[199] ou a equiparação da cordialidade a "grilhões do passado".[200] Independentemente da exatidão com que essas caracterizações se apliquem às edições posteriores de *Raízes*, o fato é que quadram mal com o círculo de preocupações do autor em 1936.

A fixação do argumento do livro como, desde sempre, um pleito pela ruptura com a tradição teve a consequência de tornar possível a atribuição retrospectiva, ao jovem Sérgio Buarque, do patronato de certa linhagem de crítica antipatrimonialista do pensamento político e social brasileiro, além de levar à errônea indicação de 1936 como um marco no debate entre as correntes americanista e iberista no Brasil.[201]

Mesmo depois, quando de fato passa a denunciar o iberismo, Sérgio Buarque será antes o "socialista democrático" de que fala Antonio Candido[202] do que o "democrata liberal" de que fala José Carlos Reis[203] ou, ainda mais grave, o "filósofo do liberalismo conservador brasileiro" em que Jessé Souza se esforça por erigi-lo.[204] O fato de que uma leitura liberal de *Raízes do Brasil* possa ter, mais tarde, destacado o livro como uma importante fonte de crítica ao patrimonialismo não torna seu autor um adepto desse campo, em relação ao qual manteve distância vida afora.

O exame dos diálogos de Sérgio Buarque com Oliveira Vianna e com Gilberto Freyre ajuda a iluminar a oscilação no tratamento da cordialidade. Há encontros de interpretações em pontos importantes. Com Oliveira Vianna, o autor compartilhava a visão negativa da cordialidade (ou: insolidarismo) como barreira à implantação do espaço público, e o diagnóstico dos efeitos negativos da importação de doutrinas políticas desajustadas à realidade nacional. Diferiam nisto que um pugnava pela transformação dessa realidade pela ação decidida de um Estado imbuído de uma missão nacional, ao passo que o outro defendia a preservação do núcleo de vida cordial, embora em contraponto com uma força ordenadora, a civilidade. Com Gilberto Freyre, Sérgio Buarque compartilhava a visão positiva da cordialidade (aproximadamente, o equilíbrio de antagonismos) como contribuição brasileira ao mundo. O Brasil oferecia uma alternativa tropical e calorosa a uma modernização que conduzia alhures ao egoísmo e ao resfriamento das relações sociais. Um e outro também viam favoravelmente a impregnação do Estado pelo substrato cultural da sociedade brasileira. Isso tendia a aproximar o prognóstico do desterro de Sérgio Buarque ao de Gilberto Freyre, mas Sérgio Buarque se diferenciaria por considerar que a revivescência do passado não constituía, por si só, caminho suficiente para resolver o impasse político que descrevera.

A edição *princeps* de *Raízes do Brasil* inicia-se com uma cifra e conclui-se com um contraponto. Seu parágrafo de abertura traça os contornos de um dilema cuja solução só se sugere no parágrafo de encerramento. O dilema compõe-se pela enunciação de um núcleo de vida que deve ser preservado, até porque legitima o Brasil como nação, mas que requer o complemento de alguma forma de normatividade que viabilize a vida política nacional. O desterro foi o resultado de tentativas malogradas de suprimir, ou sublimar, a cordialidade na busca da estabilidade política. Aceitar o país como ele é exige abjurar crenças desterradas, que implicam reduzir, negando-a, a desordem à ordem. Bem posto, o problema era organizar a desordem. Esse oximoro era o modo adequado de formular a questão e de começar a apontar o modo de equacioná-la. A solução passava pela correção dos excessos da cordialidade pela civilidade. As ordens familiar e pública deviam ajustar-se em um contraponto. Com esse fecho, o livro interpelava a realidade nacional e dois de seus maiores intérpretes em seus próprios termos. Desprovido, é verdade, da defesa da democracia que depois o notabilizou, a pregnância de sua mensagem era todavia indiscutível. Isso basta para sugerir que, no momento em que ganham fôlego as arqueologias de seu texto original, o status de *Raízes do Brasil* como um *clássico* pode começar a ser pensado não só pelo lado canônico, como também por outros lados.

# Destino e itinerário

A democracia nem sempre foi o ponto de chegada da discussão de *Raízes do Brasil*. Quem corre as páginas da edição original do livro, publicada em 1936, surpreende-se com a ausência da passagem em que Sérgio Buarque de Holanda toma partido pela ascensão das camadas populares. Adotada apenas na segunda edição, de 1948, a postura progressista daria à obra muito da atualidade que continua a ter entre nós. Em sua primeira tiragem, porém, o volume era uma incógnita do ponto de vista político. Sem defender a democracia, o autor tampouco se filiava às correntes totalitárias do campo oposto. Isso não o levava exatamente a um impasse. Ele parecia indicar que, à falta de um ponto de chegada específico, era possível entrever uma forma de atingi-lo, qualquer que viesse a ser.

Essas duas ênfases — uma no destino, outra no itinerário — captam uma das principais diferenças entre a primeira e a segunda edição de *Raízes do Brasil*. Ao revisar a obra de estreia doze anos mais tarde, alterando, suprimindo e acrescentando diversos trechos, Sérgio Buarque modificou a mensagem política de seu livro. A tradição, entendida originalmente como fator mitigador da modernização, passa a ser vista como obstáculo à democratização da sociedade. Essa mudança de argumento é visível especialmente no capítulo final, parte propriamente política de *Raízes do Brasil*. Na primeira edição, seu argumento é centrado na noção de um "contraponto" entre tradição e modernidade. Na segunda, seu centro está na ideia de uma "revolução vertical" que liquide os arcaísmos e renove as lideranças do país.

Antonio Candido, em "Radicalismos", artigo seminal baseado em palestra de 1988, situa *Raízes do Brasil* entre os marcos do pensamento radical no país.[1] Na lição de nosso maior crítico, o maciço central da tradição política brasileira é o conservadorismo. A ocorrência do radicalismo é esparsa, e raramente dá a tônica de toda a obra de algum autor. Um exemplo do surgimento do radicalismo nos interstícios de reflexões mais tradicionais seria *Casa-grande & senzala*, em que Gilberto Freyre valoriza o papel do negro sem abandonar uma visão socialmente conservadora. Em Sérgio Buarque, o radicalismo apareceria principalmente em *Raízes do Brasil*. A obra enquadraria a mudança social pelo ângulo da busca das transformações possíveis. Rejeitaria, por um lado, a lógica das concessões mínimas oferecidas pelas classes abastadas e, por outro, a ruptura revolucionária. O sentido da "revolução" de que falava *Raízes do Brasil* era a democracia popular. A proposta seria singular, pois nunca antes o pensamento radical brasileiro teria admitido uma reforma social sem a tutela da elite.

As considerações de Antonio Candido iluminam com agudeza inconfundível o argumento político da segunda edição de *Raízes*. Ao mesmo tempo, retomam e aprofundam temas que aparecem no seu conhecido prefácio para a quinta edição do livro, publicado em 1969 com o texto definitivo, e que acompanha a obra até hoje.[2] Mas há na leitura de Candido um baralhamento de datas, cujo resultado é apontar, já na edição original de *Raízes do Brasil*, a defesa da solução democrático-popular. Em "Radicalismos", Candido estuda a mentalidade de revolta em Joaquim Nabuco, Manoel Bomfim e Sérgio Buarque no período que o autor delimita como o meio século que vai do movimento abolicionista, na década de 1880, ao Estado Novo, em 1937. Ou seja, considera o Sérgio Buarque de 1936.

O preciosismo cronológico seria dispensável, não fosse essa confusão a base de uma figuração de Sérgio Buarque como "coerente radical democrático". As palavras são do próprio Antonio Candido, no "*Post-scriptum*" acrescentado em 1986 ao prefácio de 1969.[3] Em mais de uma ocasião, o autor vincularia o livro de 1936 às filiações partidárias de esquerda assumidas ulteriormente por Sérgio Buarque. As credenciais progressistas que Sérgio Buarque reuniu em vida são indiscutíveis. O mesmo vale para as edições pós-guerra desse seu clássico. Apenas não remontam com tanta facilidade à sua juventude e ao livro com que a coroou. Encerrar sua reflexão nos limites harmoniosos da coerência equivaleria a perder a complexidade de seu pensamento na obra de estreia.

O sentido político de *Raízes do Brasil* foi objeto de interrogações desde o primeiro momento. Na favorável resenha que lhe dedicou menos de um mês após o lançamento, Sérgio Milliet não deixou de reparar que o livro "nada apresenta de positivo" do ponto de vista programático, emendando: "admiramos a prudência da análise e o ceticismo sereno de suas considerações. Desejaríamos, porém, encontrar numa obra tão bem pensada e escrita alguns princípios norteadores, úteis aos que se preparam para o governo de amanhã".[4] Essas palavras, vindas de um amigo de Sérgio Buarque, não antecipam a imagem de um autor comprometido com a causa democrática, nem com causa alguma. Ao contrário, ressaltam o ceticismo de sua abordagem. Ainda não parece haver sinal do *radicalismo* que Antonio Candido identificaria na versão revisada da obra. Em meados da década de 1930, o aspecto discernível do pensamento de Sérgio Buarque talvez estivesse mais próximo do que se dirá à frente um *conservadorismo como forma*. O melhor modo de compreender as variações da mensagem do livro é reconstruir a enunciação e acompanhar a transformação do argumento político em seu último capítulo, intitulado "Nossa revolução".

O problema básico enfrentado pelo capítulo é entender como um país de formação rural e familiar e de cultura ibérica poderia encontrar um novo equilíbrio após o solapamento das bases tradicionais da sociedade pela urbanização, tornada irresistível com o fim da escravatura em 1888. No fundo, essa é a grande indagação que Sérgio Buarque dirige ao presente. Duas respostas são oferecidas à questão, uma quase desconhecida, a outra, célebre. Doze anos as separam entre si.

## | CONTRAPONTO

Na primeira edição de *Raízes do Brasil*,[5] a revolução, cuja culminância fora a Abolição, já havia operado o grosso de seus efeitos. O processo era descrito no pretérito perfeito e, embora seu "desenlace final" não houvesse sido alcançado, a "fase aguda" já tinha sido transposta. A desagregação do mundo rural aniquilaria as "raízes ibéricas" da cultura nacional. A esse "lento cataclismo" deveria corresponder o surgimento de um "novo estilo", o americanismo. Ocorre que ele ainda não se formara organicamente no país e reduzia-se à importação de fórmulas estranhas ao meio. O resultado era a persistência do iberismo como forma cultural.

Essa constatação era redobrada pelo argumento original do quinto capítulo, dedicado à notória alegoria do "homem cordial". A cordialidade é entendida como um "fundo emocional extremamente rico e transbordante", que resulta em um tipo de convívio social com base na afetividade. Seu oposto é a civilidade, a regulação fria por normas abstratas. A predominância da cordialidade acarreta a hegemonia do privado sobre o público. Sérgio Buarque afirma, sem ressalvas, que a cordialidade, espécie de síntese do legado colonial português, é "um aspecto bem definido do caráter nacional". Mais que resiliente, o iberismo aparece dotado de virtudes, pois dá aos brasileiros sua singularidade no mundo, e lhes oferece uma alternativa mais calorosa frente a experiências modernizadoras calcadas no esfriamento das relações humanas.

O elogio da tradição deixa ambígua a posição do autor acerca das forças modernizantes. Ele reconhece que a urbanização deveria dar à luz um novo ideal político, assentado na República, e, ademais, que a estabilidade social jamais poderia ser atingida sem recurso às normas abstratas. Mas observa que a imaginação política dos brasileiros continuava sob o fascínio do Império, que soube encarnar as "virtudes capitais" da gente ibérica. Fala-se aí no personalismo, o sentimento exaltado da dignidade e da independência de cada homem diante dos demais. Em um ambiente personalista, acordos coletivos só eram possíveis pela ação de forças externas, que obtinham seu melhor rendimento ao granjear respeitabilidade, e não ao se imporem pela violência. Acresce que o despotismo não era condizente com a "doçura do nosso gênio", leia-se, com a cordialidade. Fora essa a sabedoria do Império, e esse o motivo da admiração que ainda inspirava. Não é desprezível sobre todo esse raciocínio que Sérgio Buarque tivesse sido monarquista na adolescência (aos 17 anos, por exemplo, publicou um artigo intitulado "Viva o Imperador").[6]

Muitas correntes se contrapunham ao quadro político tradicional, no Brasil e na América Latina em geral. A principal era o liberalismo, que pressupunha um espaço público ordenado por relações impessoais. Adotada pelos povos das nações ibero-americanas, a democracia liberal inevitavelmente contrastava com "o que há de mais positivo em seu temperamento", o personalismo (e, no Brasil, a cordialidade). Houve três reações distintas. Em alguns países, como o Uruguai batllista, a doutrina pretendeu tornar-se realidade e a despersonalização foi ao paroxismo. Em outros, o liberalismo gerou dialeticamente o caudilhismo, com todos os seus excessos. Já naqueles países onde se conseguira afastar a "demagogia liberal", o personalismo pôde assegurar "uma estabilidade política que de outro modo não teria sido possível". Se o Império conseguira esse feito até certo ponto, o mesmo não se podia dizer da República. O Estado insistiu em negar a "espontaneidade nacional", e a ilusão do liberalismo nos fez "desterrados em nossa terra".

O personalismo (e a oligarquia, sua projeção no espaço e no tempo) representava nada menos que "o princípio político mais fecundo em nossa América". A ideia abstrata do Estado era simplesmente ininteligível para os latino-americanos. Nessa altura do capítulo, o autor reitera uma expressão que hoje só se encontra em outro ponto do livro: a democracia no Brasil era o resultado de um "mal-entendido". Não é de surpreender, assim, que o autor cogitasse a "superação da doutrina democrática". Para isso seria necessário vencer a antítese impersonalismo-caudilhismo. Embora não o dissesse com todas as palavras, Sérgio Buarque parecia indicar que o personalismo (ou a oligarquia) constituía algo próximo a uma via média entre o impersonalismo gélido e o caudilhismo anárquico.

Como que para contrabalançar crítica tão categórica à democracia, o autor consigna que não seria justo concluir-se inapelavelmente pela total incompatibilidade do "democratismo liberal" com o Brasil. Havia zonas de confluência, como a primazia da vida urbana e o repúdio dos povos americanos por todo tipo de hierarquia. No artigo citado, Antonio Candido menciona essas observações como indício de elementos conducentes à democracia popular na primeira edição de *Raízes do Brasil*, e até de algum otimismo do autor nesse sentido. Cumpre ressaltar, todavia, que as referências do capítulo são à democracia liberal, inexistindo qualquer alusão à ascensão das classes populares. Após qualificar a democracia como um mal-entendido e sugerir sua superação, Sérgio Buarque parecia mais cético que otimista com o caso. Mas, prudente, não descartava de todo a possibilidade futura de alguma solução democrática.

Nesse ponto, é interessante o contraste com *O sentido do tenentismo*, publicado em 1933 por Virgínio Santa Rosa.[7] O livro marcava posição contra o domínio oligárquico no país e defendia, de fato, a ascensão das camadas populares ao poder. O autor tinha em mente a pequena burguesia, mas explicava que, no Brasil, ela se confundia com proletariado devido à miséria das condições materiais. De todo modo, a remodelação social, a que Santa Rosa curiosamente se referia como um "arejamento das raízes da nacionalidade", exigiria um governo centralizado, com suspensão do Legislativo e submissão do Judiciário. Onde o movimento tenentista encampou a tese da "social-democracia", afirmava Santa Rosa, foi circunstancialmente, por verificar a inviabilidade momentânea da solução ditatorial. Esses termos não eram os de *Raízes do Brasil*.[8]

Ainda especulando sobre a democracia, Sérgio Buarque examina a afinidade entre as ideias da Revolução Francesa e o temperamento brasileiro. O homem cordial, guiado pela afetividade, não podia deixar de simpatizar com a doutrina da bondade natural. E, inversamente, de ver com antipatia as teses do homem mau por natureza, fundamento da doutrina totalitária. A primeira hipótese é rejeitada. Apesar da similaridade de superfície, a máxima liberal-democrática da maior felicidade para o maior número contrastava nitidamente com a lógica cordial, em que o amor por uma pessoa deve forçosamente ser maior que o amor por outrem. A parcialidade própria das relações familiares conflitava com o ponto de vista juridicamente neutro da civilidade. Além do mais, a doutrina democrática merecia reparos em si mesma, pois "sub-repticiamente" subordinava ideais qualitativos à quantidade. A tese da infalibilidade do voto da maioria não passava do que "pretendem os declamadores liberais".

Sérgio Buarque arremata a conjectura com uma afirmação surpreendente. Tendo elogiado a cordialidade e criticado a democracia liberal, alterna o ângulo de avaliação e sentencia que, com a cordialidade, "não se criam os bons princípios". O leitor fica, de fato, sem qualquer princípio que norteie sua reflexão política. A democracia é vista com suspeita, mas a cordialidade tampouco é viável. Rapidamente, Sérgio Buarque acrescenta que o elemento normativo exigido para que houvesse ordem era passível de ser "implantado pela tirania", tipo de regime que poderia sim produzir efeitos duradouros, ao contrário do que propagam as "invenções fraudulentas da mitologia liberal". Mais uma vez, entreabre-se a possibilidade de uma solução, agora ditatorial. O leitor nem bem começa a considerar essa perspectiva, Sérgio Buarque alterna novamente o ângulo de análise e passa a criticar os regimes de força.

Tanto o comunismo quanto o fascismo sucumbem à "grande tradição brasileira", que consiste na neutralização das lógicas do interesse e da ideologia. Naturalmente, é da cordialidade que se fala. O fascismo merece atenção especial do autor. A proposta de uma "reforma espiritual" para salvar a sociedade parecia-lhe antes uma "sutil contrarreforma". Assim como o liberalismo, o fascismo negava a espontaneidade nacional. Apenas, era uma "negação disciplinada", pois reduzia arbitrariamente a espontaneidade nacional a uma manifestação unívoca.[9]

A crítica ao fascismo é aprofundada em uma nota do capítulo final, que reproduz o texto de uma resenha assinada por Sérgio Buarque sobre o livro *Machiavel e o Brasil*. Lançada por Octavio de Faria em 1931 e reeditada dois anos mais tarde,[10] essa obra considerava a concepção tomada a Rousseau do homem bom o erro capital da Constituição de 1891. Ao contrário: "O homem não presta – é preciso contê-lo". Era necessário superar a "fobia do sofrimento" dos brasileiros, agravada por um encarecimento excessivo das amizades, e organizar um Estado nos moldes fascistas, habilitado a suprimir a ameaça comunista. Em sua resenha, Sérgio Buarque objetava que a tirania de um homem de exceção, como Mussolini, era proposta "nitidamente inumana". Não era crível que os brasileiros renunciassem às "suas liberdades" em nome de uma "solução inimiga". Essas restrições podem não ser totalmente compreendidas na leitura isolada da resenha de Sérgio Buarque, publicada em 1933,[11] mas, lidas no contexto de *Raízes do Brasil*, ganham pleno significado. Era a hipótese do desencontro entre a cordialidade e a doutrina do homem naturalmente mau que embasava a crítica. As liberdades de que os brasileiros não abririam mão eram aquelas franqueadas pela cordialidade. O homem cordial não podia tolerar o homem de exceção.

Forte o bastante para desarmar ideologias e interesses à base do fascismo e do comunismo, a cordialidade pouco podia construir. O personalismo, que fora capaz de sobrepujar o liberalismo no Império, definhara na República. Tanto a cordialidade como o personalismo eram colocados em risco pelo aniquilamento das raízes ibéricas da cultura brasileira. Mas ainda detinham notável poder de permanência. Daí porque o último parágrafo do capítulo final fale em um "mundo de essências mais íntimas que, esse, permanecerá sempre intacto", intocado por fórmulas negadoras da realidade. O liberalismo, por exemplo, fora um "destruidor de formas", e nada construíra. A realização completa da sociedade "depende de sua forma", que deve surgir de "necessidades específicas" e nunca de "escolhas caprichosas". Nesse sentido, o Estado só adquiriria força normativa onde coincidisse com a vida social e pudesse servi-la. É verdade que, do ponto de vista conceitual, havia uma oposição entre o mundo privado e o espaço público. Este só podia ser fundado pela superação daquele. Mas, na prática, desordem tradicional e ordem moderna deviam resolver sua oposição em um "contraponto". Cordialidade e civilidade deviam se relacionar como melodias combinadas, ainda que independentes. Era esse o peculiar caminho – ou melhor, caminhada – da modernização brasileira.

## | Revolução

Na edição revisada de *Raízes do Brasil*,[12] o encadeamento temático do capítulo final é similar ao da versão original, mas as ênfases são redistribuídas. Sete grandes temas se sucedem, como na edição anterior: revolução, Estado, personalismo, democracia, cordialidade, totalitarismo e contraponto.

O texto inicia-se com a revolução, que, em vez de esgotada, passa a ser um processo em aberto, tratado no presente do indicativo. Sua "fase aguda" não havia sido superada. Estava sendo vivida. Tem-se a impressão de que a revolução guardaria mais potencialidades, ainda não realizadas. Seguem idênticas as palavras sobre o declínio do mundo rural e ibérico e a concomitante insuficiência do americanismo.

Mas uma grave ruptura abate-se sobre o estado de coisas, como fica evidente nas alterações sofridas pela definição da cordialidade no quinto capítulo. Ela se torna um "traço definido do caráter brasileiro, na medida, ao menos, em que permanece ativa e fecunda a influência ancestral dos padrões de convívio humano, informados no meio rural e patriarcal". A ressalva sobrepuja a definição. Em meio a uma urbanização cujos efeitos ainda não terminaram de se fazer sentir, a cordialidade, diretamente ligada à minguante base rural, é ferida de morte. A metáfora é bem essa. Em carta a Cassiano Ricardo datada do mesmo ano de 1948,[13] Sérgio Buarque afirma que as condições de vida rural e colonial estão sendo "rapidamente" superadas. A urbanização condenava o homem cordial a desaparecer. Na verdade, tratava-se já de um "defunto".

A civilidade dá a volta por cima e a cordialidade começa a ser empurrada para o esquecimento. Desaparece, com isso, a ambiguidade na abordagem da tradição. O Estado renitentemente ibérico obstrui a modernização. Sobressai outra observação do quinto capítulo, de acordo com a qual o Brasil contava com um Estado patrimonial, em que apetites privados triunfavam sobre o interesse público. A incapacidade da República de criar um ideal político próprio empresta um componente "trágico" à situação (a expressão já constava da edição anterior, mas, como sucede em outros casos do último capítulo, ganha nova força com as modificações do texto).

O liberalismo não se contrapôs ao quadro tradicional, nem pretendeu alterá-lo. Foi, isso sim, astutamente interpretado pela elite oligárquica, de modo a ajustar-se aos "velhos padrões patriarcais e coloniais". O personalismo, em todo caso, não era mais o mesmo. Nos países em que pudera vencer as resistências (não "demagogias") liberais, assegurara uma "estabilidade política aparente". Esta representava, quando muito, "um disfarce grosseiro, não uma alternativa, para a anarquia". Todas as menções positivas ao personalismo são retiradas ou relativizadas. Agora a antítese a vencer-se era entre liberalismo (não mais "impersonalismo") e caudilhismo. O autor poupava a impessoalidade e distinguia a democracia do liberalismo, conceitos que andavam juntos na versão anterior.

Aqui incide talvez a mais importante modificação empreendida por Sérgio Buarque na segunda edição de seu livro. Ao longo de seis páginas inteiramente novas, o autor apresenta o núcleo do que Antonio Candido chamou sua perspectiva radical. A vitória sobre a antítese liberalismo-caudilhismo somente será alcançada quando se liquidarem os fundamentos personalistas e aristocráticos da sociedade brasileira. Traduzindo a seu talante uma expressão de "Stanzas from the Grande Chartreuse", poema do britânico Matthew Arnold, o autor afirma agonicamente que, enquanto essa transformação não ocorresse, o Brasil viveria entre dois mundos: "um definitivamente morto e outro que luta por vir à luz".

Esse não é um simples obituário do iberismo e um exame pré-natal do americanismo. A situação descrita faz pensar em um entrelugar cultural. Por um lado, ele não deixa de inspirar ceticismo, pois há uma forte tensão entre tradição e modernidade, até porque a cordialidade continua podendo ser interpretada como uma proteção contra os males de uma civilidade excessiva. Por outro, a ambiguidade valorativa da edição anterior é eliminada, ou bastante reduzida, em favor de uma argumentação mais linear. A modernidade se assume como promessa progressista, obstaculizada por uma tradição identificada com fatores atávicos, ou, pelo menos, rotinizados. Isso fica claro na inserção de uma nova assertiva acerca da revolução. O significado da "nossa revolução" é "a dissolução lenta, posto que irrevogável, das sobrevivências arcaicas". Era preciso solapar de vez a ordem colonial e patriarcal, com vistas a reverter suas consequências morais, políticas e sociais.

As palavras capitais dessa tomada de partido são retiradas de um livro esquecido do fim do século XIX, *Brazil: The Amazons and the Coast*. Sérgio Buarque atribui ao seu autor, o naturalista norte-americano Herbert Smith, uma "intuição verdadeiramente divinatória". De acordo com o raciocínio de Smith, citado em *Raízes do Brasil*, o país carecia de uma "revolução vertical", que "trouxesse à tona elementos mais vigorosos, destruindo para sempre os velhos e incapazes". As camadas superiores não eram culpadas pelo isolamento em que se achavam da sociedade. Isso se dava antes por sua desventura. Por isso, elas não deviam ser expurgadas, mas, sim, amalgamadas às classes operárias. Os eventos das décadas recentes na América Latina apontariam para esse rumo, diz Sérgio Buarque. Pode-se até notar uma insinuação de que o trabalho poderia tornar as camadas populares mais aptas a desenvolver algum tipo de ética do trabalho, oposta ao espírito de aventura que o colonizador português trouxe ao Brasil.

Tomando de empréstimo palavras de Herbert Smith, que traduziu mais no espírito de seu próprio ensaio do que no do texto original em inglês, Sérgio Buarque faz então uma das afirmações mais representativas da perspectiva adotada por seu livro a partir da segunda edição: "A sociedade foi malformada nesta terra, desde as suas raízes." O enunciado dificulta a leitura de trechos em que a formação lusa é vista positivamente, preservados até hoje na obra. Um exemplo é o reconhecimento, no segundo capítulo, de que aquela ética da aventura dos portugueses vindos para a América foi o fator-chave para a conquista dos trópicos. Mas o fato é que, inserida nas páginas finais do livro, a condenação taxativa do legado ibérico é uma tentativa de vencer ambiguidades e resolver indecisões. A partir desse momento é que será possível vislumbrar no livro uma exigência de pensar de modo radical − "isto é, pela raiz".[14] Surge inclusive uma observação, quiçá dirigida a Gilberto Freyre, sobre adeptos de um passado cada vez mais tingido de "cores idílicas". Recorde-se que Freyre, colega de geração e (outrora?) amigo de Sérgio Buarque, escrevera o prefácio da edição *princeps* de *Raízes do Brasil*.[15] O texto foi retirado na segunda edição, e apenas com Candido, na quarta, a obra voltaria a ter um prefácio assinado por outrem.

A proposição de que a cordialidade não cria bons princípios, que poderia surpreender o leitor em 1936, haverá de parecer-lhe perfeitamente lógica em 1948. A constatação da incompatibilidade entre o homem cordial e a liberal-democracia também vai nessa direção, e não é travada pela reiteração do argumento de que a democracia no Brasil é um "lamentável mal-entendido". Esse argumento continuou presente no sexto capítulo, em que nos acostumamos a lê-lo no texto definitivo, mas diluído em meio a uma discussão voltada predominantemente para o século XIX. As contestações da tese da infalibilidade do voto da maioria são suprimidas. A nota crítica a Octavio de Faria é igualmente retirada, provavelmente por importar no endosso da cordialidade.

O restante da discussão sobre o totalitarismo é mantido, reforçando a interpretação de que a cordialidade era um obstáculo de tal monta à lógica dos interesses e das ideologias, que dificultava não somente a democracia quanto o fascismo e o comunismo.

Ao fim do capítulo, a passagem sobre o contraponto fica comparativamente esvaziada, menos pelas poucas alterações sofridas por sua redação do que pela transformação dos enunciados do capítulo (e do livro em geral). Entre a tradição atávica e os robustos movimentos modernizantes há decerto uma tensão, mas não uma barganha fecunda. É sintomático que o trecho suprimido do parágrafo final da obra seja justamente o da frase que acautelava que a realização da sociedade dependia de sua forma. A cordialidade não poderia mais ser enaltecida como força capaz de ponderar produtivamente a marcha da civilidade. Tornara-se um estorvo.

## | FORMA E CONTEÚDO

Na conhecida definição de Italo Calvino, o clássico é um livro que nunca acaba de dizer o que tem a dizer.[16] Esse é certamente o caso de *Raízes do Brasil*, hoje em sua 27ª edição. Um dos motivos é aquilo que Antonio Candido chamou em seu prefácio de "admirável metodologia dos contrários" que arma a enunciação da obra. Nesse procedimento, a visão da realidade é obtida pelo jogo entre conceitos polares. Não há, por exemplo, uma escolha entre cordialidade e civilidade, mas o enfoque simultâneo de ambos. Isso dá à mensagem do livro grande pregnância e — especialmente com as modificações na abordagem da democracia – atualidade. Mas outra maneira de interrogar o que esse livro ainda tem a dizer é consultar a edição original. A leitura diacrônica da obra revela um Sérgio Buarque diverso do radical que, mais tarde, se notabilizou.

A construção de uma democracia de cunho popular é o cerne da mensagem política de *Raízes do Brasil* a partir de 1948. A ênfase nesse resultado traduz-se na centralidade da "revolução vertical". Embora as revisões no texto tenham deixado a argumentação mais linear, o percurso afigurava-se agônico, e o Brasil ficaria no limiar entre dois mundos. Como já se observou,[17] a solução passava pelo fato de a cordialidade ser uma identidade evanescente, cujos desafios porventura poderiam ser equacionados pela própria evolução da sociedade, vale dizer, fora do contraponto com o Estado. Admissível da segunda edição em diante, essa avaliação não se aplica ao texto original.

Em 1936, Sérgio Buarque não pôde estipular um destino político para o país que se urbanizava. Enfatizou, em seu lugar, o itinerário que nos poderia levar até ele. O "contraponto" com a tradição era a melhor garantia sobre a forma de alcançar o ponto de chegada da modernização, qualquer que fosse. É deliberadamente que se diz "forma". Uma das características do modo ensaístico pelo qual Sérgio Buarque escreveu *Raízes do Brasil* é a oscilação constante do juízo valorativo acerca das generalizações propostas.[18] Isso foi observado na narrativa do capítulo final: aniquilam-se as raízes ibéricas, mas o americanismo ainda é insuficiente; a República deve exprimir a impessoalidade da vida urbana, mas o ideal político ainda é o personalismo do Império; o Estado não pode ferir a índole nacional, mas a cordialidade não é base para os bons princípios; a democracia é um mal-entendido, mas não é de todo incompatível com o país; a ditadura pode implantar normas eficazes, mas é neutralizada pela cordialidade.

Não foi sem razão que o resenhista protestou contra a falta de princípios norteadores. Mas desse apurado "senso dos contrários" na reflexão de Sérgio Buarque seria possível depreender um *conservadorismo como forma*.[19] Não se tratava de advogar, pela substância, um conservadorismo cordial ou ibérico.[20] Disso o afastava a ambiguidade na avaliação do legado colonial. Tratava-se, antes, da compreensão de que a cordialidade devia ser protegida e ao mesmo tempo corrigida em seus excessos pela civilidade (leia-se: pelo Estado), sem predefinir-se o resultado final do exercício. Talvez por isso já se encontrasse, no último parágrafo do livro, a intrigante expressão: "ensaiar a organização de nossa desordem". A desordem era a cordialidade, e a organização era a civilidade. Mas também o primeiro termo da expressão pode ser lido em toda a sua espessura. O ensaio do jovem autor era a melhor ilustração de sua atitude aberta diante dos problemas legados pelo passado ao presente. O método analítico de *Raízes do Brasil* preenchia sua proposta substantiva. Em outras palavras, a forma ponderava o conteúdo. Radical, mas também conservadora, parece inesgotável a mensagem do clássico de Sérgio Buarque.

# Raízes do Estado Novo

Dos doze anos que separam a primeira da segunda edição de *Raízes do Brasil*, o quarto tem um interesse especial para a história do livro. Corria o mês de agosto de 1940 quando o jovem crítico e professor Almir de Andrade deu a público seu livro *Força, cultura e liberdade*, pela prestigiosa casa editora José Olympio.[1] O foco da obra estava, conforme adiantado em seu subtítulo, nas *origens históricas* e nas *tendências atuais* da *evolução política do Brasil*. Para discuti-las, Almir de Andrade valeu-se amplamente do livro de Sérgio Buarque de Holanda.[2] Apresentada por *Raízes do Brasil* em 1936 como traço da identidade nacional, a cordialidade reapareceria quatro anos mais tarde em *Força, cultura e liberdade* como sustentáculo político do Estado Novo. O fato não tem recebido a devida atenção. *Força, cultura e liberdade* havia sido escrito por encomenda oficial, e seu autor logo seria alçado a ideólogo do regime implantado em 10 de novembro de 1937. Ainda que involuntariamente, *Raízes do Brasil* fora tornado fornecedor de matéria-prima para a legitimação de um regime que Sérgio Buarque passaria a criticar contundentemente nos anos seguintes.

Em retrospecto, seria difícil crer que uma interpretação da realidade nacional proposta por Sérgio Buarque pudesse ter sido apropriada por Almir de Andrade para a decantação das virtudes do Estado Novo e de seu líder. A partir dos primeiros anos da década de 1940, as trajetórias profissionais de Sérgio Buarque e de Almir de Andrade enveredam por direções políticas diametralmente opostas. Residindo no Rio de Janeiro, ambos ocupavam cargos na administração federal durante o Estado Novo.[3] Sérgio Buarque havia lecionado história e literatura na Universidade do Distrito Federal entre 1936 e 1939. Com a extinção da Universidade nesse ano, transferiu-se para o Instituto Nacional do Livro, órgão do Ministério da Educação e Saúde, onde chefiou a Seção da Enciclopédia e do Dicionário de 1939 a 1944. Assumiu então a diretoria da divisão de consultas da Biblioteca Nacional, cargo que ocupou até 1946, ano em que retornou a São Paulo, sua cidade natal. Sérgio Buarque se envolveria, cada vez mais, nas movimentações pelo retorno da liberdade de expressão. Em 1942, foi membro fundador da Associação Brasileira de Escritores. Em janeiro de 1945, assinou o manifesto pela democratização lançado no âmbito do I° Congresso Brasileiro de Escritores.[4] Em agosto do mesmo ano, participou da criação da Esquerda Democrática, depois renomeada Partido Socialista Brasileiro. Em junho de 1947, data do prefácio à segunda edição de *Raízes do Brasil*, falava no Estado Novo como "um regime de ditadura pessoal de inspiração totalitária".[5] Décadas depois, escrevendo a propósito de Oliveira Vianna, que havia feito carreira após a Revolução de 1930 como consultor jurídico do Ministério do Trabalho, Sérgio Buarque observaria acidamente que "Acabará aplaudindo até mesmo o golpe de Estado de 1937, (...) além de identificar-se de corpo e alma com todo o sistema então instaurado, que dele recebeu colaboração solícita e prestigiosa".[6] A experiência brasileira com as ditaduras, ponderava Sérgio Buarque nesse esboço autobiográfico de 1979, ensinava que "tais regimes podem exacerbar-se até os maiores extremos da estupidez violenta, embora se presumam amparados nos íntimos anelos do povo".[7]

Assim como Sérgio Buarque, Almir de Andrade teve experiência com o magistério no Rio de Janeiro dos anos 1930. Entre 1937 e 1938, assumiu as cadeiras de psicologia da Faculdade de Direito e do Colégio Universitário da Universidade do Brasil. Em 1941, tornou-se catedrático de direito constitucional na Faculdade Nacional de Direito. Também em 1941, ingressou no Departamento de Imprensa e Propaganda da Presidência da República. Cerca de um ano antes, o diretor do DIP, Lourival Fontes, lhe havia encomendado, por sugestão de Getúlio Vargas, a preparação de *Força, cultura e liberdade*, que viria a ser escrito entre abril e junho de 1940. Agora, lhe formulara um convite para que organizasse *Cultura Política: Revista Mensal de Estudos Brasileiros*. Almir de Andrade dirigiu a revista do regime do primeiro ao último número, entre março de 1941 e outubro de 1945. Entre 1943 e 1945, acumularia a direção da Agência Nacional, órgão do DIP encarregado da publicidade estatal na imprensa brasileira. Em 1950, integrou o Comitê Eleitoral Pró-Getúlio Vargas, onde foi responsável pela publicidade radiofônica e jornalística da campanha vitoriosa. Foi subchefe do Gabinete Civil da Presidência da República durante todo o governo, de janeiro de 1951 a agosto de 1954. Refletindo sobre sua vivência política, em depoimento de 1981, Almir de Andrade afirmaria: "eu sou daqueles que acreditam que a personalidade do chefe é sempre o segredo da bondade dos regimes, da eficácia dos regimes. Porque qualquer tipo de regime político ou social, entregue em mãos arbitrárias ou violentas, degenera rapidamente".[8] Getúlio Vargas, dizia, tinha o mérito de "saber mandar sem ferir (...) o sistema repressivo do Estado Novo era muito prudente na maneira de fazer, de entrar no campo de ferir os direitos humanos".[9]

Sérgio Buarque faleceu em 1982, e Almir de Andrade, em 1991. Suas visões antagônicas sobre o Estado Novo pareceriam reforçar, no fim da vida, as escolhas feitas na encruzilhada autoritária. No ano de 1940, todavia, o destino desigual de ambos no pensamento brasileiro ainda não estava selado. Nem Sérgio Buarque tinha vindo a público em sua oposição ao Estado Novo, nem a obra de Almir de Andrade tinha sido relegada ao esquecimento, possivelmente pela associação com o regime.[10] Sobretudo, *Raízes do Brasil* não tinha sofrido a profunda revisão que antecedeu sua segunda edição, publicada em janeiro de 1948. Almir de Andrade leu a edição *princeps* de *Raízes do Brasil* em dois dias, entre 13 e 14 de janeiro de 1937, conforme as indicações que deixou no volume ainda hoje preservado em sua biblioteca.[11] Essa versão de *Raízes do Brasil* era a que continha "opiniões e pensamentos que", de acordo com Sérgio Buarque no prefácio à segunda edição, "em muitos pontos deixaram de satisfazer-me".[12] É conhecido o desconforto de Sérgio Buarque com enunciados cruciais da edição *princeps* de *Raízes do Brasil*, nomeadamente o elogio da cordialidade e a defesa de governos fortes como fonte de estabilidade na política brasileira. Com a revisão do texto, os sinais positivos originalmente atribuídos à cordialidade e à centralização do poder seriam invertidos. A mensagem política do livro passaria a ser a defesa de um caminho democrático, em que a ascensão das classes trabalhadoras adviria da liquidação do passado oligárquico.

As mudanças processadas em *Raízes do Brasil* para sua segunda edição retiraram a pertinência de seu cotejo com *Força, cultura e liberdade*. Pouquíssimos trabalhos aproximaram as duas obras. Quando o fizeram, tomaram por base o texto revisado de *Raízes do Brasil*, com resultados desencorajadores. Assim, a análise mais competente de *Força, cultura e liberdade* de que se tem notícia, de autoria de Lúcia Lippi Oliveira, da Fundação Getúlio Vargas, constata que a noção de cordialidade empregada no livro é próxima à concepção de *Raízes do Brasil*, mas se diferenciaria da de Sérgio Buarque nisto que Almir de Andrade era "otimista em relação ao possível aproveitamento racional dos traços psicológicos do homem brasileiro (...) Sua pretensão é usá-los como fundamento de uma doutrina política para o Estado Novo e como base das relações entre governantes e governados".[13] O assunto também é abordado marginalmente em um trabalho de Pedro Meira Monteiro. O professor da Universidade de Princeton reconhece, corretamente, a serventia da concepção de homem cordial presente em *Raízes do Brasil* para *Força, cultura e liberdade*, mas observa que o encaminhamento da crítica de Almir de Andrade é "totalmente diverso" do de Sérgio Buarque, "com a justificativa das soluções autoritárias do Estado Novo".[14] Valéria Paiva, pesquisadora associada da Universidade de Coimbra, em artigo sobre o pensamento de Almir de Andrade, avança na questão ao afirmar que *Força, cultura e liberdade* "traduz" o argumento de *Raízes do Brasil* "para um plano político-ideológico", mas não sem "uma série de traições ao livro".[15] A principal delas seria que, em lugar de defender uma ordem política impessoal no Brasil, como fez Sérgio Buarque na (versão revisada de) sua obra, Almir de Andrade propugnava a solução de um "Leviatã benevolente", capaz de garantir a estabilidade.[16]

Mas enquanto *Raízes do Brasil* defendeu um Estado forte no país, capaz de modular sua ação pela lógica da cordialidade, o livro teve um importante potencial para o pensamento autoritário. A leitura política da cordialidade, proposta por Almir de Andrade, foi um ponto alto – ou especialmente baixo, pelo ângulo retrospectivo que Sérgio Buarque usou para falar do Estado Novo – na recepção da obra. O paralelo entre a discussão original de Sérgio Buarque e a proposta de Almir de Andrade é notável. Investigar a recepção do texto original de *Raízes do Brasil* é um modo de lançar luz sobre uma etapa pouco conhecida da trajetória de um clássico do pensamento social brasileiro. As páginas que se seguem são um estudo do diálogo travado por *Força, cultura e liberdade* com a edição *princeps* de *Raízes de Brasil*. Inicialmente, será feito um rápido apanhado da recepção de *Raízes do Brasil* no período imediatamente posterior ao seu lançamento. A segunda seção apresentará a interpretação histórica de *Força, cultura e liberdade*, calcada na tese de uma tradição política cordial. A terceira seção procurará demonstrar como a discussão ensaística de um contraponto entre cordialidade e civilidade, em *Raízes do Brasil*, foi operacionalizada por *Força, cultura e liberdade* na defesa de uma doutrina brasileira de Estado, capaz de equilibrar tolerância e força. A seção final contrastará a visão política de Almir de Andrade com a de dois vultos da ideologia do Estado Novo, o jornalista político carioca Antonio José Azevedo do Amaral e o ministro da Justiça do regime, o mineiro Francisco Campos.

## | PRIMEIRAS REAÇÕES

*Força, cultura e liberdade* não foi a primeira obra a repercutir a edição original de *Raízes do Brasil,* embora o tenha feito com pregnância talvez sem par. *Raízes do Brasil* já vinha provocando reações nos meios intelectuais brasileiros há alguns anos. Uma brevíssima vista d'olhos sobre o tema, em caráter introdutório e não exaustivo, ajuda a situar o aparecimento de *Força, cultura e liberdade.* As primeiras reações ao livro de Sérgio Buarque foram um misto de louvor e incompreensão. A julgar por quase oitenta resenhas publicadas em jornais de 1936 e 1937, zelosamente conservadas em álbum pela irmã do autor, d. Cecília Buarque de Holanda,[17] sobressaíam no livro um mérito e um defeito. Os elogios deviam-se predominantemente ao talento com que Sérgio Buarque captara algo próprio da psicologia do homem brasileiro. Saudou-se o "retrato fiel";[18] "justo";[19] a "explicação lógica";[20] "clara";[21] a "compreensão lúcida";[22] as "observações justas";[23] "argutas";[24] "agudas e verdadeiras".[25] A maioria das resenhas endossou o argumento da cordialidade, aplaudindo a explicação do que chamavam as "particularidades da nossa psicologia";[26] a "nossa atual mentalidade";[27] os "alicerces humanos e fisiográficos do edifício brasileiro";[28] a "fisionomia" do país;[29] a "psicologia do povo";[30] a "cordura (...) da gente brasileira";[31] a "psicologia média do homem brasileiro de hoje";[32] os "traços psicológicos próprios do brasileiro";[33] a "bondade inata do brasileiro";[34] a "psicologia brasileira";[35] e sua "tendência para a intimidade".[36] Menor, comparativamente, foi o número dos resenhistas que perceberam o legado colonial como "problema";[37] e a cordialidade como "vício";[38] "defeito";[39] e mesmo "grave defeito".[40]

As dificuldades na leitura vinham da avaliação de que, lamentavelmente, o livro terminava sem uma conclusão nítida. Anotou-se sobre o volume recém-lançado que "não arrisca conclusões";[41] "nada apresenta de positivo";[42] "não organiza corpo de doutrina";[43] "não é fácil perceber qual princípio de disciplina defende";[44] além de ser "tímido nas conclusões";[45] e "cheio de contradições".[46] Ao admirável diagnóstico parecia ter faltado o complemento de uma visão política bem articulada. Mesmo entre os que se aventuraram a especular sobre qual solução política havia sido apontada por Sérgio Buarque, não havia consenso. Três das resenhas de *Raízes do Brasil* publicadas nos meses seguintes a seu lançamento, em outubro de 1936, refletem esse fato. Na avaliação de Plínio Barreto, o livro concluía com a defesa de um "Estado que se harmonize com o nosso personalismo tradicional".[47] Múcio Leão, em texto de resto bastante simpático à obra, indagava sobre o significado de palavras de Sérgio Buarque acerca da eficácia da tirania: "Será isso o modo de pensar de um republicano? De um liberal democrata? Ou será, antes, a maneira de doutrinar de um discípulo de Hitler?"[48] Já Álvaro Augusto Lopes notava que, "devido à bondade inata do brasileiro, (...) as imitações nacionais de movimentos caracterizados pelo culto da violência, como o fascismo e o nazismo, apresentaram-se, sob o Cruzeiro do Sul, com tonalidades suaves, maneiras brandas, macias, conservadoras".[49] Assim, para o primeiro resenhista, a solução circunscrevia-se à velha baliza personalista da política ibérica; para o segundo, em uma insinuação injusta para com Sérgio Buarque, a solução flertava com o nazismo; e, para o terceiro, a cordialidade tinha a capacidade de matizar o totalitarismo.

Antes mesmo de encerrar-se a etapa das resenhas em jornal, a obra começou a repercutir em outros âmbitos da vida intelectual. Lançado por Gilberto Freyre em 1936, mesmo ano de *Raízes do Brasil*, *Sobrados e mucambos* dedicava algumas páginas à alegoria do homem cordial. Gilberto Freyre procurava subsumir a tese da cordialidade ao esquema explicativo da mestiçagem, já apresentado em *Casa-grande & senzala*. Freyre equiparava a cordialidade à simpatia, e a explicava como uma estratégia de ascensão social dos mestiços livres que transformaram a paisagem urbana brasileira a partir do início do século XIX.[50] Um ano depois foi a vez de Cassiano Ricardo. Seu discurso de posse na Academia Brasileira de Letras, em dezembro de 1937, daria início à conhecida polêmica com Sérgio Buarque a respeito do homem cordial. Ricardo pretendia reduzir a cordialidade à mera etiqueta, ou polidez, sustentando que o traço distintivo do brasileiro seria, isso sim, a bondade, um forte laço de solidariedade social.[51] O autor reproduziria o raciocínio desse discurso no livro *Marcha para Oeste*, publicado em 1940.[52]

Cada autor se apropriava da cordialidade conforme o seu alvedrio. Os duradouros mal-entendidos gerados pelas interpretações de Gilberto Freyre e de Cassiano Ricardo sobre esse conceito, uma ressaltando o aspecto da simpatia, outra o da bondade, já foram bem estudados por João Cezar de Castro Rocha e Robert Wegner.[53] Além das revisões que o próprio Sérgio Buarque faria no texto de *Raízes do Brasil*, essas imprecisões interpretativas também contribuiriam para tornar a cordialidade um dos termos mais instáveis do pensamento social brasileiro.[54] Mas o fato de que dois autores já consagrados em meados da década de 1930, como Freyre e Ricardo, escolhessem centrar seu diálogo com o livro nesse termo é significativo.[55] Seu foco na cordialidade era consistente com a tendência, verificada nas resenhas de jornal, de avaliá-la como a grande contribuição do livro. Embora – ou porque – instável, a cordialidade destinava-se, desde o primeiro momento, a tornar-se um conceito de destaque no pensamento social brasileiro. No prefácio que escreveu para a quarta edição de *Raízes do Brasil*, publicada em 1963, Antonio Candido já constatava que alguns pontos de vista do livro se tinham "incorporado ao pensamento de uma geração, recebendo muitos deles a glória de se transformarem em conceitos de toda a gente".[56] Era o caso, antes de mais nada, da cordialidade.

A discussão política da primeira edição de *Raízes do Brasil* não teve sorte comparável. Três fatores se combinaram para isso. Inicialmente, havia a falta de uma conclusão programática clara no texto. Depois, com a revisão da obra, em 1948, houve a alteração da solução política proposta pelo livro. Por fim, o discurso sobre *Raízes do Brasil* passou a imputar à edição de 1936 a solução democrática somente proposta a partir da edição de 1948. Fatores tais é que possibilitaram narrativas como a de que *Raízes do Brasil* era, já em 1936, uma "denúncia da permanência das raízes ibéricas", e, como tal, "uma provocação, na antessala do Estado Novo".[57] O equívoco dessa avaliação será evidenciado no curso deste trabalho.

Antes de a democracia grassar no país – e em suas próprias páginas –, *Raízes do Brasil* teve uma história movimentada. Este texto reconstruirá um de seus momentos mais significativos.

## | AS QUALIDADES POLÍTICAS DO HOMEM BRASILEIRO

*Força, cultura e liberdade* divide-se em duas partes. A primeira aborda a tradição política do Brasil e a segunda trata da montante antiliberal no mundo. O nó entre os dois assuntos, apontado na introdução, é a mudança de rumo da política brasileira a partir de 1930 e, especialmente, de 1937. Analisar o sentido desse movimento, tanto pela ótica da "renovação política do Brasil" quanto pela da "evolução política e social do mundo",[58] é o propósito do livro. Três indagações orientam o estudo. Inicialmente, avaliar se o Estado Novo representa uma solução adequada aos problemas brasileiros. Nas palavras de Almir de Andrade, "em que medida a estrutura política que criamos se conformou com as verdadeiras tendências da sociedade brasileira, com o seu espírito, com a sua fisionomia cultural, com as suas tradições ou com as suas necessidades mais prementes".[59] A indagação seguinte é sobre a possibilidade de que a democracia se realize fora do liberalismo. De acordo com o autor, "até que ponto pode um Estado ser profundamente democrático, conservando-se energicamente antiliberal".[60] A indagação final diz respeito à existência, ou não, de uma sintonia entre a evolução do Brasil na década desde 1930 e as grandes tendências da civilização. Listada, como as outras, na abertura, essa indagação merece do autor uma resposta antecipada: "Talvez que, nos países da América, os resultados dessa investigação sejam assaz confortadores. Talvez estejamos mais perto daquilo que outros povos se esforçam por atingir. Talvez marchemos na vanguarda da civilização do futuro".[61]

A primeira parte de *Força, cultura e liberdade* concentra o diálogo de Almir de Andrade com autores do pensamento político e social brasileiro. Seu diagnóstico da realidade nacional parte do enunciado básico do privatismo: "A autoridade política e social, de acordo com os métodos de colonização postos em prática pelo português, deslocou-se do Estado para a família, foi centralizada nas mãos dos senhores de engenho, dos grandes patriarcas donos dos homens, das terras e das leis".[62] *Força, cultura e liberdade* postula duas consequências do privatismo: o localismo e a cordialidade. A primeira delas será pouco desenvolvida, enquanto a segunda terá grande alcance na argumentação do livro. As referências básicas da discussão de Almir de Andrade são Oliveira Vianna, Gilberto Freyre e Sérgio Buarque. *Populações meridionais do Brasil* e *Casa-grande & senzala* fornecem indicações importantes para a reflexão sobre o privatismo. A discussão do localismo e da cordialidade, por sua vez, encontra, em *Populações meridionais* e *Raízes do Brasil,* respectivamente, suas referências fundamentais. Ocorre que Almir de Andrade também emprega um termo de *Casa-grande & senzala,* plasticidade social, para se referir ao que designa como cordialidade. Assim, a segunda e principal consequência do privatismo é definida em função da tese de Sérgio Buarque, mas frequentemente referida pela expressão de Gilberto Freyre.

Esse ponto exige um esclarecimento preliminar. Gilberto Freyre é o interlocutor mais assinalado de Almir de Andrade.

Muito da linguagem presente em *Força, cultura e liberdade* para tratar da formação histórica do Brasil é tributária de *Casa-grande & senzala*, dito por Almir de Andrade um "magistral estudo".[63] Almir de Andrade viria inclusive a ser considerado um rotinizador de teses freyrianas no Estado Novo.[64] A primeira parte de *Força, cultura e liberdade* inicia-se ostensivamente sob o signo de *Casa-grande & senzala*, invocado para a sustentação da tese de que a colonização do Brasil havia sido marcada pelo espírito de plasticidade do português. "Sua tolerância, sua plasticidade, sua capacidade extrema de adaptar-se às situações novas foi o que lhe permitiu fazer na América uma obra colonizadora original e inconfundível".[65] A isso o autor acrescenta: "O português, observa Gilberto Freyre, 'não falhou; antes fundou a maior civilização moderna dos trópicos'".[66] O espírito plástico do colonizador teria sido incorporado pelos habitantes da terra, e dado origem a uma forma de política singular na vida independente do Brasil. A "política de moderação, de equilíbrio e de concórdia acompanhou e impulsionou a nossa formação histórica, implantando-se, com raízes sólidas, no espírito da nossa gente, nos hábitos sociais do brasileiro".[67] Diferentemente do já citado diagnóstico sobre o privatismo, esses termos não são consistentes com os de *Casa-grande & senzala*. Como se verá adiante, são mesmo contrários à discussão desse livro. Mas é por meio desse argumento sobre a plasticidade, que o autor alega associar-se ao livro de Freyre, que *Força, cultura e liberdade* atinge o cerne de sua enunciação sobre a realidade brasileira.

De acordo com Almir de Andrade, o relevo assumido pela família na paisagem sociopolítica nacional teve "duas importantíssimas consequências":[68]

A primeira é que se formou no brasileiro uma mentalidade política "localista", que transfere para o chefe político a autoridade e o interesse pelas coisas sociais. Disso resultaram (...) o caudilhismo, o caciquismo, o personalismo dos grupos regionais e dos partidos políticos. Nunca vimos, no Brasil, partidos políticos de grande envergadura, que planejassem realizações de verdadeiro interesse social e nacional. Nossos partidos visaram sempre mais homens do que ideias, mais interesses de "chefes" do que interesses sociais. A segunda condição histórica a que nos referimos é a formação de um espírito de aproximação entre governantes e governados, que se impôs ao brasileiro em consequência do regime de autoridade na família patriarcal e que se transformou, posteriormente, numa necessidade de fusão entre governo e povo, numa concepção de autoridade política em que esta aparece, não como um corpo estranho, imperativo, intolerante, formalístico, executante inflexível das leis – mas como um corpo vivo, fundido com a massa, maleável, tolerante, enérgico sem arrogância, forte sem aristocratizar-se.[69]

O localismo é discutido por Almir de Andrade em termos próximos aos utilizados por Oliveira Vianna para definir o que denominava insolidariedade,[70] embora *Populações meridionais do Brasil* não seja citado nominalmente. Limitada ao horizonte político da casa-grande e, mais tarde, do município, a mentalidade popular nunca compreendeu o Estado em acepção mais ampla, nacional. Estavam dadas as condições para o predomínio dos interesses particulares dos chefes locais. Historicamente, as forças localistas foram contra-arrestadas por movimentos centralizadores, cujo surgimento *Força, cultura e liberdade* explica retornando à discussão inicial sobre a tradição plástica da política brasileira. Ativa na colônia de modo inconsciente, a política de equilíbrio derivada da plasticidade portuguesa comunicou-se ao Império, quando o instituto do poder moderador deu-lhe contornos explícitos. D. Pedro II era um homem "enérgico, mas pouco rígido e nada intolerante. Não foi um monarca que reinasse (...) fazendo sentir a força violenta de sua autoridade. Foi um (...) amigo do povo, refratário a violências, governando com brandura e serenidade".[71] Soube, por isso, corrigir os "excessos localistas" sem chegar a desrespeitar a autonomia municipal e provincial.[72] A República destoou dessa tradição. A secular flexibilidade de métodos foi substituída pela intransigência na aplicação da democracia liberal, importada da França e dos Estados Unidos. Esse ideário foi levado às "últimas e mais desastrosas" consequências,[73] com a descentralização federalista radical. De "força plástica", o Estado passou a "maquinismo artificial".[74]

A crítica ao descompasso entre os métodos políticos e a realidade brasileira na República é reforçada pela transcrição de passagens de *O idealismo da constituição*, de Oliveira Vianna, e de *O problema nacional brasileiro* e *A organização nacional*, de Alberto Torres. Há, porém, uma discrepância quanto à interpretação de Oliveira Vianna acerca do processo de centralização. Para Vianna, a fragmentação política era uma tendência natural no Brasil, devida, entre outras razões, à ação dispersiva do meio geográfico.[75] A política centralizadora adotada pelo Império era, em suas palavras, "solução artificial, embora necessária".[76] Já Almir de Andrade, ao destacar a plasticidade, não qualificava a ação imperial como artificial, pois, de acordo com sua leitura, tanto os administradores coloniais quanto os políticos imperiais haviam seguido a tradição nacional de equilíbrio e flexibilidade. O autor não explica, a propósito, como a plasticidade pudesse ter gerado descentralização na colônia e centralização no Império. Nesse ponto, Andrade divergirá também de Freyre, para quem o Império havia rompido o melhor do legado colonial.[77] A questão será retomada à frente.

Vinda a crise de 1930, o quadro de fragmentação republicano arrisca agravar-se, com a exacerbação de forças regionalistas e partidárias. Surge então em cena Getúlio Vargas, cuja ação tem como sentido profundo a "restauração das tradições políticas brasileiras", como anuncia o título de uma das seções do segundo capítulo de *Força, cultura e liberdade*. "Usando o poder com sobriedade, amparando o choque das forças políticas que ameaçavam a tranquilidade social, ele soube mantê-las distanciadas umas das outras, neutralizando-as e dissolvendo-as".[78] O retorno da política brasileira ao seu leito constituiu o "maior mérito" de Getúlio Vargas.[79] Paradoxalmente, contudo, esse mesmo líder restaurador podia ver-se na contingência de ter que, futuramente, afastar o país de sua tradicional política. A política não-convencional que viesse a ser adotada também poderia ser vista — e nisto *Força, cultura e liberdade* é abertamente contraditório, senão mesmo casuístico — como caracteristicamente brasileira. Getúlio Vargas, nas palavras de Almir de Andrade,

> Empenhou-se em restituí-la às suas verdadeiras fontes, restaurando a política de realismo, de moderação e de equilíbrio do velho Brasil. Podia ter ido ainda mais longe, utilizando a força que a revolução depositou em suas mãos para impor ao país um regime de violência. Não o fez porém. Compreendeu que não era preciso, já que nenhuma circunstância grave exigia essa solução (...) Andou devagar, sem dúvida; mas conservou-se brasileiro. Se, amanhã, a evolução dos acontecimentos mundiais ou as mutações da nossa própria vida interna exigirem uma alteração dessa

atitude por outra mais rápida, mais violenta ou mais absorvente — todo o nosso passado de moderação, de tolerância, de cordura continuará coerente com essa mudança de atitude. Porque, em ocasiões graves, ela também é brasileira.[80]

Essas considerações ultrapassam o tema do localismo, e enveredam pela segunda condição histórica gerada pelo privatismo. Para compreendê-las, será necessário explorar esse outro veio da argumentação de Almir de Andrade.

De acordo com o autor, a segunda consequência do predomínio da família na formação da sociedade "ainda é mais importante" do que a primeira.[81] Trata-se da cordialidade. Aqui, *Força, cultura e liberdade* começa a engajar mais diretamente a obra de Sérgio Buarque. A primeira ocorrência do termo cordialidade é no trecho que se segue, o qual faz referência, em nota de rodapé indicada logo após a menção ao nome do autor paulista, a *"Raízes do Brasil*, Rio de Janeiro, 1936":[82]

Não é este o momento de discutir até onde essa mentalidade nos é benéfica, ou até onde ela nos é prejudicial. Sem dúvida, no estado atual do mundo, quando necessidades novas exigem das nações um espírito de luta, de sacrifício e de heroísmo, para não perecer nas guerras de conquista, o espírito contemporizador e plástico, o espírito "cordial" do homem brasileiro, tão bem definido por Sérgio Buarque de Holanda, possui aspectos bastante desvantajosos para nós. Mas o período de lutas em que vivemos é um período de transição. A evolução futura do mundo nos reserva acontecimentos extraordinários. E talvez essas circunstâncias peculiares da nossa formação nos tragam futuramente benefícios que hoje ainda não podemos sequer suspeitar. Demais, uma sociedade não muda de cara como se muda de máscara. Uma mentalidade social nova não se improvisa num dia, nem se impõe pela força.[83]

A ressalva que cerca a apresentação da noção de cordialidade dá o tom do ambiente conflagrado da Segunda Guerra Mundial, em que escrevia Almir de Andrade. Mas a concessão às circunstâncias mundiais e à relevância de inclinações beligerantes é rapidamente revertida. Desde logo, a guerra é uma fase passageira, e o futuro guarda um lugar de destaque ao espírito cordial. O otimismo, já expresso na introdução do livro, onde se aventa a possibilidade de o Brasil integrar a "vanguarda da civilização do futuro", remonta à confiança com que Sérgio Buarque havia apresentado a cordialidade em seu próprio livro: "O escritor Ribeiro Couto teve uma expressão feliz, quando disse que a contribuição brasileira para a civilização será de cordialidade – daremos ao mundo o 'homem cordial'".[84] A cordialidade retém, em *Força, cultura e liberdade*, a dimensão de um atributo que singulariza positivamente o Brasil no concerto das nações. Além disso, e neste particular Almir de Andrade toma de empréstimo uma imagem usada em *Raízes do Brasil*, a sociedade não pode mudar seu perfil com a mesma facilidade com que mudaria uma máscara. O leitor dos dois livros se recordará da definição da civilidade, que Sérgio Buarque dá como o exato oposto da cordialidade: "Armado dessa máscara, o indivíduo consegue manter sua supremacia ante o social".[85] *Força, cultura e liberdade* leva a sério a metáfora de *Raízes do Brasil*, ampliando-a: se a civilidade é uma máscara, que se pode pôr e tirar, a cordialidade é a própria cara do homem brasileiro, que não se pode trocar. O sentido de imutabilidade, ou ao menos de difícil alteração do caráter nacional, é confirmado na frase final do trecho de Almir de Andrade citado há pouco. A fisionomia cordial não pode ser substituída nem de improviso, nem pela força.

O autor não indica que a cordialidade estivesse ameaçada de desaparecer devido a algum tipo de mudança social, como faz Sérgio Buarque ao afirmar que a urbanização colocava em risco a base rural da cordialidade. Embora a transformação social estivesse no horizonte de *Raízes do Brasil*, convém recordar que, comparado com seu crescente dinamismo nos textos de 1948 e de 1956, em 1936 seu ritmo era lento. Em *Força, cultura e liberdade*, porém, ele será estacionário.

O uso do termo "cordial" por Almir de Andrade é bastante consistente com a definição que lhe dera quatro anos antes Sérgio Buarque, e pertinente em face do objeto que aborda. Recordem-se os termos de *Raízes do Brasil*. Formado no recesso das casas patriarcais rurais, longe da vida impessoal das cidades, o brasileiro tinha nas relações familiares seu modelo único de interação social. Nesse quadro, os afetos privados triunfavam sobre qualquer tipo de ordenação abstrata. A emotividade exacerbada era o resultado da hegemonia dos sentimentos originados no coração. Etimologicamente, dos sentimentos cordiais. Em vez de obedecer aos ritualismos próprios do espaço público, que exigiam do indivíduo civilidade e polidez, o homem cordial procurava encurtar distâncias sociais. O "desejo de estabelecer intimidade" era seu comportamento característico.[86] Pessoalizava, assim, as relações com seus pares, conduzidas preferencialmente pelo emprego do pronome de tratamento "você" e pelo uso do diminutivo. E humanizava suas instituições, caso da religião católica, cujo rito se despojava de rigor para ganhar na proximidade entre os fiéis e as figuras sagradas. Esse calor humano refletia-se em atributos nitidamente positivos, aos quais o autor associava a cordialidade: "a lhaneza no trato, a hospitalidade, a generosidade"[87] e até a "bondade".[88] A cordialidade era considerada o "traço mais específico do espírito brasileiro".[89]

Almir de Andrade segue de perto esse esquema enunciativo, expandindo sua dimensão política. O autor recupera e potencia os atributos positivos da cordialidade, que agora incluem a fraternidade e a tolerância: "Formado nesse espírito de proximidade e, portanto, de fraternidade e tolerância, o brasileiro adquiriu o ar de cordialidade que todos lhe notam".[90] A tônica de contemporização que passa a envolver (ainda mais) a cordialidade significa uma como estabilização do conceito, pois o elemento conciliatório mitiga, tanto quanto possível, os excessos emotivos inerentes à cordialidade. Recorde-se a afirmação de Sérgio Buarque: "Todo afeto entre os homens funda-se forçosamente em preferências. Amar alguém é amá-lo mais do que aos outros".[91] Ao ressaltar na cordialidade o aspecto da contemporização entre contrários, Almir de Andrade afastava o conceito do sentido possível de inimizade e ódio, que Sérgio Buarque lhe atribuiria, explicitamente ao menos, a partir da segunda edição de *Raízes do Brasil*.[92]

A tradição política cordial de que fala Almir de Andrade baseia-se no padrão cordial de sociabilidade discutido por Sérgio Buarque, mas o excede, ao incorporar um método político caracterizado pela proximidade entre governantes e governados. Trata-se de uma mentalidade política infensa a princípios e leis em que não se sentisse "essa proximidade do chefe, esse quase contato direto entre senhor e súdito, que se estabelecera no interior das casas grandes coloniais".[93] A decorrência dessa mentalidade foi uma "forma concreta, íntima, pessoal de dominação",[94] que é plenamente explicável entre uma gente afeita ao encurtamento das distâncias sociais. O autor não desconhecia as dificuldades colocadas pela cordialidade para a vida política. Sua desvantagem era a "estreiteza dos horizontes políticos", que habituava o indivíduo a "localizar a autoridade política em torno de si, no distrito, no município", e tirava de vista as "grandes necessidades sociais".[95] O insolidarismo, para usar o termo de Oliveira Vianna, era uma decorrência inevitável da cordialidade. A mentalidade política cordial não poderia deixar de ser francamente contrária à civilidade, na qual Sérgio Buarque explicava haver "qualquer coisa de coercitivo — ela pode exprimir-se em mandamentos e em sentenças".[96] Embora não use a palavra, é essa noção de civilidade que *Força, cultura e liberdade* usa ao discorrer sobre uma concepção do Estado como "corpo estranho", "imperativo", "intolerante", "formalístico" e "executante inflexível das leis". Almir de Andrade elaborará a oposição cordialidade-civilidade até elevar ao status de doutrina política a concepção do Estado como "corpo vivo", "fundido com a massa", "maleável", "tolerante", "enérgico sem arrogância" e "forte sem aristocratizar-se". O tema será abordado na próxima seção.

A suspensão do juízo na abordagem do "espírito cordial" ("Não é este o momento...") é desfeita um par de páginas adiante:

> Esse outro traço da mentalidade política brasileira [a cordialidade] já não é tão prejudicial como o primeiro [o localismo]. Antes parece que é uma das coisas mais genuinamente brasileiras que há em nós. É o espírito "cordial", que herdamos do colonizador português, que permitiu a assimilação de tantas influências benéficas, provenientes da cultura negra e da cultura indígena.

Espírito que foi o segredo da política colonial portuguesa e que tornou possível a construção da maior civilização tropical do mundo moderno.[97]

As duas frases iniciais do parágrafo dirimem qualquer dúvida que pudesse haver sobre o valor atribuído pelo autor à cordialidade, diferentemente da outra herança colonial, o localismo, por ele rejeitado. Já as duas frases finais do parágrafo embaralham a discussão da cordialidade. Na terceira e quarta frases, a cordialidade, que vinha de ser consistentemente apresentada nos termos de *Raízes do Brasil*, é usada como um sinônimo de plasticidade, ou seja, é imprecisamente referida nos termos de *Casa-grande & senzala*. O mesmo já ocorrera na passagem que faz menção explícita a Sérgio Buarque, quando o "espírito cordial" é colocado em equivalência ao "espírito contemporizador e plástico". No mais, note-se como o tom das palavras finais do trecho é quase idêntico ao das de Gilberto Freyre, citadas antes pelo próprio Almir de Andrade ("maior civilização tropical do mundo moderno" e "maior civilização moderna dos trópicos").

Até certo ponto, a confusão entre cordialidade e plasticidade em *Força, cultura e liberdade* é compreensível. Entusiasta de Gilberto Freyre e leitor atento de Sérgio Buarque, Almir de Andrade mobilizou as obras de ambos para formular sua interpretação da realidade nacional. No fundo, plasticidade e cordialidade querem referir-se a uma mesma herança colonial e a tipos similares de sociabilidade. Representam a tradição nacional cujo resgate é um – senão o – enunciado capital de *Força, cultura e liberdade*.[98] Daí porque sejam empregadas de modo intercambiável. Mas o paralelo tem limites. Do ponto de vista de *Raízes do Brasil*, o espírito cordial não é uma herança lusitana, mas sim uma característica desenvolvida no Brasil a partir dessa herança.[99] Do ponto de vista de *Casa-grande & senzala*, imputa-se à cordialidade o que em verdade cabe à plasticidade: a capacidade assimilativa e a vitória sobre os trópicos.[100]

A escolha de Almir de Andrade por conferir destaque à plasticidade em seu esquema explicativo requer análise mais detida. A tese de *Casa-grande & senzala* mais representativa do legado colonial é, sem dúvida, a de equilíbrio de antagonismos. Nas palavras de Gilberto Freyre, "Considerada de modo geral, a formação brasileira tem sido (...) um processo de equilíbrio de antagonismos".[101] E, ainda, na passagem sempre lembrada: "A força, ou antes a potencialidade da cultura brasileira parece-nos residir toda na riqueza dos antagonismos equilibrados".[102] Não é óbvio que o autor de *Força, cultura e liberdade* não fizesse nenhuma menção à principal tese de *Casa-grande & senzala* e se satisfizesse com a referência à plasticidade. O mais próximo a que chegou, tanto quanto se saiba, foi em uma expressão que, na verdade, traía a concepção de Gilberto Freyre. Em uma resenha que publicou em 1939 sobre *A nova política do Brasil*,[103] coletânea de discursos de Getúlio Vargas então recém-lançada, o autor fala na busca, pelo presidente da República, da "concórdia dos elementos antagônicos".[104] Reveladoramente, o equilíbrio era reduzido à concórdia.

A explicação passa pelo fato de Almir de Andrade dar lugar de destaque em sua análise à concórdia, e não aos antagonismos. Sua leitura da plasticidade enfatiza um sentido de contemporização ausente de *Casa-grande & senzala* e contrário à mensagem do livro. Ademais, ao atribuir essa qualidade plástica já a D. Pedro II, diverge frontalmente, embora sem dizê-lo, da interpretação de *Sobrados e mucambos* sobre o Brasil do século XIX. Esses desencontros entre *Força, cultura e liberdade* e as duas principais obras de Freyre respondem a uma causa comum. A concepção de vida social presente em *Casa-grande & senzala* e simbolizada pela tese do equilíbrio de antagonismos haveria de ser demasiado anárquica para representar, em *Força, cultura e liberdade*, as "verdadeiras tendências da sociedade brasileira" de que o autor falava na introdução, e em relação às quais se propunha a indagar se o Estado Novo estava em conformidade.

Como explica Ricardo Benzaquen de Araújo em seu estudo de referência sobre Gilberto Freyre, a visão do autor pernambucano sobre a colonização patriarcal dos trópicos é marcada por intenso desregramento e hibridismo. A predominância da família sobre o Estado alçou os senhores de engenho à condição de soberanos, o que lhes permitiu não só exercer suas vontades de forma despótica como também incorporar influências as mais variadas, europeias, africanas e asiáticas. Os antagonismos de toda ordem criados pela experiência colonial não podiam ser dissolvidos harmoniosamente — como faria crer a ideia de concórdia — devido à permanente exacerbação passional, típica do privatismo. As paixões "desviam os homens dos seus caminhos naturais, atraem opostos e separam iguais, sendo capazes apenas de promover uma totalidade extremamente precária, que nunca se faz presente de maneira automática, permanente e segura nas suas partes integrantes".[105] Daí o equilíbrio de antagonismos não pretender fundir as variadas tradições presentes no Brasil em uma síntese cabal, mas apenas combiná-las de modo plástico. A desordem, nesse quadro, transborda da política e engolfa a vida da sociedade. A totalidade social, em Gilberto Freyre, era vista antes como "uma possibilidade eventual que como uma forma obrigatória e preexistente da ideia de sociedade".[106]

É patente a incompatibilidade dessa abordagem com a que orientava Almir de Andrade. Para o autor, "Uma nação é (...) o espírito e a organização política de uma cultura".[107] Um conceito como esse exige, evidentemente, uma definição estável e instrumentalizável de cultura, que debalde se buscaria na obra de Gilberto Freyre. A "fisionomia cultural" do Brasil que emerge de *Força, cultura e liberdade* não é, como em *Casa-grande & senzala*, variada e mesmo irredutível a uma representação unitária, mas estável e focada em uma "mentalidade política original",[108] composta, de um lado, pelo localismo, e de outro, pela cordialidade. O localismo, como se viu, pudera ser neutralizado pela habilidade conciliatória de D. Pedro II e, mais tarde, de Getúlio Vargas. Restava a cordialidade, elemento positivo do legado colonial, que afinal pode ser entendido como *o* substrato da tradição política brasileira no livro de Almir de Andrade. Esse substrato é a base da política de "moderação", "equilíbrio" e "concórdia" "implantada", "com raízes sólidas", nos "hábitos sociais" do povo brasileiro. Por maior que fosse a riqueza emocional e até a exacerbação passional admitida pela cordialidade, a concepção de vida política e social aí contida está distante da composição tensa e sempre inacabada entre tradições mutuamente incompatíveis. A tradição cordial "é uma lei, é uma direção histórica imanente à própria vida social que se desenvolve e que se expande, e a cujo império não é possível fugir sem graves consequências e fracassos lamentáveis".[109] A ordem, e não a anarquia, é o horizonte dessa direção imanente da sociedade. Como a experiência turbulenta da descentralização política na Primeira República demonstrara, a anarquia, onde verificada, devia-se à transgressão da lei sociológica da política brasileira. Nas palavras do autor: "Nós seremos o que temos de ser em virtude do que somos – e não o que acaso pretendamos ser em virtude do modo por que nos julgamos".[110]

Além das dificuldades inerentes à assimilação da concepção freyriana de vida social a uma obra com os propósitos de *Força, cultura e liberdade*, Almir de Andrade também divergiu da narrativa de Gilberto Freyre sobre o Estado brasileiro no século XIX. Como Freyre sentenciava em conferência de 1925 a propósito de D. Pedro II, o monarca "evita governar brasileiramente o Brasil para o governar segundo conceitos da ideologia liberal".[111] Em *Sobrados e mucambos*, de 1936, o argumento seria expandido. D. Pedro II capitaneara um "reinado antipatriarcal",[112] em que a moralização dos costumes e o aumento da exclusão social desaguaram na ruptura do equilíbrio de antagonismos. Faltara ao Segundo Reinado "aquela perspectiva das coisas que só se consegue com a experiência, aquele profundo realismo político dos capitães-generais enviados pelo governo português para a colônia americana".[113] Nada mais distante dessa interpretação do que a leitura de Almir de Andrade, segundo a qual os estadistas imperiais haviam dado sequência à tradição plástica – ou cordial – da colônia. Não havia lugar, na tese de *Sobrados e mucambos*, para a afirmação da proximidade entre governantes e governados no século XIX. Ao contrário: com a urbanização e a industrialização impulsionadas pela transmigração da família real portuguesa, "aquela acomodação quebrou-se e novas relações de subordinação (...) começaram a desenvolver-se entre o rico e o pobre, entre o branco e a gente de cor, entre a casa-grande e a casa pequena. Maiores antagonismos entre dominadores e dominados".[114]

Louvada por Almir de Andrade, a obra de Gilberto Freyre era-lhe entretanto inaproveitável. Por um lado, a concepção de Brasil de *Casa-grande & senzala* não oferecia parâmetros estáveis — quiçá nem mesmo desejáveis — para o estudo proposto por *Força, cultura e liberdade*. Por outro, a narrativa de *Sobrados e mucambos* tratava da fratura do legado colonial pelo Estado, um processo que, ainda que Almir de Andrade não se valesse da tese do equilíbrio de antagonismos, não poderia ter utilidade em seu estudo sobre a conformidade entre a estrutura política e o substrato cultural vindo do passado. Compreende-se, portanto, que *Casa-grande & senzala* fosse afinal um livro praticamente sem importância para *Força, cultura e liberdade*, e que *Sobrados e mucambos* sequer fosse por ele citado.

O contraste com as obras de Gilberto Freyre realça as possibilidades oferecidas a Almir de Andrade pelo livro de Sérgio Buarque. Assim como *Sobrados e mucambos*, *Raízes do Brasil* reconhecia o profundo impacto do Estado oitocentista na sociedade brasileira, mas avaliava que o legado colonial havia resistido — ou, no mínimo, tido maior sobrevida — às transformações daquele período. A preocupação do autor paulista em resguardar o legado colonial da ação modernizadora do Estado é de grande valia para Almir de Andrade. *Raízes do Brasil* também reconhece, como *Casa-grande & senzala*, um grau considerável de anarquia na vida social brasileira, mas apresenta formas de equacioná-la. É certo que o faz ambiguamente, mas, no processo, fornece indicações cruciais para a "doutrina política brasileira" formulada por Almir de Andrade.[115] Para que se compreendam os contornos da proposta avançada por *Força, cultura e liberdade*, é preciso começar por onde *Raízes do Brasil* terminou.

## | A doutrina brasileira do Estado

Retracem-se as linhas mestras do dilema político apresentado pela edição *princeps* de *Raízes do Brasil*. De acordo com Sérgio Buarque, até a Abolição da escravatura, em 1888, o Brasil se configurara como um país ibérico. Do ponto de vista político, isso significava a vigência da cultura da personalidade. Nas sociedades portuguesa e espanhola, pouco tocadas pelo feudalismo, os privilégios hereditários nunca haviam alcançado maior importância. Consolidou-se desde cedo nesses países, por isso, o personalismo, combinação de individualismo não igualitário e aristocratismo não hierárquico.[116] O sentimento exaltado da autonomia de cada indivíduo levava a um estado social de iminente anarquia. Nesse quadro, a solidariedade de interesses limitava-se aos círculos particularistas da família ou das amizades. Incapazes de atingir espontaneamente formas associativas no nível nacional, os povos ibéricos buscavam em governos altamente centralizados o fundamento de sua coesão social. Mantidas artificialmente por força exterior, as ditaduras militares foram uma expressão típica dessa tendência. De modo só aparentemente paradoxal, a virtude suprema da cultura personalista era a obediência. Essa ordem de coisas reproduziu-se nas colônias ibéricas e tornou-se uma referência central e duradoura em sua vida política independente: "A formação de elites de governantes em torno de personalidades prestigiosas tem sido, ao menos por enquanto, o princípio político mais fecundo em nossa América".[117]

No caso do Brasil, o recurso ao Estado forte para prevenir a anarquia tinha um limite: era preciso evitar o despotismo. Sérgio Buarque observava que a cordialidade exigiria certa contenção do Estado: "o despotismo condiz mal com a doçura de nosso gênio".[118] Para não contrariar a índole nacional, o Estado devia impor-se antes pelo respeito que pela violência. A respeitabilidade também era dita virtude suprema entre a gente ibérica. A respeitabilidade, e não a opressão, era a chave para a eficácia do governo em um país de herança personalista e de fisionomia cordial. Estas eram as fronteiras da política brasileira durante o ciclo ibérico: de um lado, a anarquia, de outro, o despotismo. Seu núcleo era um governo forte, cuja ação fosse modulada pela cordialidade. O Império deu concretude à imagem de política que a tradição ibérica ensinou os brasileiros a valorizar:

> A auréola que ainda hoje o cinge, apesar de tudo, para os nossos contemporâneos, resulta quase exclusivamente do fato de ter encarnado um pouco esse ideal. A imagem do nosso país que vive como projeto e aspiração na consciência coletiva dos brasileiros não se pode desligar muito do espírito do Brasil imperial.[119]

A monarquia havia logrado uma forma política viva, condizente com a realidade e o passado nacionais — para usar os termos de Almir de Andrade, o Império fora uma força plástica —, a tal ponto que sua elite soube até incorporar elementos de modernização: "A essa gente, que por natureza deveria ser conservadora e retrógrada, coube mesmo empreender os maiores movimentos liberais que já se operaram na história do Brasil".[120] O argumento da continuidade entre a tradição colonial e a ação política do Império, rejeitado tanto por Oliveira Vianna quanto por Gilberto Freyre, encontra em todo esse raciocínio de Sérgio Buarque uma referência importante, passível de se comunicar, junto da noção de cordialidade, a *Força, cultura e liberdade*. Este livro, ademais, coincidia com *Raízes do Brasil* na avaliação de que a República fora um período de menor contato da política com a cultura. Em se tratando de bovarismo nacional, dizia Sérgio Buarque, "a nossa República ainda foi além da Monarquia".[121]

É preciso acrescentar que a visão favorável de Sérgio Buarque ao Império, que vinha de sua juventude,[122] e já havia sido elaborada no ensaio de 1935 que antecipa *Raízes do Brasil*,[123] seria reiterada em 1941, cinco anos depois do lançamento do livro de estreia. No número inaugural de *Travel in Brazil*, revista para o público estrangeiro editada por nada menos que o Departamento de Imprensa e Propaganda da Presidência da República,[124] Sérgio Buarque figurava como autor de um artigo — ainda hoje pouco conhecido — intitulado "Outlines of Brazilian History".[125] Trata-se de uma espécie de súmula da narrativa histórica de *Raízes do Brasil*, que se encerrava com uma avaliação francamente positiva do Império e não sem algumas notas de brio nacional:

> Durante a maior parte do século passado, nosso país esteve sob o reinado do primeiro Imperador e do de seu filho, D. Pedro II. A monarquia no Brasil durou até 1889, e é a este governo, que possibilitou ao país ter um desenvolvimento estável e homogêneo, neu-

tralizando as disputas de ambições pessoais e ensejando uma relativa tranquilidade, que muitas pessoas atribuem o segredo de nossa admirável unidade Nacional, que a República herdou e preserva há meio século. Por essa e outras razões – que devem ser verdadeiramente numerosas e complexas – o Brasil tem hoje uma população lusófona dez vezes maior que nossa antiga metrópole e é, em extensão territorial, um dos dois ou três maiores impérios do Mundo.[126]

Observe-se, de passagem, que a publicação de artigo de Sérgio Buarque em revista do DIP não é fato trivial. Em março de 1941, mês em que foi publicado o primeiro número de *Cultura Política*, a revista do DIP para o público interno dirigida por Almir de Andrade, Mário de Andrade remeteu a Sérgio Buarque uma carta em que protestava contra o fato de o amigo comum de ambos, Prudente de Moraes, neto, conhecido pelo pseudônimo Pedro Dantas, ter contribuído com um artigo para a publicação: "Estou indignado com *Cultura Política*, a que o meu sublime e tresloucado amigo Pedro Dantas deu a honra insensata da sua colaboração".[127]

Em *Raízes do Brasil*, a narrativa prossegue indicando que o equilíbrio alcançado pelo Império, precário embora, foi desfeito pelo esboroamento do ruralismo em 1888. O fim do predomínio rural sobre as cidades era parte de um processo maior, uma revolução que vinha liquidando a influência ibérica sobre a sociedade brasileira. Em que pese sua histórica fecundidade na América Latina, o personalismo estava em vias de ser tragado pelas novas realidades da vida urbana. Daí que Sérgio Buarque afirmasse:

> Hoje a obediência como princípio de disciplina parece uma forma caduca e impraticável, e daí sobretudo a instabilidade constante de nossa vida social. Desaparecida a possibilidade desse

freio, é em vão que temos descurado importar dos sistemas de outros povos modernos, ou criar por conta própria, um substitutivo adequado, capaz de superar os efeitos de nosso natural inquieto e desordenado.[128]

A política dava sinais de entrar em terra ignota. A velha solução ibérica dos governos fortes calcados na obediência arriscava inviabilizar-se. A própria cordialidade estava ameaçada pelo derruimento do legado ibérico, e não bastava para a construção dos bons princípios de governo. Era preciso um "substitutivo" ao consagrado esquema político ibérico para lidar com a desordem inerente a uma sociedade privatista. Em outras palavras, o autor indicava que a cordialidade devia ser contrabalançada por elementos de ordem. A força do governo deveria advir, a partir de agora, da civilidade. Mas essa era uma constatação bastante genérica, de difícil tradução programática. Acresce que tanto a importação de regimes políticos europeus quanto a criação autóctone de um sistema político brasileiro não despertavam grandes expectativas em Sérgio Buarque. O autor não encontrava aqueles elementos de ordem à mão em nenhuma das grandes correntes ideológicas do tempo, fosse no liberalismo, que tivera seu apogeu no século XIX, fosse no comunismo e no fascismo, as correntes em maior evidência nos tempos modernos. O liberalismo era um dos alvos preferenciais de *Raízes do Brasil*. Por nunca ter compreendido a realidade personalista e cordial da política brasileira, a democracia liberal sempre fora um "mal-entendido" no país.[129] O comunismo, por sua vez, recrutava no Brasil os homens "menos aptos" a realizá-lo.[130] Restava o fascismo. Sérgio Buarque chegava a afirmar que a civilidade, a anuência às normas abstratas, poderia ser obtida por meio da ditadura: "A tese de que os expedientes tirânicos nada realizam de duradouro é apenas uma das muitas invenções fraudulentas da mitologia liberal".[131] Mas logo voltava atrás, afirmando existirem "outros recursos, além da tirania, para a consolidação e a estabilização de um organismo social e nacional".[132] O recuo se explicava, até certo ponto, pela avaliação de que os fascistas brasileiros, assim como os comunistas da terra, eram desfibrados pela cordialidade. O recorrente triunfo dos afetos privados, que já impedia a defesa consistente de doutrinas políticas despersonalizadas, impediria com ainda mais sucesso a efetivação de doutrinas calcadas em métodos truculentos.[133]

Acontece que Sérgio Buarque não explicava quais seriam aqueles "outros recursos" para a implantação da civilidade. A equação cordialidade-civilidade não era resolvida, ao menos não explicitamente. O curso da argumentação de *Raízes do Brasil* era ambíguo e desaguava no que poderia parecer um impasse à altura do parágrafo final do livro, com todas as vias diretas para uma solução política interditadas. Como já se procurou argumentar,[134] a saída era apontada pela discussão, na última página da obra, sobre um contraponto entre civilidade e cordialidade. "O Estado, criatura espiritual, opõe-se à ordem natural e a transcende. Mas também é verdade que essa oposição deve resolver-se em um contraponto para que o quadro social seja coerente consigo".[135] A cordialidade devia ser corrigida, mas também preservada, pela civilidade. Assim, a tradição se constituiria em um mitigador da modernização. A importância do contraponto refletia-se na advertência de que "A realização completa de uma sociedade também depende de sua forma".[136] Sem a civilidade, não poderia haver a ordem necessária para a existência de um espaço público funcional no país. Mas era certo que, sem a cordialidade, o Brasil perderia nada menos que sua identidade no mundo. A hipótese sustentada nestas páginas é que o projeto político delineado em *Força, cultura e liberdade* é compatível com a discussão de um contraponto entre cordialidade e civilidade em *Raízes do Brasil*. Almir de Andrade chega à parte propositiva de seu livro diretamente após concluir a discussão das qualidades políticas do homem brasileiro. Havendo descartado o localismo e enaltecido a cordialidade, assevera: "O que nos tem faltado é um aproveitamento racional, uma orientação *consciente* dessas qualidades psicológicas".[137] Aproveitar racionalmente a cordialidade significava transformá-la em uma doutrina política, combinando-a a alguma medida de civilidade. Foi o que fez Almir de Andrade para o Estado Novo, ao elaborar uma doutrina de equilíbrio entre tolerância e força. Este o centro da visão política de *Força, cultura e liberdade*. A doutrina de equilíbrio entre tolerância e força será lida, aqui, como uma versão simplificada e operacionalizada da noção de contraponto entre cordialidade e civilidade. À diferença da argumentação nuançada e mesmo ambígua de Sérgio Buarque, o texto de Almir de Andrade tem o aspecto mais linear da enunciação orientada por um programa. Igualmente, à diferença de Sérgio Buarque, cuja abordagem é a de um ensaio sobre a realidade nacional, Almir de Andrade escreve como alguém imbuído de uma missão confiada pelo presidente da República. Não por outra razão, *Força, cultura e liberdade* transcreve abundantemente, em apoio às suas teses, discursos de Getúlio Vargas.

Cumpre reproduzir por inteiro uma passagem-chave do livro, da qual foi antes citado um trecho:

Formado nesse espírito de proximidade e, portanto, de fraternidade e tolerância, o brasileiro adquiriu o ar de cordialidade que todos lhe notam, o amor à "camaradagem" – que se estende ao polícia, ao soldado, ao funcionário público, ao oficial de justiça, ao convívio dos veículos, das ruas, das repartições, à aplicação das leis, ao Carnaval. Em tudo isso há uma repugnância profunda pelo formalismo, pelo disfarce, pelas atitudes de requinte e de distanciamento hierárquico, pela aristocracia social e governamental. Ainda aqui, há um traço de união profundo entre os métodos políticos de Getúlio Vargas e o espírito popular brasileiro: a aproximação entre o governo e o povo, a cordialidade, a quebra do isolamento e da aristocracia presidenciais. O governo abandona os recantos furtivos dos palácios. Sai à rua, sorri, comunica-se diretamente com o povo, anda pelos mesmos lugares onde o povo se reúne, confunde-se com o povo. Evita a violência. Renuncia à imposição de diretrizes pelo argumento do autoritarismo governamental. Consulta a todos os momentos as forças vivas da sociedade, não revelando animosidade contra nenhuma, desde que qualquer delas possa prestar serviços aos objetivos do Estado. Esse estado de coisas criou, entre nós, uma forma de equilíbrio político que, depois da instauração do Estado forte em novembro de 1937, poderíamos definir como sendo *um equilíbrio entre a tolerância e a força*. E esse equilíbrio não se improvisou. Correspondia a uma profunda aspiração nacional e popular. A humanização, a plasticidade dos métodos políticos era, como vimos, uma imposição histórica da nossa formação. A aproximação entre o governo e o povo foi sempre uma aspiração inseparável do brasileiro. Todo o esforço do atual governo parece ter-se orientado para dar uma forma, uma expressão *consciente* a essas tendências profundas da alma popular brasileira. Parece-nos estar nisso o segredo da sua estabilidade, a razão de ser da sua permanência à frente dos destinos do país, a maior significação histórica da sua atuação.[138]

Essas palavras são a resposta categórica à indagação, lançada na abertura da obra, sobre a conformidade do Estado Novo com a tradição política brasileira. O estilo de governo de Getúlio Vargas era a consumação da cordialidade como método político. Seu sucesso consistiria em aceitar e reciprocar o desejo de intimidade característico dos brasileiros. Captava, em troca, sua lealdade às iniciativas de governo. A constatação do "traço de união profundo" entre o chefe de Estado e a cultura popular é o enunciado capital de *Força, cultura e liberdade*. "As qualidades excepcionais de Vargas se revelariam na sua capacidade de ser o intérprete de valores que se encontrariam subjacentes na vida brasileira. A tradição, o 'espírito cordial', seria o fundamento do novo regime e da legitimidade do governo".[139] Almir de Andrade não incorporava a discussão do personalismo ibérico, talvez pelas indicações mais nítidas de *Raízes do Brasil* sobre sua superação como princípio político, ou ainda pelo fato de que buscasse um fundamento organizador especificamente brasileiro, que só a cordialidade oferecia. Em todo caso, o argumento de *Força, cultura e liberdade* é consistente com a afirmativa de que a estabilidade política relacionava-se à formação de governos ao redor de personalidades prestigiosas. Equidistante do liberalismo e do caudilhismo, Getúlio Vargas figura no livro como um líder obedecido pelo respeito que inspira, antes que pelo temor que infunde.[140] Une, assim, a virtude suprema da política ibérica – a respeitabilidade – com a identidade tipicamente brasileira – a cordialidade.[141] Nesse esquema, a violência é evitada, mas não proscrita. O emprego da força era um recurso em casos de insolidariedade, ou estreiteza no entendimento das "grandes necessidades sociais", como informava a ressalva sobre as forças vivas do país deverem colaborar com os objetivos do Estado se quisessem evitar sua animosidade.

O estudo da reflexão de Almir de Andrade revela um autor autenticamente comprometido com os rumos políticos para os quais aponta sua discussão intelectual. Sua constatação, em *Força, cultura e liberdade*, de que o Brasil afinal encontrara uma *forma* política para seu rico *conteúdo* cultural remete a uma inquietação intelectual já demonstrada em seu livro *Aspectos da cultura brasileira*, publicado em 1939. Nessa obra, o autor sustenta que "As sociedades só podem ser felizes quando a forma das suas instituições corresponde à essência das suas necessidades e aspirações mais profundas".[142] A frase pode ser lida como uma retomada, quase uma continuação, da já lembrada advertência do parágrafo final de *Raízes do Brasil*: "A realização completa de uma sociedade também depende de sua forma". Agora, em 1940, *Força, cultura e liberdade* situava as aspirações nacionais firmemente no campo da cordialidade e indicava, no Estado Novo, a capacidade de dar forma às tendências da sociedade brasileira e, assim, de ser coerente com ela: "Estamos *criando* (...) uma forma de vida política reclamada de há muito pelas nossas tendências psicológicas e sociais".[143]

Mas a "estabilidade" e a "maior significação histórica" do regime de 10 de novembro de 1937 não podiam ser creditadas exclusivamente aos métodos cordiais de seu líder. A cordialidade, Sérgio Buarque já o havia afirmado, não era um fundamento confiável para a ordem. Era necessário, acautelava o autor de *Raízes do Brasil*, "um elemento normativo, sólido, inato na alma do povo, ou implantado pela tirania, para que possa haver cristalização social".[144] Ainda que admitisse um componente mais estável na cordialidade, Almir de Andrade não dava mostra de considerá-la condição suficiente para a ordem, como fica claro na afirmação de seu "lado mau",[145] a estreiteza de horizontes que leva ao localismo. Daí porque a doutrina política que propunha não se limitasse à tolerância, mas englobasse também a força. Ao falar em força, o autor situa-se no campo da civilidade, mantendo contudo uma diferença em relação à abordagem de Sérgio Buarque. Na civilidade, Almir de Andrade repudia o aspecto da polidez: o "formalismo", o "disfarce", o "requinte", o "distanciamento hierárquico", a "aristocracia social", ao passo que valoriza o componente da coerção como meio para a implantação do bem comum. Embora não defenda a tirania como solução concreta para o Brasil daquele momento, o autor revelará menor ambiguidade do que Sérgio Buarque no que diz respeito ao papel da violência na vida política.

Almir de Andrade aborda o tema da força por meio de uma discussão mais ampla das tendências da civilização. Ao passo que seu conceito de cultura aponta para o caminho específico trilhado pelo Brasil, o de civilização abrange a evolução geral da humanidade.[146] Para o autor, o sentido dessa evolução é a primazia do social sobre o individual: "A civilização se edificou à custa de uma expansão sempre crescente dos sentimentos sociais e de restrições, cada vez mais razoáveis e imprescindíveis, das tendências egoísticas individuais".[147] Essa expansão traduziria uma lei da natureza: "Quando deitamos a vista sobre a evolução dos seres vivos e sobre a evolução de todo o universo físico, por toda a parte encontramos o todo modelando a parte, o indivíduo trabalhando para a espécie".[148] Porém, a evolução humana ainda não teria dado cabo do instinto egoísta do homem primitivo. A vida política seguia deformada pela hipertrofia das partes sobre o todo. Após a Revolução Francesa, a doutrina da liberal-democracia teria sido apropriada por grupos reacionários, interessados em preservar sua posição de poder. "À sombra da liberal-democracia, que deu rédeas soltas ao individualismo, (...) desenvolveu-se um maquinismo político de exploração das energias sociais em benefício de grupos e de partidos".[149] Por isso, a liberal-democracia teria sido "um movimento nitidamente antidemocrático, disfarçado em ideais de democracia".[150] Seu aparecimento, "na civilização ocidental, obedeceu a um processo social de cristalização defensiva de fórmulas e ideais de vida primitivos e antiprogressistas".[151] A experiência do século e meio que medeia entre a Revolução Francesa e a Segunda Guerra Mundial teria levado à completa frustração com o regime liberal. A humanidade, em sua evolução política, compreendera ser necessário, "a qualquer preço, salvar a democracia das fraudes e artimanhas do liberalismo",[152] sem o que "A inquietação das sociedades humanas não poderá cessar".[153] "Grandes estadistas da Europa contemporânea, de um e de outro lado, nos advertem que a ordem de coisas implantada pela liberal-democracia não poderá subsistir".[154]

A grande questão política de sua geração, explica Almir de Andrade, era o ajustamento entre as leis da política e as leis da natureza. Em outras palavras, o Ocidente enfrentava o desafio de reconstruir seus regimes políticos concedendo a primazia do social sobre o individual. O mundo atravessava um período de remodelação da política. Transformações radicais se processavam na concepção de Estado, embora ainda não houvesse clareza sobre qual tipo de regime político prevaleceria. O certo é que o Estado devia ser colocado acima de interesses partidários, classistas e setoriais. "Órgão supremo da vida política, se apresenta, assim, como um instrumento de adaptação social, um meio de expressão de tudo o que é fundamentalmente social no homem".[155] No pensamento de Almir de Andrade, isso significava um Estado democrático orientado por um preceito da Roma Antiga: *honeste vivere, neminem laedere, suum cuique tribuere.*

> Viver honestamente; não prejudicar ninguém; dar a cada um o que é seu. Se nos aprofundarmos bem no sentido desse princípio, se o estendermos às suas últimas consequências em todos os ramos da atividade humana, na ordem política, econômica, jurídica, moral, social – compreenderemos que ele exprime (...) o ideal permanente da verdadeira democracia (...) Em essência, a democracia é isso. É uma consagração da pessoa humana na ordem social, uma afirmação dos seus direitos e das suas necessidades, uma criação de oportunidades iguais para todos os homens se expandirem dentro dos limites impostos pelo equilíbrio social, uma dosagem sadia da liberdade de cada um sem prejuízo de ninguém e sem o sacrifício do bem comum.[156]

A liberdade, sustentava, "só a adquirem os homens aprendendo a dominar-se, a disciplinar-se, a sacrificar-se pelo bem comum".[157] Era essa a resposta do autor para a indagação acerca da possibilidade de realização de uma democracia escoimada do liberalismo. Nesse ponto, seu livro ia além de *Raízes do Brasil,* que quase sempre associava a democracia ao liberalismo e parecia afastar a validade de ambas, ao afirmar, mais de uma vez, ser a democracia um "mal-entendido" no país.[158]

O grande obstáculo à remodelagem da política era a subsistência dos instintos primitivos da dominação, da conquista e da exclusão. Almir de Andrade passa, aqui, a tratar do tema da força e da violência. Sua visão é de que ambas se justificam quando empregadas em prol do bem comum.

> O que faz as guerras e os períodos de violência que as precedem é a presença de elementos de desordem, de egoísmo e de maldade no seio das coletividades humanas. É, em última análise, a presença de numerosos grupos que se mantêm na retaguarda da evolução e que trabalham em surdina para impedir que os demais caminhem para diante. Contra essas forças inimigas é que se levanta a força do Estado, que tem de ser tanto maior e mais violenta quanto mais violentas e maiores são aquelas. Toda reação é feita na proporção da ação. A violência política, em si mesma, não é um mal; pode ser um grande bem, quando se levanta contra forças inimigas do bem público. Só é um mal quando antecipada e desnecessária, quando improvisada para servir a ambições de tirania interna ou de imperialismo externo.[159]

Almir de Andrade distingue entre a força como "instrumento de criação",[160] por um lado, e a força "bruta, grosseira e estúpida",[161] por outro. Não censura os países que, premidos pelas circunstâncias, tiveram de recorrer à violência. Chega a ponto de afirmar que: "Quando os governos são violentos, totalitários, intolerantes, é porque há necessidades imperiosas da vida social exigindo essa atitude (...) Muitas sociedades do Velho Mundo chegaram a uma situação crítica, em que era preciso agir com violência e precipitação".[162] Mas consigna que "Toda colocação de problemas sociais e políticos em termos exclusivos de força e de violência é absolutamente inatual (...) Contra os imperativos da força pela força se levanta o prestígio extraordinário da cultura, no seio das próprias massas incultas".[163] As maiorias sociais não podiam mais ser convencidas senão por razões de necessidade moral, social, econômica, "de simpatia" e "até mesmo de conveniência pragmática".[164]

O Brasil, de sua parte, defrontava-se com problemas nem sempre semelhantes aos da Europa. "Nossa evolução política tem sido mais tranquila e as condições da nossa vida interna nos têm permitido um governo mais moderado, mais tolerante e mais pacífico".[165] Daí porque Getúlio Vargas tivesse evitado impor ao Brasil um regime de violência, embora o pudesse ter feito no passado e não fosse possível descontar essa hipótese no futuro. A necessidade que se havia feito sentir no país fora a supressão de "uma classe de intermediários entre o governo e o povo, que se havia revelado impotente para atender aos interesses nacionais (...) era, em suma, fazer que a superestrutura do Estado tivesse realmente um *conteúdo social*".[166] Esse o sentido maior do "traço de união profundo" – e direto, com a abolição das instâncias políticas intermediárias – entre Getúlio Vargas e o povo. O país lograra um "regime originalmente brasileiro",[167] a um tempo coerente com sua tradição de "brandura" e dotado da moderna "eficiência". Como sugere Lúcia Lippi, explicando o título do livro, entre a força (esfera normativa) e a liberdade (esfera pessoal), situa-se a cultura, "como um amálgama ligando as partes e garantindo o equilíbrio criador da vida social".[168] É essa a base da eficácia do governo, mesmo entre as "massas incultas".

O equilíbrio entre tolerância e força, estabelecido pelo Estado Novo, corresponderia, afirma Almir de Andrade, à mais saudável equação entre as leis da natureza e as leis da política. "Civilização significa domínio cada vez maior dos instintos, primado do racional sobre o irracional. E a fórmula brasileira de equilíbrio entre a tolerância e a força exprime a *racionalização da força*".[169] Na "doutrina brasileira do Estado", diz ele, "os governantes se habituam a sentir mais de perto as alegrias e os sofrimentos dos governados; a vida política perde a aspereza, a crueldade, a cegueira própria das distâncias que separam governantes e governados em muitos outros povos do Velho Mundo".[170] A conclusão que resta é a de que o equilíbrio entre tolerância e força "está integrado no ritmo progressista da civilização e há de ser, futuramente, fundamento de qualquer política enraizada na natureza humana".[171]

Se em *Raízes do Brasil* o otimismo centrava-se na noção de cordialidade, em *Força, cultura e liberdade* é o próprio contraponto cordialidade-civilidade que contém o potencial de singularizar o Brasil no mundo. As virtudes políticas da cordialidade são fartamente exploradas, mas depreende-se que o bem comum não pode ser alcançado e preservado sem o complemento da civilidade. Assim como o fazia Sérgio Buarque, Almir de Andrade, também leitor de Oliveira Vianna, via os males da insolidariedade muito próximos à cordialidade. A civilidade era o corretivo possível dessa situação. Mas, diferentemente de Sérgio Buarque, Almir de Andrade empregava uma concepção totalmente estática da cordialidade. Como inexistia perspectiva de transformação da base socioeconômica que a sustentava, não havia preocupação com sua substituição pela civilidade ou por qualquer outra forma cultural. A origem da "inquietação" grassante na sociedade não é o desaparecimento do iberismo, mas a recorrência do primitivismo político, com a hipertrofia das partes dentro do todo. O emprego da força visava sobretudo a debelar as resistências causadas pelo egoísmo, pela desordem e pela maldade, mas encontrava no líder político do país admiráveis reservas de sobriedade, cordura e moderação. De modo similar a *Raízes do Brasil*, embora com uma abordagem própria, *Força, cultura e liberdade* prescrevia tanto a correção da cordialidade pela civilidade, quanto a mitigação da civilidade pela cordialidade.

A despeito das alterações que fez a certas noções de *Raízes do Brasil*, ao ressaltar o aspecto conciliatório e a força inercial da cordialidade, aceitar mais claramente a dimensão coercitiva da civilidade e, sobretudo, operacionalizar a noção de contraponto, Almir de Andrade apresenta uma discussão de modo geral consistente com os termos da reflexão política de Sérgio Buarque. A solidez do diálogo entabulado por *Força, cultura e liberdade* com *Raízes do Brasil* reforça a importância do fato de que a grande tese de Sérgio Buarque sobre o passado nacional reaparecesse, quatro anos depois, a justificar o Estado Novo. A derradeira referência do livro à cordialidade é especialmente significativa:

> Não foi em vão que o nosso passado político nos ofereceu um exemplo constante de cordialidade, de moderação, de tolerância, de solidariedade humana. Esse equilíbrio entre a tolerância e a força, aspiração obscura e inconsciente da nacionalidade, concretizada hoje em sistema consciente de governo pelo espírito de Getúlio Vargas e pela cooperação, vigilante e serena, das Forças Armadas, deita raízes duradouras e profundas na intimidade da alma e do coração brasileiros.[172]

O rendimento da tese da cordialidade, evocada para o elogio de um regime autoritário dito originalmente brasileiro, e inclusive de seu aparato repressivo, talvez tenha surpreendido os leitores, e particularmente o autor, das linhas de *Raízes do Brasil* sobre a inutilidade da criação, "por conta própria",[173] de um substituto para o governo forte herdado da política ibérica. Mas não poderia deixar de ser consistente com a busca de "outros recursos, além da tirania",[174] para a fundação do bem comum. *Força, cultura e liberdade* discordava da avaliação, contida no capítulo inicial de *Raízes do Brasil*, sobre a inviabilidade da criação autóctone de um princípio de obediência. Mas seguira de perto a indicação do último capítulo do livro sobre a busca de uma alternativa ao totalitarismo que também levasse à ordem.[175]

## | As verdadeiras diretrizes do governo

Em depoimento de 1981, Almir de Andrade narra da seguinte maneira o convite para escrever *Força, cultura e liberdade*:

Quando o presidente Getúlio lançou os primeiros cinco volumes da *Nova política do Brasil*, eu era crítico literário da (...) *Revista do Brasil*, aquela revista do [Assis] Chateaubriand, dos Diários Associados. Eu era um dos críticos literários de lá. Nessa ocasião, o José Olímpio [sic] me mandou os volumes da *Nova política*, e eu fiz a crítica. Justamente desde essa primeira crítica que fiz, apreciei em conjunto as duas coisas: a política e a cultura, a obra política dele e as vinculações com a evolução da cultura brasileira. Sei que ele gostou muito dessa minha crítica. Gostou muito e quis me conhecer... Foi assim que tivemos aproximação. Tanto que, logo depois, antes mesmo de eu ir para a *Cultura Política*, o Francisco Campos tinha publicado aquele livro, *Estado nacional*, com a pretensão de ser o doutrinador do Estado Novo, quando na verdade a orientação política do presidente nunca foi aquela orientação do *Estado nacional* do Francisco Campos. O Chico Campos sempre teve uma concepção meio, não digo fascista, mas fortemente direitista do Estado, e o Getúlio não. O Getúlio era um homem de espírito popular, de espírito aberto, de modo que ele não gostou muito, isso eu soube pelo Lourival [Fontes]. O Lourival era o homem do DIP, ele não gostou muito do tom com que o Chico Campos apresentava o *Estado nacional*. Lourival, então, sugeriu ao presidente a conveniência de mandar alguém escrever sobre as verdadeiras diretrizes do governo e esclarecer a opinião pública. Nessa ocasião, segundo me disse o Lourival, o presidente teria lembrado o meu nome, referindo-se ao artigo que escrevi na *Revista do Brasil* e comentando que achara ali uma interpretação muito lúcida do espírito e dos métodos do seu governo. Por isso o Lourival me chamou e, a seu pedido, escrevi o livro *Força, cultura e liberdade*, que foi lançado em 1940 pela Livraria José Olympio.[176]

No mesmo depoimento, Almir de Andrade observa que, como ministro da Justiça do Estado Novo e autor da Constituição de 1937, Francisco Campos havia criado a estrutura jurídica em que o governo se movimentou. "Agora", pondera, "o espírito com o qual essa movimentação foi feita é que foi diferente do espírito dele. O Francisco Campos foi um doutrinador, (...) era um homem de extrema-direita, e o Getúlio era um homem mais aberto, com o espírito mais contemporizador".[177] Para Almir de Andrade, Francisco Campos tinha em comum com outro pensador do regime, Azevedo Amaral, a ênfase no voluntarismo. "No fundo" dizia, "é a tese de Nietzsche, da vontade de poder. Quando se quer, se pode (...) consegue-se, mas consegue-se forçando, consegue-se impondo, quebrando a espontaneidade das forças populares. Enfim, consegue-se de uma maneira muito artificial".[178] Esse não era, a seu ver, um método recomendável de ação do Estado, "Porque encaro a coisa de uma maneira mais entranhada na posição cultural, no cadinho das forças populares".[179] O sucesso de Getúlio Vargas não teria tido outra razão senão seu "espírito de cordialidade".[180]

Quatro décadas depois, Almir de Andrade seguia fiel ao esquema explicativo de *Força, cultura e liberdade*. Refletia sobre o que lhe parecia o acerto de sua análise, em comparação com as propostas de dois outros ideólogos do regime. Não se pretende, aqui, entrar no mérito dessa questão. Mas o tema é sugestivo, por chamar a atenção para a peculiaridade da posição que, calcado na tese central de *Raízes do Brasil, Força, cultura e liberdade* veio a representar no pensamento político da primeira metade da década de 1940. Esta seção contrastará sucintamente *Força, cultura e liberdade* com obras publicadas por Francisco Campos e Azevedo Amaral naquele período, respectivamente *O Estado nacional*, cuja primeira edição foi lançada pela José Olympio, em abril de 1940, e *Getúlio Vargas estadista*, impresso por Irmãos Pongetti Editores em 1941.

Como indicou o próprio Almir de Andrade, sua visão era a mais fundada na tradição. Em que pese também afirmarem que o Estado Novo amparava-se em tradições nacionais, Azevedo Amaral e Francisco Campos não as definiam. Com efeito, a ideia de tradição não desempenha um papel de relevo nessas suas obras.[181] Assim, embora todos os três autores compartilhassem uma visão arraigadamente antiliberal da política, a defesa de métodos violentos tornava-se mais fluente conforme cada um identificasse menos peias para a ação do Estado. Sob esse critério, Azevedo Amaral conserva certa proximidade a Almir de Andrade, enquanto Francisco Campos pode ser visto em posição bastante diversa à do autor de *Força, cultura e liberdade*.

No ensaio *Getúlio Vargas estadista*, Azevedo Amaral parte do enunciado de que o Brasil atravessaria um período de transição entre duas formas civilizacionais. Decaía o sistema da democracia liberal, assimilado com imperfeições desde a Independência. Durante sua vigência, o Brasil teria padecido de um mal verificado em todos os demais países impactados pela Revolução Francesa, o recalcamento das grandes personalidades políticas. No regime da soberania popular, as eleições periódicas e o parlamentarismo teriam inibido a ascensão de líderes fortes. Em 1930, contudo, o Brasil entrara em uma crise de mutação histórica, cuja ambiência acidentada e intranquila era propícia ao surgimento de uma grande liderança, capaz de determinar o rumo do país "pela ação da sua vontade".[182] O renovador providencial dos destinos nacionais era Getúlio Vargas. Embora pudesse parecer paradoxal, esse estadista, "cuja ação se traduz em expressões constantes e características de um sentimento nacional raras vezes igualado em nossa história",[183] tinha um intelecto e um temperamento profundamente "diferente do nosso padrão clássico de pensamento e de emoção".[184] A chave da questão estava em que, ao contrário do que previa a democracia liberal, cujo sistema predicava-se na "entrega do poder supremo a quem representasse apenas o papel de mandatário das massas e executor dócil da sua vontade",[185] a função de governo exigia de seu líder "qualidades superiores".[186] Um estadista corresponderia tanto mais às necessidades de sua

244

nação quanto maior a contradição entre seu perfil e o temperamento médio do povo. "Governar é mandar e mandar é forçosamente contradizer".[187]

Isso criava uma séria dificuldade. Para levar a cabo sua missão histórica de renovar o país em meio à crise, o líder devia "ser a personificação de contradições mais ou menos violentas com o espírito da coletividade".[188] Mas essas contradições tendiam a gerar resistências de tal ordem que poderiam embaraçar os planos de renovação. "Somente têm êxito em tais circunstâncias os estadistas em quem a vontade de domínio se apura e se sublima nas qualidades de delicadeza moral e de benignidade de sentimento, que, longe de atenuar[em] a força executiva, a multiplicam e a tornam invencível".[189] O êxito de Getúlio Vargas residiria nisto: a "combinação feliz de uma personalidade diferente da nossa média nacional com a delicadeza sutil nas aplicações da força".[190] Azevedo Amaral não definia o teor das "peculiaridades da índole nacional" respeitadas por Getúlio Vargas,[191] mas ficava implícito em seu argumento que métodos desabridamente violentos eram incompatíveis com o caráter brasileiro.

A diferença evidente entre *Getúlio Vargas estadista* e *Força, cultura e liberdade* é o foco que cada um confere à relação entre líder político e povo. No argumento de Azevedo Amaral, o sucesso do líder depende de que se diferencie do povo, respeitando sempre que possível sua índole. No argumento de Almir de Andrade, o êxito do líder depende de que seja semelhante ao povo, eventualmente desrespeitando sua índole. A inversão de ênfases reflete, de um lado, a abordagem marcadamente elitista do pensamento de Azevedo Amaral,[192] e, de outro, a abordagem mais tradicionalista que caracteriza o pensamento de Almir de Andrade. Andrade explicou bem sua visão em carta que remeteu ao próprio Getúlio Vargas, em agosto de 1940, junto do volume recém-impresso de *Força, cultura e liberdade*:

> Num outro fato meditei longamente: se devia apresentar as ideias políticas de V.Ex. como expressões de uma ideologia particular e de uma doutrina pessoal ou se, ao contrário, devia integrá-las na corrente das tradições políticas e das mais profundas aspirações populares em que elas se inspiraram e de cujo ambiente retiraram esses traços tão originalmente brasileiros que as caracterizam. O próprio espírito que transpira nas afirmações constantes de V.Ex. fez com que me decidisse sem hesitar pela segunda alternativa. Convenci-me de que, quando só salientamos nos homens o que é particular e pessoal, praticamos uma imperdoável injustiça para com eles próprios, porque o maior valor de qualquer homem, trabalhador humilde ou chefe de Estado, está sempre naquilo que transcende o indivíduo, naquelas suas qualidades que o fazem intérprete de tendências e aspirações coletivas.[193]

O elo da tradição cordial refrearia, em Getúlio Vargas, o ímpeto voluntarista. O desejo de intimidade seria a nota dominante de seu estilo, ainda quando, premido pelas circunstâncias, devesse recorrer à força. Já em Azevedo Amaral, o estilo de governo de Getúlio Vargas seria desenvoltamente contrariador, mesmo que se procurasse fazer crer ao povo que a atitude imperativa condizia com seus interesses.

*O Estado nacional*, de Francisco Campos, é uma coletânea de conferências, entrevistas, exposições de motivos e discursos com datas entre 1935 e 1939. O texto mais contundente do volume é a conferência "A política e o nosso tempo", proferida na Escola de Belas-Artes do Rio de Janeiro em setembro de 1935. Nela, o autor também parte do diagnóstico de um período de transição no Brasil, em que a herança intelectual, moral e política do liberalismo vai sendo abandonada. A característica distintiva da época que se encerrava era o primado do racionalismo, sustentáculo da democracia liberal. As condições de funcionamento do liberalismo, apoiado na crença de que as decisões políticas poderiam ser obtidas por meio de processos racionais de deliberação, haviam desaparecido com a intensificação do conflito político e econômico em todo o mundo. Com o advento das grandes massas urbanas, o equacionamento das tensões políticas não pôde mais se processar pelas regras tradicionais do jogo parlamentar. À cultura de massas corresponderia uma teologia política própria, irracional por definição. "Somente o apelo às forças irracionais (...) tornará possível a integração total das massas humanas em regime de Estado".[194] A categoria política acessível para as massas não seria a discussão, mas o mito, e, em particular, o mito da violência, "que é aquele em que se condensam as mais elementares e poderosas emoções da alma humana".[195] A ele se associaria o mito da personalidade, em que um líder carismático exerce fascínio sobre a massa e a submete mediante "o ditado de uma vontade pessoal".[196] A Alemanha forneceria um exemplo tremendo desse processo com Adolf Hitler, que, em dois anos de governo, já teria demonstrado como "subtrai[r] da nebulosa mental das massas uma fria, dura e lúcida substância política, o controle do poder e da nação".[197]

Bem compreendidos, os processos democráticos não se destinariam, como erroneamente teria suposto a democracia liberal, ao convencimento do adversário acerca da verdade, mas sim à conquista da maioria, de modo a que se pudesse dominá-la. Animado por uma concepção tributária de Carl

Schmitt,[198] Francisco Campos sustenta que a política "tem por medula uma constelação polar, ou uma constelação em que existem, ao menos em estado virtual, dois campos nitidamente separados por uma linha ou zona de tensão".[199] Haveria no processo político "um estado latente de violência, que pode se resolver em estado de agressão atual".[200] Dessa forma, para Campos, o Estado totalitário nunca eliminaria completamente as tensões políticas, seja em sua vida interna, seja em suas relações exteriores: "se desaparecem as formas atuais do conflito político, as formas potenciais aumentam contudo de intensidade".[201] O que o Estado totalitário poderia realizar seria a eliminação das formas ostensivas de tensão, "mediante o emprego da violência, que não obedece, como nos estados democráticos, a métodos jurídicos nem à atenuação feminina da chicana forense".[202] A conferência encerrava-se com um motivo fascista: "Já soou, quase simultaneamente em todos os meridianos, a hora da advertência e do alerta. Já se ouve, ao longe, traduzido em todas as línguas, o tropel das marchas sobre Roma, isto é, sobre o centro das decisões políticas".[203]

Nos demais textos reunidos em *O Estado nacional*, majoritariamente datados de após novembro de 1937, o autor revela-se menos arrebatado pela experiência fascista. As posições políticas expressas nos textos, entremeadas de considerações jurídicas sobre a nova ordem constitucional, tornam-se relativamente mais comedidas, denotando certo ajuste na visão do autor. Não se reproduz a defesa do Estado totalitário enquanto tal, e fala-se mais em autoritarismo. Surgem considerações, inexistentes na conferência de 1935, sobre características próprias do Brasil, capazes de mitigar a inclemência do Estado: "Sendo autoritário, por definição e por conteúdo, o

Estado Novo não contraria, entretanto, a índole brasileira, porque associa à força o direito, à ordem a justiça, à autoridade a humanidade".[204] Mais adiante, diz-se do Estado Novo ser "uma criação nacional, equidistante da licença demagógica e da compressão autocrática, procurando conciliar o clima liberal, específico da América, e as duras contingências da vida contemporânea".[205] Fala-se mesmo na conservação de virtudes do Império e da Primeira República, como o "clima de benignidade, contrário a todos os extremos", e o "clima jurídico, a cuja sombra amadureceram os frutos da nossa civilização e da nossa cultura".[206] Apesar de todas essas atenuações, mais de uma passagem remete ao "áspero clima político" descrito na conferência de 1935.[207] Assim, por exemplo, os críticos do regime suscitam esta repreensão: "O que os incomoda, porém, é que começa um Brasil a que não estão adaptados, um Brasil sem conforto, um Brasil um pouco duro, um Brasil que exige ordem, atenção e disciplina".[208] Getúlio Vargas, de sua parte, seria "longânime, mas severo; tolerante, mas inflexível".[209] E, nas palavras finais de uma Oração à Bandeira em novembro de 1939: "À sombra dessa Bandeira, cada brasileiro é um soldado e, seja qual for o seu ofício ou a sua profissão, a sua alma há de ser uma alma de soldado, pronta a atender, disposta a obedecer, preparada para a privação e para o sacrifício".[210]

Comparado aos textos pós-1937 de *O Estado nacional*, *Força, cultura e liberdade* revela importantes traços de proximidade. São assemelhados os argumentos, comuns também a *Getúlio Vargas estadista*, sobre o respeito à índole nacional, invariavelmente entendida em uma nota antropológica positiva e politicamente infensa a extremos. Semelhantes, ainda, as afirmações sobre o equilíbrio processado pelo Estado Novo entre tolerância, ou o clima liberal americano, e força, ou as duras contingências da contemporaneidade. Semelhantes, por fim, os argumentos sobre a recuperação dos bons costumes imperiais, inexistentes em Azevedo Amaral. Se, a julgar pelo depoimento de Almir de Andrade, havia alguma razão para que o tom de Francisco Campos em O Estado nacional não tivesse sido apreciado nas altas regiões de governo, ela haveria de se relacionar antes de tudo ao teor da conferência de 1935, cujos ecos sentiam-se em outros pontos da obra. A crítica ao liberalismo era o ponto de partida de ambos. Mas, daí por diante, suas visões da política são bastante distintas. O nexo íntimo entre o líder e o povo, propiciado, em Força, cultura e liberdade, pela cultura política cordial, é de outra natureza que o controle das massas pela conjugação dos mitos da violência e da personalidade carismática, em "A política e o nosso tempo". Esse controle exigia um estado de permanente irracionalidade, oposto ao crescente domínio dos instintos que, para Almir de Andrade, era a marca da civilização. A integração política totalitária, em que a democracia é concebida como o domínio sobre o adversário, não deixa margem à "dosagem sadia da liberdade" destacada no trinômio força, cultura e liberdade. Os métodos governativos também são distintos: em vez da intimidade cordial, que acompanha os humores populares e se dispõe a contemporizar, tem-se o líder severo e inflexível, perante cuja vontade imperial a massa alucinada se curva. Acima de tudo, os dois autores distinguem-se por concepções incompatíveis da política. De um lado, a política dicotômica, entendida como tensão latente, sempre passível de concretizar-se em violência efetiva. De outro, a repugnância pelo distanciamento hierárquico, a renúncia à imposição arrogante de diretrizes e a restrição da violência ao mínimo indispensável. Contraste, em suma, entre a visão de um país ao abrigo, ainda que momentâneo, das intempéries do Velho Mundo, e a visão de um país que vibra no mesmo diapasão da Roma fascista.

O cotejo com Azevedo Amaral e Francisco Campos coloca em perspectiva a posição de Almir de Andrade sobre o emprego da força. Nesse quesito, sua abordagem é a mais branda dos três. Sublinhe-se o peso que Almir de Andrade atribuía à tradição, e a consistência com que, comparativamente, ele a enuncia. Ao passo que Francisco Campos e Azevedo Amaral faziam referências ocasionais e vagas a uma índole nacional, Almir de Andrade aportou ao debate intelectual uma visão estruturada sobre o passado nacional e suas consequências para a modelagem da ordem política do Estado Novo. Por essa via, Sérgio Buarque foi levado ao centro da discussão sobre as verdadeiras diretrizes do Estado Novo. Quaisquer que fossem os acertos e os erros nas interpretações de Francisco Campos, Azevedo Amaral e Almir de Andrade, o fato é que a cordialidade havia sido feita matéria-prima da legitimação do regime. E, na comparação com as alternativas, oferecia o caminho menos penoso para a justificação do Estado Novo.


## | Considerações finais

Almir de Andrade teve sua obra analisada, nestas páginas, como a de um pensador político brasileiro. Não há dúvida de que tenha operado em terreno mais programático, função que fica definitivamente clara em sua atividade como editor de *Cultura Política*. Mesmo aí, sua fidelidade ao propósito de um debate plural e consideravelmente aberto será notável.[211] Ao projeto político contido em *Força, cultura e liberdade* pode-se aplicar o ensinamento de Karl Mannheim, para quem é possível identificar-se uma ideologia, no passado, pelo critério de que ela tenha sido realizada ou não.[212] É o próprio Almir de Andrade quem reconhece, no depoimento de 1981, os limites da doutrina do equilíbrio de tolerância e força:

> É evidente que um regime dessa natureza não pode se converter em doutrina política, porque depende muito do homem que está no governo. É uma qualidade pessoal do governante. Ele [Getúlio Vargas] tinha essa qualidade, mas os que o sucederam poderiam não ter, como não tiveram. De modo que é uma coisa muito pessoal.[213]

De sua parte, a edição *princeps* de *Raízes do Brasil* pôde ser surpreendida, neste estudo, em um momento relevante de sua repercussão nos meios intelectuais do país. Em certo sentido, a perplexidade dos primeiros leitores do livro com sua discussão política, manifesta nas resenhas de jornal entre o fim de 1936 e meados do ano seguinte, pôde ser resolvida com a nova ordem de coisas estabelecida em novembro de 1937. Firmemente plantado no Estado Novo, *Força, cultura e liberdade* pôde ver com clareza as consequências últimas de certas indicações de *Raízes do Brasil*, que, para seus primeiros leitores, poderiam estar obnubiladas pelas oscilações e ambiguidades do livro. Reconhecendo, como tantos outros, o valor da noção de cordialidade, Almir de Andrade atinou também com o sentido político contemporâneo da obra. Poderá ter sido, assim, quem melhor compreendeu as linhas de força da reflexão política da edição original de *Raízes do Brasil*. O certo é que contribuiu, em *Força, cultura e liberdade*, e também em *Cultura Política*, para rotinizar a tese do livro de Sérgio Buarque.

Já se observou que a profundidade das mudanças feitas por Sérgio Buarque para a segunda edição de seu livro dá a medida de sua insatisfação com o teor do texto original. Atribuir esse desconforto não apenas ao texto em si, mas à maneira como ele repercutiu nos anos seguintes, seria conjecturar. Mas, em vista dos elementos levantados neste texto, bem como das opiniões depois externadas por Sérgio Buarque acerca do Estado Novo, parece tratar-se de uma conjectura plausível. Para recordar Gildo Marçal Brandão,[214] a "família intelectual" da edição *princeps* de *Raízes do Brasil* não terá sido exatamente a mesma que a das edições posteriores. Seja por certa orientação conservadora em sua enunciação, seja pela acolhida que recebeu no meio autoritário, o primeiro *Raízes do Brasil* não estaria muito à vontade onde mais tarde nos acostumamos a situá-lo. É o caso com a inserção do livro em uma linhagem radical de classe média, proposta no fim da década de 1980 por Antonio Candido e reiterada tempos depois pelo próprio Gildo Marçal Brandão,[215] ou ainda com sua problemática inserção em uma linhagem dita liberal hegemônica, proposta mais recentemente por Jessé Souza.[216]

No começo dos anos 1940, *Raízes do Brasil* estava nas cercanias do campo autoritário. A distinção lapidar entre o autoritarismo e o totalitarismo tinha vindo em 1938, quando Azevedo Amaral publicou *O Estado autoritário e a realidade nacional*. O autor carioca separava, nessa obra, a obediência à autoridade estatal do aniquilamento da personalidade humana por essa mesma autoridade.[217] Ao reconhecer o papel dos governos fortes sem deixar de criticar o totalitarismo, *Raízes do Brasil* era passível de uma leitura próxima a essa chave. A discussão de Azevedo Amaral não se furtava a abordar, naquele livro, um tema da mais alta relevância e delicadeza, a missão dos intelectuais no regime de 10 de novembro.

> Emergidos da coletividade como expressões mais lúcidas do que ainda não se tornou perfeitamente consciente no espírito do povo, os intelectuais são investidos da função de retransmitir às massas, sob forma clara e compreensível, o que nelas é apenas uma ideia indecisa e uma aspiração mal definida. Assim, a elite cultural do país torna-se, no Estado Novo, um órgão necessariamente associado ao poder público como centro de elaboração ideológica e núcleo de irradiação do pensamento nacional que ela sublima e coordena (...) os intelectuais têm a exercer a função exclusiva de tornar a nação e o Estado conscientes da sua própria realidade e dos rumos que têm a seguir para desenvolver as possibilidades contidas nas instituições nacionais.[218]

Almir de Andrade foi dos que com maior diligência atendeu ao chamado pela colaboração intelectual com o regime. Já Sérgio Buarque, embora tivesse chegado até o ponto, surpreendente em retrospecto, de contribuir com uma publicação do Departamento de Imprensa e Propaganda à altura de 1941, terá julgado os termos da missão irrealizáveis. Sua postura crítica ao estado de coisas a partir de 1942 sacramenta o distanciamento em relação ao governo, que mais tarde dirá de inspiração totalitária. *Raízes do Brasil*, porém, ainda teria que aguardar outros tantos anos para livrar-se das más companhias e tornar-se um clássico de nascença.

# Notas

PREFÁCIO

[1] Q. Skinner, Meaning and understanding in the history of ideas, *History and Theory*, v. 8, n. 1, 1969, p. 19.

[2] C. Lévi-Strauss, Raça e História, trad. Chaim Samuel Katz, em C. Lévi-Strauss, *Antropologia estrutural dois*, 2ª ed., Rio de Janeiro, Tempo Brasileiro, 1987, p. 345-6.

[3] S. B. de Holanda, *Raízes do Brasil*, Rio de Janeiro, Livraria José Olympio Editora, 1936, p. 161.

[4] Ibidem, p. 96.

[5] M. Weber, *The religion of China*, Nova York, The Free Press, 1968, p. 100.

[6] S. B. de Holanda, *Raízes do Brasil*, p. 100.

[7] Ibidem, p. 100.

[8] Ibidem, p. 161.

[9] "Todo historiador precisa ser um bom escritor". Entrevista de Sérgio Buarque de Holanda concedida a Richard Graham, em R. Martins (Org.), *Sérgio Buarque de Holanda*, Rio de Janeiro, Beco do Azougue, 2009, p. 199.

[10] Ver M. S. da Motta, *Rio de Janeiro: de cidade capital a Estado da Guanabara*, Rio de Janeiro, Editora FGV, 2001, cap. 1.

[11] J. G. A. Pocock, *Linguagens do ideário político*, trad. Fábio Fernandez, São Paulo, Editora da Universidade de São Paulo, 2003, p. 39.

NOTA DO AUTOR

[1] S. B. de Holanda, *Raízes do Brasil*, 26ª edição, São Paulo, Companhia das Letras, 1995, p. 177.

[2] Ibidem, p. 177.

[3] S. B. de Holanda, *Raízes do Brasil*, Rio de Janeiro, Livraria José Olympio Editora, 1936, p. 141.

INTRODUÇÃO

[1] D. M. Leite, *O caráter nacional brasileiro: história de uma ideologia*, 2ª edição revista, refundida e ampliada, São Paulo, Livraria Pioneira Editora, 1969 [1954], p. 286; J. G. Merquior, *Saudades do carnaval: introdução à crise da cultura*, Rio de Janeiro e São Paulo, Forense, 1972, p. 224; C. G. Mota, *Ideologia da cultura brasileira (1933-1974)*, São Paulo, Ática, 1977, p. 31; F. H. Cardoso, Brasil: as raízes e o futuro, *Senhor Vogue*, n. I, abr. 1978, p. 140; A. Bosi, Homenagem a Sérgio Buarque de Holanda, *Novos Estudos*, n. 3, 1983, p. 51; L. G. Ribeiro, *Sérgio Buarque de Holanda: o mestre, o crítico, o pensador*, em S. B. Holanda, *Raízes do Brasil*, Rio de Janeiro, José Olympio, 1986 [1982], p. xxiii; J. M. de Carvalho, *Cinquentenário de Raízes do Brasil*, em s/a, *Sérgio, renovador: exposição comemorativa dos 50 anos de Raízes do Brasil, de Sérgio Buarque de Holanda*, Rio de Janeiro, Fundação Casa de Rui Barbosa, 1986, p. 7; B. Lamounier, *Raízes do Brasil, Revista do Brasil*, ano 3, n. 6, 1987, p. 56; G. Avelino Filho, As raízes de *Raízes do Brasil, Novos Estudos*, n. 18, 1987, p. 36; J. S. Witter, Cinquenta anos de *Raízes do Brasil, Revista do Brasil*, ano 3, n. 6, 1987, p. 95; R. Morse, Meu amigo Sérgio, *Revista do Brasil*, ano 3, n. 6, 1987, p. 130; F. de A. Barbosa, Verdes anos de Sérgio Buarque de Holanda. Ensaio sobre sua formação intelectual até *Raízes do Brasil*, em s/a, *Sérgio Buarque de Holanda: vida e obra*, São Paulo, Secretaria de Estado da Cultura, Arquivo do Estado, Universidade de São Paulo, Instituto de Estudos Brasileiros, 1988, p. 31; M. O. da S. Dias, Estilo e método na obra de Sérgio Buarque de Holanda, em s/a, *Sérgio Buarque de Holanda: vida e obra*, São Paulo, Secretaria de Estado da Cultura, Arquivo do Estado, Universidade de São Paulo, Instituto de Estudos Brasileiros, 1988, p. 78; F. Iglésias, Sérgio Buarque de Holanda, historiador, em Universidade Estadual do Rio de Janeiro, *Sérgio Buarque de Holanda: 3º Colóquio Uerj*, Rio de Janeiro, Imago, 1992, p. 23-4; J. M. de Carvalho, A utopia de Oliveira Vianna, em E. R. Bastos e J. Q. Moraes (Orgs.), *O pensamento de Oliveira Vianna*, Campinas, Editora da Unicamp, 1993, p. 35; R. Faoro, Sérgio Buarque de Holanda, analista das instituições brasileiras, em A. Candido (Org.), *Sérgio Buarque de Holanda e o Brasil*, São Paulo, Editora Fundação Perseu Abramo, 1998, p. 70; J. C. Reis, *As identidades do Brasil: de Varnhagen a FHC*, Rio de Janeiro, Editora FGV, 2008 [1999], p. 132; P. M. Monteiro, *A queda do aventureiro: aventura, cordialidade e os novos tempos em Raízes do Brasil*, Campinas, Editora da Unicamp, 1999, p. 269; L. G. Piva, *Ladrilhadores e semeadores: a modernização brasileira no pensamento político de Oliveira Vianna, Sérgio Buarque de Holanda, Azevedo Amaral e Nestor Duarte (1920-1940)*, São Paulo, Editora 34, 2000, p. 159; W. N. Galvão, Presença da literatura na obra de Sérgio Buarque de Holanda, *Estudos Avançados*, v. 15, n. 42, mai.-ago. 2001,

p. 477; L. K. M. Schwarcz, Sérgio Buarque de Holanda ou a "história em comprimido": de longa duração, *Tempo Brasileiro*, v. 149, 2002, p. 86; M. O. L. da S. Dias, Introdução a *Raízes do Brasil*, em S. Santiago (Coord.), *Intérpretes do Brasil*, Rio de Janeiro, Editora Nova Aguilar, 2002, p. 914; B. Sallum Jr., Sérgio Buarque de Holanda: *Raízes do Brasil*, em L. D. Mota (Org.), *Um banquete no trópico*, São Paulo, Editora Senac, 2004, v. I, p. 256; M. Costa, Apresentação, em S. B. de Holanda, *Para uma nova história*, M. Costa (Org.), São Paulo, Editora Fundação Perseu Abramo, 2004, p. 15; M. S. M. Bresciani, *O charme da ciência e a sedução da objetividade: Oliveira Vianna entre intérpretes do Brasil*, São Paulo, Editora Unesp, 2005, p. 113; J. R. de C. Caldeira, Sérgio Buarque de Holanda, intelectual do Brasil, em J. R. de C. Caldeira, *Perfis buarqueanos: ensaios sobre Sérgio Buarque de Holanda*, São Paulo, Fundação Memorial da América Latina, Imprensa Oficial do Estado de São Paulo, 2005, p. 61; R. Wegner, Análises recentes da obra de Sérgio Buarque de Holanda, em J. R. de C. Caldeira, *Perfis buarqueanos: ensaios sobre Sérgio Buarque de Holanda*, São Paulo, Fundação Memorial da América Latina, Imprensa Oficial do Estado de São Paulo, 2005, p. 101; S. R. R. de Queiroz, Sérgio Buarque, meu mestre, em J. R. de C. Caldeira, *Perfis buarqueanos: ensaios sobre Sérgio Buarque de Holanda*, São Paulo, Fundação Memorial da América Latina, Imprensa Oficial do Estado de São Paulo, 2005, p. 39; B. Lamounier, Sérgio Buarque e os "grilhões do passado", em S. B. de Holanda, *Raízes do Brasil*, R. B. de Araújo e L. M. Schwarcz (Eds.), São Paulo, Companhia das Letras, 2006, p. 287; F. C. Weffort, *Formação do pensamento político brasileiro: ideias e personagens*, São Paulo, Ática, 2006, p. 283; G. V. Bôas, *Mudança provocada: passado e futuro no pensamento sociológico brasileiro*, Rio de Janeiro, Editora FGV, 2006, p. 128; S. Santiago, *As raízes e o labirinto da América Latina*, Rio de Janeiro, Rocco, 2006, p. 20; B. Ricupero, *Sete lições sobre as interpretações do Brasil*, São Paulo, Alameda, 2008, p. 118; E. H. de L. Guimarães, A modernidade brasileira reconta as tradições paulistas, em P. M. Monteiro e J. K. Eugênio (Orgs.), *Sérgio Buarque de Holanda: perspectivas*, Campinas e Rio de Janeiro, Editora da Unicamp e Editora Uerj, 2008, p. 45; P. Burke e M. L. G. Pallares-Burke, *Gilberto Freyre: social theory in the tropics*, Oxford, Peter Lang, 2008, p. 85; R. Graham, Dr. Sérgio: a coerência do homem e do historiador, em P. M. Monteiro e J. K. Eugênio (Orgs.), *Sérgio Buarque de Holanda: perspectivas*, Campinas e Rio de Janeiro, Editora da Unicamp e Editora Uerj, 2008, p. 114; J. Souza, *A ralé brasileira: quem é e como vive*, Belo Horizonte, Editora UFMG, 2009, p. 54-5; R. Martins, Apresentação, em R. Martins (Org.), *Sérgio Buarque de Holanda*, Rio de Janeiro, Beco do Azougue, 2009, p. 9; A. Botelho, Passado e futuro das interpretações do país, *Tempo Social*, v. 22, n. I, 2010, p. 53; L. W. Vianna e F. Perlatto, Iberismo e americanismo, em A. Botelho e L. M. Schwarcz (Orgs.),

*Agenda brasileira: temas de uma sociedade em mudança*, São Paulo, Companhia das Letras, 2011, p. 251; M. Costa, Apresentação, em S. B. de Holanda, *Escritos coligidos: livro I, 1920-1949*, M. Costa (Org.), São Paulo, Editora da Unesp e Fundação Perseu Abramo, 2011, v. I, p. xii; B. Sallum Jr., Sobre a noção de democracia em *Raízes do Brasil*, em S. Marras (Org.), *Atualidade de Sérgio Buarque de Holanda*, São Paulo, Instituto de Estudos Brasileiros, 2012, p. 54-5; C. Benjamin, Uma certa ideia de Brasil, *Interesse Nacional*, ano 7, n. 25, abr.-jun. 2014, p. 50; L. C. Jackson e A. Blanco, *Sociologia no espelho: ensaístas, cientistas sociais e críticos literários no Brasil e na Argentina (1930-1970)*, São Paulo, Editora 34, 2014, p. 69; S. Costa, O Brasil de Sérgio Buarque de Holanda, *Revista Sociedade e Estado*, v. 29, n. 3, set.-dez. 2014, p. 823; E. V. da Costa, *Brasil: história, textos e contextos*, São Paulo, Editora Unesp, 2015, p. 219; L. M. Schwarcz e H. M. Starling, *Brasil: uma biografia*, São Paulo, Companhia das Letras, 2015, p. 382; O. Frias Filho, Pax brasiliana, *Folha de S. Paulo*, 22 mai. 2016, Ilustríssima, p. 2.

[2] A. Candido, Prefácio, em S. B. de Holanda, *Raízes do Brasil*, 4ª edição revista pelo autor, Brasília, Editora Universidade de Brasília, 1963; A. Candido, O significado de *Raízes do Brasil*, em S. B. de Holanda, *Raízes do Brasil*, 5ª edição, revista, Rio de Janeiro, Livraria José Olympio Editora, 1969; A. Candido, Sérgio em Berlim e depois, *Novos estudos*, n. 3, 1982; A. Candido, Exposição no painel "O processo de 30 e suas consequências", em s/a, *Simpósio sobre a Revolução de 30*, Porto Alegre, Erus, 1983; A. Candido, *Post-scriptum* de 1986, em S. B. de Holanda, *Raízes do Brasil*, 18ª edição – Comemorativa do Jubileu de Ouro do Livro e da Coleção, Rio de Janeiro, José Olympio, 1986; A. Candido, Amizade com Sérgio, *Revista do Brasil*, ano 3, n. 6, 1987; A. Candido, Sérgio, o radical, em s/a, *Sérgio Buarque de Holanda: vida e obra*, São Paulo, Secretaria de Estado da Cultura, Arquivo do Estado, Universidade de São Paulo, Instituto de Estudos Brasileiros, 1988; A. Candido, Radicalismos, *Estudos avançados*, v. 4, n. 8, abr.-jun. 1990; A. Candido, Inéditos sobre literatura colonial, em Universidade Estadual do Rio de Janeiro, *Sérgio Buarque de Holanda: 3º Colóquio Uerj*, Rio de Janeiro, Imago, 1992; A. Candido, A visão política de Sérgio Buarque de Holanda, em A. Candido (Org.), *Sérgio Buarque de Holanda e o Brasil*, São Paulo, Editora Fundação Perseu Abramo, 1998; A. Candido, *Post-scriptum* de 1997, em S. B. de Holanda, *Racines du Brésil*, Traduit du portugais par Marlyse Meyer, Paris, Éditions Gallimard/Unesco, 1998; A. Candido, Conto de duas cidades, em J. R. de C. Caldeira, *Perfis buarqueanos: ensaios sobre Sérgio Buarque de Holanda*, São Paulo, Fundação Memorial da América Latina, Imprensa Oficial do Estado de São Paulo, 2005; A. Candido, Entre duas cidades, em S. Marras (Org.), *Atualidade de Sérgio Buarque de Holanda*, São Paulo, Instituto de Estudos Brasileiros, 2012.

[3] L. Waizbort, O mal-entendido da democracia: Sergio Buarque de Hollanda, *Raízes do Brasil*, 1936, *Revista Brasileira de Ciências Sociais*, v. 26, n. 76, 2011.

[4] A. Candido, Prefácio, p. ix.

[5] A. Candido, O significado de *Raízes do Brasil*, p. xiv.

[6] Ibidem, p. xx.

[7] Ibidem, p. xx.

[8] Idem, *Post-scriptum* de 1997, p. 34.

[9] Idem, Radicalismos, p. 18.

[10] Idem, A visão política de Sérgio Buarque de Holanda, p. 81.

[11] Idem, Sérgio em Berlim e depois, p. 9.

[12] Idem, O significado de *Raízes do Brasil*, p. xiii.

[13] Idem, Radicalismos.

[14] Idem, *Post-scriptum* de 1986, p. li.

[15] Ibidem, p. li.

[16] Ibidem, p. li.

[17] Idem, Sérgio em Berlim e depois, p. 8.

[18] Idem, *Post-scriptum* de 1986, p. li.

[19] Idem, Radicalismos, p. 5.

[20] Ver, por exemplo, F. Iglésias, Evocação de Sérgio Buarque de Holanda, *Revista do Brasil*, ano 3, n. 6, 1987, p. 125.

[21] Ver, por exemplo, F. H. Cardoso, Brasil: as raízes e o futuro, p. 140.

[22] Em 2016, por louvável iniciativa de Lilia Schwarcz e Pedro Meira Monteiro, a Companhia das Letras publica uma edição crítica de *Raízes do Brasil* que contém todas as versões do texto do livro. Ver S. B. de Holanda, *Raízes do Brasil*, L. M. Schwarcz e P. M. Monteiro (Eds.), São Paulo, Companhia das Letras, no prelo.

[23] J. M. Coetzee, *Stranger shores: essays 1986-1999*, Londres, Vintage Books, 2002, p. 19.

[24] P. M. Monteiro e J. K. Eugênio, Introdução: um espírito (in)consútil, em P. M. Monteiro e J. K. Eugênio (Orgs.), *Sérgio Buarque de Holanda: perspectivas*, Campinas e Rio de Janeiro, Editora da Unicamp e Editora Uerj, 2008, p. 15.

[25] S. B. de Holanda, Elementos básicos da nacionalidade: o homem, Presidência da República, Estado-Maior das Forças Armadas, Escola Superior de Guerra, Curso Superior de Guerra, Documento Reservado CI-10-67, p. 3.

[26] Ibidem, p. 1-3.

[27] Sobre o processo de institucionalização das ciências sociais no Rio de Janeiro dos anos 1930 e 1940, ver, entre outros, M. H. T. de Almeida, Dilemas da institucionalização das ciências sociais no Rio de Janeiro, em S. Miceli (Org.), *História das ciências sociais no Brasil*, São Paulo, Vértice/Idesp/Finep, 1989, vol. I;

e L. W. Vianna, A institucionalização das ciências sociais e a reforma social: do pensamento social à agenda americana de pesquisa, em L. W. Vianna, *A revolução passiva: iberismo e americanismo no Brasil,* Rio de Janeiro, Revan, 2004.

[28] F. Fernandes, Raízes do Brasil, *Revista do Arquivo Municipal,* ano XV, v. CXXII, 1949, p. 223.

[29] Ibidem, p. 222.

[30] Ibidem, p. 223.

[31] Entrevista concedida a João Marcos Coelho. J. M. Coelho, A democracia é difícil. As observações e as conclusões de um especialista com base no exame da História, *Veja,* São Paulo, ed. 386, 28 jan. 1976, p. 3.

[32] P. M. Monteiro, *Signo e desterro: Sérgio Buarque de Holanda e a imaginação do Brasil,* São Paulo, Hucitec, 2015, p. 40.

[33] J. C. de C. Rocha, *O exílio do homem cordial: ensaios e revisões,* Rio de Janeiro, Museu da República, 2004; S. J. Pesavento (Org.), *Um historiador nas fronteiras: o Brasil de Sérgio Buarque de Holanda,* Belo Horizonte, Editora UFMG, 2005; J. K. Eugênio, *Ritmo espontâneo: organicismo em Raízes do Brasil de Sérgio Buarque de Holanda,* Teresina, EDUFPI, 2011; L. Waizbort, O mal-entendido da democracia; L. Feldman, Um clássico por amadurecimento: *Raízes do Brasil, Revista Brasileira de Ciências Sociais,* v. 28, n. 82, 2013; J. M. de Carvalho, Posfácio, em F. H. Cardoso, *Pensadores que inventaram o Brasil,* São Paulo, Companhia das Letras, 2013; R. Wegner, As reflexões históricas de Sérgio Buarque de Holanda sobre agricultura (1936-1957), *Sinais Sociais,* v. 9, 2014; T. L. Nicodemo, Sérgio Buarque de Holanda, em L. Secco e L. B. Pericás (Orgs.), *Intérpretes do Brasil: clássicos, rebeldes e renegados,* São Paulo, Boitempo, 2014; P. M. Monteiro, *Signo e desterro.* Textos precursores serão os de E. C. de Melo, Posfácio, em S. B. de Holanda, *Raízes do Brasil,* 26ª edição, São Paulo, Companhia das Letras, 1995; e J. C. de C. Rocha, *Literatura e cordialidade: o público e o privado na cultura brasileira,* Rio de Janeiro, Editora Uerj, 1998. Há, ainda, estudos focados na primeira edição, sem ênfase no contraste com as versões seguintes do livro: G. Avelino Filho, Cordialidade e civilidade em *Raízes do Brasil, Revista Brasileira de Ciências Sociais,* v. 5, n. 12, 1990; M. V. C. Carvalho, *Raízes do Brasil,* 1936: tradição, cultura e vida, Dissertação de mestrado, Unicamp, 1998; R. B. de Araújo, *Sobrados e mucambos e Raízes do Brasil,* em M. C. T. de Miranda (Org.), *Que somos nós?: 60 anos Sobrados e mucambos,* Recife, Fundação Joaquim Nabuco, Editora Massangana; Núcleo de Estudos Freyrianos, 2000.

[34] K. Mannheim, *Ideology & utopia: an introduction to the Sociology of Knowledge,* San Diego, Nova York e Londres, Harcourt, 1985 [1936], p. 52-53.

[35] R. Wegner, Os Estados Unidos e a fronteira na obra de Sérgio Buarque de Holanda, em J. Souza (Org.), *O malandro e o protestante: a tese weberiana e a singularidade cultural brasileira,* Brasília, Editora Universidade de Brasília, 1999, p. 254.

[36] Ver, sobre tema correlato, J. K. Eugênio, *Ritmo espontâneo*, p. 52.

[37] A expressão é de Pedro Meira Monteiro, em uma análise sobre livro de José Miguel Wisnik. P. M. Monteiro, O modernismo entra em campo: o caso Wisnik, *Tempo Social*, v. 22, n. 2, 2010, p. 204; J. M. Wisnik, *Veneno remédio: o futebol e o Brasil*, São Paulo, Companhia das Letras, 2008.

[38] Para emular, nesse ponto, uma boa lição da arte contemporânea brasileira. Ver R. Naves, Uma ética do risco, em R. Naves, *Amilcar de Castro*, São Paulo, Tangente, 1991.

[39] Ver A. de C. Gomes, A experiência colonial e as raízes do pensamento social brasileiro: Oliveira Vianna e Sérgio Buarque de Holanda, *Revista Portuguesa de História*, v. 41, 2010, p. 293-4. A insistência no tratamento de Sérgio Buarque, de um lado, e Alberto Torres e Oliveira Vianna, de outro, como autores de linhagens estanques e incomunicáveis, teve um exemplo recente em M. A. Melo, *Raízes do Brasil* político: os caminhos de um projeto iliberal, *Folha de S. Paulo*, 31 jan. 2016, Ilustríssima, p. 6-7.

[40] C. Lynch, Cultura política brasileira, em G. Santos e É. Brito, *Política no Brasil*, São Paulo, Oficina Municipal, 2015.

[41] J. M. de Carvalho, Cinquentenário de *Raízes do Brasil*, p. 6.

[42] A. Candido, Sérgio em Berlim e depois, p. 7.

[43] W. G. dos Santos, Paradigma e história: a ordem burguesa na imaginação social brasileira, em W. G. dos Santos, *Roteiro bibliográfico do pensamento político-social brasileiro (1870-1965)*, Belo Horizonte, Editora UFMG, Rio de Janeiro, Casa de Oswaldo Cruz, 2002.

[44] A. Candido, A visão política de Sérgio Buarque de Holanda, p. 87.

[45] J. K. Eugênio, *Ritmo espontâneo*, p. 430.

[46] J. L. Borges, *Ficciones: (1935-1944)*, Buenos Aires, Editorial Sur, 1944, p. 163.

[47] S. B. de Holanda, Elementos básicos da nacionalidade, p. 3.

[48] Idem, *Raízes do Brasil*, 3ª ed., revista e ampliada, Rio de Janeiro, Livraria José Olympio Editora, 1956, p. 314.

[49] Idem, Elementos básicos da nacionalidade, p. 14.

[50] Ver E. V. da Costa, *Brasil*, p. 205.

## UM CLÁSSICO POR AMADURECIMENTO

[1] S. B. de Holanda, *Raízes do Brasil*, 2ª ed., revista e ampliada, Rio de Janeiro e São Paulo, José Olympio, 1948, p. 11. Doravante *RB48*.

[2] *RB48*, p. 11.

[3] S. B. de Holanda, *Raízes do Brasil*, 3ª ed., revista e ampliada, Rio de Janeiro, Livraria José Olympio Editora, 1956, p. 9. Doravante *RB56*.

[4] Idem, *Raízes do Brasil*, 5ª edição, revista, Rio de Janeiro, Livraria José Olympio Editora, 1969.

[5] A grafia de todos os trechos citados dessa e de outras obras foi atualizada neste livro.

[6] J. C. de C. Rocha, Sérgio Buarque de Holanda e Gilberto Freyre: raízes de uma rivalidade literária, *Dicta & contradicta*, n. 9, 2012.

[7] D. M. Leite, *O caráter nacional brasileiro: história de uma ideologia*, 2ª edição revista, refundida e ampliada, São Paulo, Livraria Pioneira Editora, 1969 [1954].

[8] L. G. Piva, *Ladrilhadores e semeadores: a modernização brasileira no pensamento político de Oliveira Vianna, Sérgio Buarque de Holanda, Azevedo Amaral e Nestor Duarte (1920-1940)*, São Paulo, Editora 34, 2000.

[9] P. M. Monteiro, Uma tragédia familiar, em P. M. Monteiro e J. K. Eugênio (Orgs.), *Sérgio Buarque de Holanda: perspectivas*, Campinas e Rio de Janeiro, Editora da Unicamp e Editora Uerj, 2008.

[10] A. Candido, O significado de *Raízes do Brasil*, em S. B. de Holanda, *Raízes do Brasil*, 5ª edição, revista, Rio de Janeiro, Livraria José Olympio Editora, 1969.

[11] R. Wegner, *A conquista do Oeste: a fronteira na obra de Sérgio Buarque de Holanda*, Belo Horizonte, Editora UFMG, 2000.

[12] R. Vecchi, Atlas intersticial do tempo do fim: "Nossa Revolução", em S. J. Pesavento (Org.), *Um historiador nas fronteiras: o Brasil de Sérgio Buarque de Holanda*, Belo Horizonte, Editora UFMG, 2005;

[13] G. Avelino Filho, As raízes de *Raízes do Brasil*, *Novos Estudos*, n. 18, 1987.

[14] A. Candido, Prefácio, em S. B. de Holanda, *Raízes do Brasil*, 4ª edição revista pelo autor, Brasília, Editora Universidade de Brasília, 1963.

[15] L. Waizbort, O mal-entendido da democracia: Sergio Buarque de Hollanda, *Raízes do Brasil, 1936*, *Revista Brasileira de Ciências Sociais*, v. 26, n. 76, 2011.

[16] A. Candido, A visão política de Sérgio Buarque de Holanda, em A. Candido (Org.), *Sérgio Buarque de Holanda e o Brasil*, São Paulo, Editora Fundação Perseu Abramo, 1998.

[17] Idem, O significado de *Raízes do Brasil*.

[18] S. B. de Holanda, *Raízes do Brasil*, Rio de Janeiro, Livraria José Olympio Editora, 1936, p. 3. Doravante *RB36*.

[19] *RB36*, p. 15.

[20] *RB36*, p. 32-33.

[21] Ver *RB48*, p. 68.

[22] Adaptação livre da "sintaxe da frustração" que Paulo Arantes (P. E. Arantes, *Zero à esquerda*, São Paulo, Conrad, 2004) recupera de Anatol Rosenfeld. A ideia é próxima, também, daquela de "arqueologia da ausência", definida como uma "avaliação das produções culturais que se baseia na identificação da ausência deste ou daquele elemento, ao invés da análise dos fatores

que efetivamente definem o produto cultural estudado". J. C. de C. Rocha, "Nenhum Brasil existe": poesia como história cultural, em J. C. de C. Rocha (Org.), *Nenhum Brasil existe: pequena enciclopédia*, Rio de Janeiro, Ed. Uerj, Topbooks, Univercidade Editora, 2003, p. 22n.

[23] B. P. Machado, *Raízes do Brasil*: uma releitura, em P. M. Monteiro e J. K. Eugênio (Orgs.), *Sérgio Buarque de Holanda: perspectivas*, Campinas e Rio de Janeiro, Editora da Unicamp e Editora Uerj, 2008.

[24] *RB36*, p. 82.

[25] *RB36*, p. 84.

[26] R. Wegner, *A conquista do Oeste*.

[27] M. Weber, *La ética protestante y el espíritu del capitalismo*, Barcelona, Ediciones Península, 2008 [1905].

[28] *RB36*, p. 46.

[29] *RB36*, p. 50 e p. 43.

[30] *RB36*, p. 46-47.

[31] *RB36*, p. 46.

[32] *RB36*, p. 46.

[33] *RB36*, p. 89.

[34] *RB36*, p. 89.

[35] Ver *RB48*, p. 106.

[36] *RB48*, p. 98-100.

[37] *RB48*, p. 116.

[38] *RB48*, p. 116. O autor substitui "espírito", na redação de 1936, por "mentalidade".

[39] *RB48*, p. 117.

[40] *RB48*, p. 118.

[41] *RB48*, p. 118-9.

[42] *RB48*, p. 110.

[43] *RB48*, p. 193.

[44] *RB48*, p. 193.

[45] *RB48*, p. 199.

[46] *RB48*, p. 195.

[47] Ver S. B. de Holanda, Ariel, em S. B. de Holanda, *O espírito e a letra: estudos de crítica literária*, A. A. Prado (Org.), São Paulo, Companhia das Letras, 1996 [1920], vol. I; S. B. de Holanda, O homem-máquina em S. B. de Holanda, *Escritos coligidos: livro I, 1920-1949*, M. Costa (Org.), São Paulo, Editora da Unesp e Fundação Perseu Abramo, 2011 [1921], v. I; S. B. de Holanda, O lado oposto e outros lados, em S. B. de Holanda, *O espírito e a letra: estudos de crítica literária*, A. A. Prado (Org.), São Paulo, Companhia das Letras, 1996 [1926], vol. I.

[48] P. L. M. L. Esteves, Cordialidade e familismo amoral: os dilemas da modernização, *Revista Brasileira de Ciências Sociais*, v. 13, n. 36, 1998, p. 4.

[49] Ana Ferreira oferece perspectiva similar em "Sérgio Buarque de Holanda: conceitos e métodos de abordagem em *Raízes do Brasil*". Disponível em: http://www.ensayistas.org/filosofos/brasil/holanda/raizes.htm. Acesso em 12 de dezembro de 2015.

[50] G. Avelino Filho, Civilidade e cordialidade em *Raízes do Brasil*, *Revista Brasileira de Ciências Sociais*, v. 5, n. 12, 1990; R. Wegner, *A conquista do Oeste*.

[51] Uma discussão detida do sentido da cordialidade na edição *princeps* é feita no segundo capítulo.

[52] C. Ricardo, Discurso de Cassiano Ricardo, *Revista Brasileira*, fase 6, ano 2, n. 2, jan.-dez. 1976 [1937], p. 117.

[53] Ibidem, p. 122.

[54] Ibidem, p. 120.

[55] Ibidem, p. 120.

[56] Ibidem, p. 121.

[57] Ibidem, p. 119.

[58] Ibidem, p. 120.

[59] Ibidem, p. 123.

[60] Ibidem, p. 121.

[61] Ibidem, p. 120.

[62] *RB36*, p. 101.

[63] *RB36*, p. 101.

[64] *RB36*, p. 101.

[65] *RB36*, p. 102.

[66] *RB36*, p. 101.

[67] *RB36*, p. 103.

[68] *RB36*, p. 102.

[69] *RB36*, p. 156.

[70] J. C. de C. Rocha, Sérgio Buarque de Holanda e Gilberto Freyre, p. 18; J. M. de Carvalho, Posfácio, em F. H. Cardoso, *Pensadores que inventaram o Brasil*, São Paulo, Companhia das Letras, 2013, p. 297.

[71] B. Lamounier, Sérgio Buarque e os "grilhões do passado", em S. B. de Holanda, *Raízes do Brasil*, R. B. de Araújo e L. M. Schwarcz (Eds.), São Paulo, Companhia das Letras, 2006, p. 283. Ronaldo Vainfas também argui a existência desse "entendimento errôneo". R. Vainfas, Gilberto & Sérgio, *Folha de S. Paulo*, 23 jun. 2002, Mais!, p. 4. O mesmo faz Francisco Weffort, ao falar na equiparação da cordialidade à bondade como uma distorção de fundo conservador. F. C. Weffort, *Formação do pensamento político brasileiro: ideias e personagens*, São Paulo, Ática, 2006, p. 283.

[72] C. Ricardo, *Marcha para Oeste: a influência da "bandeira" na formação social e política do Brasil*, Rio de Janeiro, Livraria José Olympio Editora, 1940, v. 2, p. 213.

[73] *RB48*, p. 213-214.

[74] *RB48*, p. 213n-214n.

[75] Ver o segundo capítulo.

[76] *RB48*, p. 279.

[77] *RB36*, p. 156.

[78] "A amizade, desde que abandona o âmbito circunscrito pelos sentimentos privados ou íntimos, passa a ser, quando muito, benevolência, posto que a imprecisão vocabular admita maior extensão do conceito. Assim como a inimizade, sendo pública ou política, não *cordial*, se chamará mais precisamente hostilidade. A distinção entre inimizade e hostilidade, formulou-a de modo claro Carl Schmitt, recorrendo ao léxico latino: '*Hostis* est cum quo publice bellum habemus (...) in quo ab *inimico* differt, qui est is, quocum habemus privata odia'". *RB48*, p. 214n.

[79] C. Ricardo, Variações sobre o "homem cordial", *Colégio: Revista de Cultura e Arte*, ano I, n. 2, jul. 1948, p. 45.

[80] F. Iglésias, Sérgio Buarque de Holanda, historiador, em Universidade Estadual do Rio de Janeiro, *Sérgio Buarque de Holanda: 3º Colóquio Uerj*, Rio de Janeiro, Imago, 1992, p. 139; R. Wegner, As reflexões históricas de Sérgio Buarque de Holanda sobre agricultura (1936-1957), *Sinais Sociais*, v. 9, 2014, p. 113.

[81] Um argumento de que Cassiano Ricardo não lançou mão, mas que poderia ser lembrado a esse propósito, diz respeito à citação de *O conceito do político* feita por Sérgio Buarque. De acordo com o famoso argumento de Carl Schmitt, a distinção amigo-inimigo é a relação definidora da política. Nessa distinção reside a singularidade da política frente a outros domínios de ação humana, como a economia e a moral. C. Schmitt, *The concept of the political*, Expanded edition, Chicago e Londres, University of Chicago Press, 2007 [1932]. Pois bem: se o homem cordial fosse incapaz de inimizade, como talvez se pudesse depreender da primeira edição de *Raízes do Brasil*, estaria identificada uma surpreendente peculiaridade brasileira frente à prática universal postulada por Schmitt. Mas, de acordo com a segunda edição do livro, o homem cordial era capaz tanto da amizade quanto da inimizade. Ora, *nos termos do próprio Schmitt na obra citada por Sérgio Buarque*, isso denotaria uma perfeita sintonia do homem brasileiro com a prática universal da política.

[82] R. R. Couto, El hombre cordial, producto americano, em S. B. de Holanda, *Raízes do Brasil*, R. B. de Araújo e L. M. Schwarcz (Eds.), São Paulo, Companhia das Letras, 2006, p. 397.

[83] Ibidem, p. 397.

[84] S. B. de Holanda, Carta a Cassiano Ricardo, *Colégio: Revista de Cultura e Arte*, ano I, n. 3, set. 1948, p. 52.

[85] Ibidem, p. 53. A Carta a Cassiano Ricardo seria reproduzida na terceira edição de *Raízes do Brasil*, de 1956, como Apêndice. Embora não haja nenhuma advertência disso ao leitor, Sérgio Buarque fez pequenas alterações na redação da Carta, nem sempre limitadas a estilo. Na versão corrigida da passagem que acaba de ser citada, lê-se: "seria, se v. quiser, uma ampliação, não seria uma retratação". *RB56*, p. 313. O texto corrigido da Carta se tornaria a versão de referência, reproduzida na edição comemorativa de setenta anos do livro, em 2006. Cf. S. B. de Holanda, Carta a Cassiano Ricardo, em S. B. de Holanda, *Raízes do Brasil*, R. B. de Araújo e L. M. Schwarcz (Eds.), São Paulo, Companhia das Letras, 2006, p. 393-396.

[86] S. B. de Holanda, Carta a Cassiano Ricardo, p. 54.

[87] Ibidem. Na versão corrigida da Carta, o autor acrescentou um advérbio de cautela no trecho acerca do desaparecimento do homem cordial: "Com a progressiva urbanização, (...) o homem cordial se acha fadado provavelmente a desaparecer". *RB56*, p. 314.

[88] *RB36*, p. 135.

[89] R. Wegner, As reflexões históricas de Sérgio Buarque de Holanda sobre agricultura, p. 114. A afirmação de que *Raízes do Brasil* adotou uma abordagem mais sociológica a partir da segunda edição é matéria polêmica, sob o ponto de vista – que é o do próprio Sérgio Buarque em suas palavras na Escola Superior de Guerra em 1967 – da gradual conversão do autor ao ofício de historiador justamente na década de 1940. As visões concorrentes sobre a questão são indicadas em P. M. Monteiro, *Signo e desterro: Sérgio Buarque de Holanda e a imaginação do Brasil*, São Paulo, Hucitec, 2015, p. 144.

[90] R. Wegner, As reflexões históricas de Sérgio Buarque de Holanda sobre agricultura, p. 113.

[91] As diferentes abordagens de Sérgio Buarque nesses dois artigos de 1948 foram analisadas por J. K. Eugênio, *Ritmo espontâneo: organicismo em* Raízes do Brasil *de Sérgio Buarque de Holanda*, Teresina, EDUFPI, 2011.

[92] S. B. de Holanda, Novos rumos da Sociologia, *Diário de Notícias*, 3 out. 1948, Quarta seção, p. 2.

[93] Ibidem, p. 2.

[94] Ibidem, p. 2.

[95] Ibidem, p. 2.

[96] Ibidem, p. 2.

[97] Ibidem, p. 2.

[98] A terceira edição traz, no Apêndice, o artigo de Cassiano Ricardo e a Carta de Sérgio Buarque. Ambos seriam retirados da quarta edição. Conforme explicou Sérgio Buarque anos mais tarde, "Antonio Candido sugeriu que eu excluísse a polêmica, pois publicá-la seria dar crédito demais ao Cassiano". S. B. de Holanda, Corpo e alma do Brasil: entrevista de Sérgio Buarque de Holanda, *Novos Estudos*, n. 69, 2004 [1981], p. 10. Recorde-se que foi na quarta edição, de 1963, que Candido se tornou prefaciador da obra. No mesmo ano de 1963, Mário Vieira de Mello já observava a variação no tratamento do conceito de cordialidade em *Raízes do Brasil*: "o que caracteriza a personalidade do homem brasileiro é não a bondade, como quer Cassiano Ricardo, ou a cordialidade, como pretendeu, pelo menos durante algum tempo, Sérgio Buarque de Holanda". M. V. de Mello, *Desenvolvimento e cultura: o problema do estetismo no Brasil*, São Paulo, Companhia Editora Nacional, 1963, p. 151.

[99] R. Wegner, As reflexões históricas de Sérgio Buarque de Holanda sobre agricultura, p. 113.

[100] A. C. Melo, Lusitanian roots and Iberian heritage in *Raízes do Brasil*, *Portuguese Studies*, v. 27, n. 1, 2011, p. 93. O quarto capítulo deste livro retomará o assunto.

[101] O tema será desenvolvido no próximo capítulo.

[102] *RB36*, p. 122; *RB48*, p. 238.

[103] *RB36*, p. 128.

[104] *RB48*, p. 245.

[105] *RB48*, p. 130.

[106] *RB48*, p. 249.

[107] *RB36*, p. 3.

[108] *RB48*, p. 16.

[109] *RB56*, p. 15.

[110] *RB36*, p. 156.

[111] *RB36*, p. 126.

[112] *RB48*, p. 243.

[113] Uma passagem no primeiro capítulo de *Raízes do Brasil*, intocada pelas revisões do livro, pareceria contrariar o que se vem afirmando: "E será legítimo, em todo caso, esse recurso ao passado em busca de um estímulo para melhor organização da sociedade? Não significaria, ao contrário, apenas um índice de nossa incapacidade de criar espontaneamente? As épocas realmente vivas nunca foram tradicionalistas por deliberação". *RB36*, p. 7. Como já apontou João Kennedy Eugênio (*Ritmo espontâneo*, p. 92-6), esse trecho é parte de toda uma seção do capítulo inicial dedicada à crítica do pensamento tradicionalista católico no Brasil, do qual Alceu de Amoroso Lima, o Tristão de Athayde, se fez baluarte no início dos anos 1930. É ele, em particular, o alvo de Sergio Buarque na frase — que antecede a passagem

que acaba de ser citada – de que "erram profundamente aqueles que imaginam na volta à tradição, a certa tradição, a única defesa possível contra a nossa desordem". *RB36*, p. 6. A tradição de que fala o autor de *Raízes do Brasil* nesses trechos não seria, portanto, aquela de origem ibérica, cuja discussão ocupa a maior parte de sua obra. Sua preocupação estaria posta no chamado de Alceu de Amoroso Lima pela "[volta] à pureza regeneradora das fontes cristãs autênticas". T. de Athayde, *Política*, Rio de Janeiro, Livraria Católica, 1932, p. 168.

[114] *RB48*, p. 245.

[115] *RB48*, p. 246.

[116] *RB48*, p. 246.

[117] *RB48*, p. 246.

[118] *RB36*, p. 120.

[119] *RB48*, p. 243.

[120] M. Lemos e R. T. Mendes apud *RB48*, p. 235.

[121] *RB48*, p. 280.

[122] *RB36*, p. 131.

[123] F. Nietzsche apud *RB36*, p. 133. O original está em alemão, e foi traduzido com base em F. Nietzsche, *El anticristo: maldición del cristianismo*, Madri, Mestas Ediciones, 2011 [1895] p. 21, grifo do autor.

[124] L. Waizbort, O mal-entendido da democracia, p. 43.

[125] *RB36*, p. 135.

[126] *RB36*, p. 135.

[127] *RB36*, p. 136.

[128] *RB36*, p. 136.

[129] *RB36*, p. 137.

[130] *RB36*, p. 136.

[131] *RB36*, p. 135.

[132] A. Torres apud *RB36*, p. 144; A. Torres, *O problema nacional brasileiro: introdução a um programa de organização nacional*, Rio de Janeiro, Imprensa Nacional, 1914, p. 88.

[133] *RB36*, p. 140.

[134] *RB36*, p. 142.

[135] *RB36*, p. 14.

[136] *RB36*, p. 145.

[137] *RB36*, p. 141.

[138] A. Goldfeder e L. Waizbort, Sobre os "tipos" em *Raízes do Brasil*, *Revista IEB*, n. 48, mar. 2009, p. 34.

[139] *RB36*, p. 147.

[140] *RB36*, p. 147.

[141] *RB36*, p. 146.

[142] *RB36*, p. 148.

[143] *RB36*, p. 149-50.

[144] *RB48*, p. 266.

[145] *RB36*, p. 150.

[146] H. Smith, *Do Rio de Janeiro a Cuiabá*, Caieiras, São Paulo e Rio de Janeiro, Melhoramentos, 1922. Não se pôde precisar a existência de uma edição anterior desta obra.

[147] *RB36*, p. 151.

[148] *RB48*, p. 101.

[149] *RB36*, p. 152-3.

[150] Os leitores fiéis de Sérgio Buarque, que conhecessem seus textos de juventude, não chegariam a se surpreender com essa passagem de *Raízes do Brasil*. Em artigo de 1921, quando contava 19 anos, o autor criticava a importação do utilitarismo norte-americano para o Brasil nos seguintes termos: "O nosso caminho a seguir deverá ser o mais conforme a nosso temperamento. Não possuímos a atividade, a disposição a certos trabalhos, de modo tão acentuado, como os habitantes das terras frias. O utilitarismo *yankee* não se coaduna absolutamente com a índole do povo brasileiro, que não tem semelhança alguma com a do norte-americano, da qual é o extremo oposto. A sua introdução entre nós levar-nos-á, naturalmente, a veredas diversas das que dirigiam os norte-americanos. É uma ilusão crer-se que a adoção dele dar-nos-ia o vigor e a atividade naturais dos *yankees* (...) Só o desenvolvimento das qualidades naturais de um povo pode torná-lo próspero e feliz". S. B. de Holanda, Ariel, p. 44.

[151] L. Waizbort, O mal-entendido da democracia, p. 42.

[152] P. M. Monteiro, *A queda do aventureiro: aventura, cordialidade e os novos tempos em Raízes do Brasil*, Campinas, Editora da Unicamp, 1999, p. 269.

[153] *RB36*, p. 156.

[154] O tema é abordado no próximo capítulo.

[155] As alterações na redação desse trecho são estudadas com maior detalhe no terceiro capítulo.

[156] *RB36*, p. 154.

[157] *RB36*, p. 155.

[158] A questão das zonas de contato da cultura alemã havia sido referida por Sérgio Buarque em uma resenha de 1934 do livro *O mito do século XX*, do ideólogo nazista Alfred Rosenberg. Sérgio Buarque ponderava a tese de que a Alemanha fosse uma entidade cultural estranha no seio da cultura europeia: "Depois do triunfo do nacional-socialismo na Alemanha, houve quem julgasse ver confirmadas algumas teses nacionalistas populares em países de tradição latina e católica, segundo as quais a nação alemã representaria, do

ponto de vista cultural, como do político, uma espécie de elemento intruso no conjunto da vida europeia. Desde os tempos da Reforma, o mundo germânico apareceu insistentemente como a negação de Roma". S. B. de Holanda, O mito do século XX, em S. B. de Holanda, *Escritos coligidos: livro I, 1920-1949*, M. Costa (Org.), São Paulo, Editora da Unesp e Fundação Perseu Abramo, 2011 [1934], v. I, p. 55. Na verdade, afirmava, "Os que assim julgam esquecem muitas vezes que nem o mundo antigo, nem o gótico, formaram por si só a Europa, e que foi justamente do diálogo entre os dois princípios que nasceu tudo quanto há de grandioso e de fecundo na civilização de que nos orgulhamos. Pode-se culpar a Reforma por ter quebrado a harmonia que, apesar de tudo, ainda poderia subsistir com esse diálogo. Mas não foi o mundo mediterrâneo que, com a Contrarreforma e o jesuitismo, fechou as portas a qualquer entendimento? Seja como for, é inegável que o hitlerismo veio exacerbar definitivamente essa oposição entre dois mundos que não se querem compreender". Ibidem, p. 56. É interessante observar que o argumento de Sérgio Buarque sobre o diálogo frutífero entre a tradição germânica e o mundo mediterrâneo segue de perto indicações de Ernst Kantorowicz sobre o século XIII, em sua clássica biografia de 1927 do imperador Hohenstaufen Frederico II: "Naquela admirável época dos Hohenstaufen, aquecida pela luz meridional, a Alemanha conheceu, no interior de suas fronteiras (pela primeira e única vez de maneira assim universal) um verdadeiro florescimento da música e da visão, dos contos e da epopeia, da pintura, da arquitetura e da escultura. Apesar de guerras mundiais e da tensão política, a Alemanha exibia aquela alegre serenidade, aquela emancipação e liberdade que se exprimem em todos os monumentos do período. Mas essa fertilização pelo Sul não envolvia necessariamente uma jornada até ele. O espírito pode modificar o clima, e pelo espírito do Império romano e da Igreja romana a Alemanha tornou-se meridional até a costa do Báltico. Não que o ser germânico tivesse sido sacrificado ou eliminado. Essas forças meridionais absorveram, sem excluir, tudo o que era mais característico, como o século XIII da Alemanha, o mais romano, bem o prova". E. Kantorowicz, *Frederick the Second: 1194-1250*, authorized English version by E. O. Lorimer, Nova York, Frederick Ungar Publishing Co., 1967 [1927], p. 80. Cumpre recordar o papel de relevo que Sérgio Buarque atribuiu a Kantorowicz em sua formação, em entrevista de 1981: "Frequentei alguns cursos de história na Universidade de Berlim como ouvinte, mas eu tinha uma formação literária, em grande parte por causa do modernismo. Então descobri um livro interessante − ainda tenho vários livros daquele tempo −, um livro do Kant [sic] sobre Frederico III [sic]. Eu me lembrava que o Nietzsche dizia que para ele o grande Frederico era o II, por isso fiquei intrigado e comprei (...) O fato é que daí me veio a ideia para esses assuntos históricos, para uma abordagem maior. Eu sempre tive certa curiosidade por isso". S. B. de Holanda, *Corpo e alma do Brasil: entrevista de Sérgio Buarque de Holanda*, p. 7. Uma aproximação de Sérgio Buarque a Kantorowicz, tendo por base o conto "A viagem a Nápoles", publicado pelo paulista em 1931, foi esboçada em G. Cerqueira Filho, *Sérgio (modernista) Buarque de Holanda em A viagem a Nápoles*, mimeo., 2009. A relação entre os dois autores está a merecer, em todo caso, estudo mais detalhado.

[159] *RB36*, p. 155n.

[160] *RB48*, p. 279.

[161] A exclusão de passagens inspiradas em Carl Schmitt não deve ser lida, necessariamente, como um sinal de distanciamento. Por um lado, a chave antiliberal do livro não se altera; por outro, a visão do Estado totalitário nunca havia sido assimilada por Sérgio Buarque. Em junho de 1935, o autor publicou na *Folha da Manhã* uma resenha do livro *O conceito do político*, de Schmitt. S. B. de Holanda, O Estado totalitário, em S. B. de Holanda, *Raízes de Sérgio Buarque de Holanda*, F. de A. Barbosa (Org.), Rio de Janeiro, Rocco, 1989. Apesar de reconhecer a "excepcional importância" do livro, o autor parecia desconfortável com a doutrina, nele apregoada, da "máxima sujeição do indivíduo ao Estado" (avaliação similar encontra-se em G. Bercovici, *Carl Schmitt e a tentativa de uma revolução conservadora*, em J. de Almeida e W. Bader (Orgs.), *Pensamento alemão no século XX: grandes protagonistas e recepção das obras no Brasil*, São Paulo, Cosac Naify, 2009, p. 86). Dizia o resenhista: "Em bom número de povos, e dos mais prestigiosos na família internacional, essas doutrinas parecem ter conquistado definitivamente os espíritos e, o que é mais extraordinário, também os corações (...) Resta saber até que ponto tais ensinamentos, que com tanto êxito lograram seduzir as multidões, e mesmo as multidões que pareciam menos aptas a acolhê-los com simpatia, podem ser justificados teoricamente e podem adquirir validez universal independentemente dos critérios relativos e das circunstâncias passageiras". S. B. de Holanda, O Estado totalitário, p. 298. A boa acolhida do totalitarismo não só nos "espíritos" como nos "corações", e especialmente nos dos povos que supostamente lhe deveriam reservar menos "simpatia", causa forte impressão em Sergio Buarque. Em junho de 1935, o autor já havia publicado o ensaio "Corpo e alma do Brasil" (saído na revista *Espelho* em março daquele ano, e discutido no capítulo dois, adiante) e estava preparando *Raízes do Brasil*. Um ano e meio antes, em dezembro de 1933, havia publicado uma resenha do livro *Machiavel e o Brasil*, de Octavio de Faria, em que criticava a transposição da doutrina fascista ao país (tema discutido no capítulo três, adiante). Não há dúvida de que Sérgio Buarque

via com receio o avanço do totalitarismo, inclusive no Brasil. As primeiras manifestações disso já constam de seus escritos do tempo em que viveu em Berlim (ver R. Wegner, "Hoje a palavra é: Fatos!": Sérgio Buarque de Holanda, correspondente em Berlim (1929-1930), mimeo., 2014). Pode-se mesmo indagar se, em seu desconcerto diante da acolhida dessa doutrina no "coração" das multidões, não se estava prefigurando o argumento da "antipatia" do homem cordial em relação à tese do homem mau por natureza, fundamento do totalitarismo e, como "chegava a pretender" Schmitt, de toda verdadeira teoria política.

[162] *RB48*, p. 278.

[163] *RB36*, p. 156-7.

[164] P. M. Monteiro, *Signo e desterro*, p. 76-7, grifo suprimido.

[165] *RB48*, p. 253.

[166] *RB48*, p. 254.

[167] *RB48*, p. 254.

[168] *RB36*, p. 137.

[169] *RB48*, p. 255.

[170] B. Sallum Jr., Sobre a noção de democracia em *Raízes do Brasil*, em S. Marras (Org.), *Atualidade de Sérgio Buarque de Holanda*, São Paulo, Instituto de Estudos Brasileiros, 2012, p. 54.

[171] O exame sistemático das alterações no capítulo sete de *Raízes do Brasil* foi feito por João Kennedy Eugênio, em *Ritmo espontâneo*.

[172] *RB48*, p. 262.

[173] *RB48*, p. 263.

[174] Cf. *RB48*, p. 266.

[175] *RB48*, p. 268.

[176] *RB48*, p. 269.

[177] *RB48*, p. 270.

[178] Os versos originais são: "Wandering between two worlds, one dead / The other powerless to be born". M. Arnold, *Dover beach and other poems*, Nova York, Dover Publications, 1994, p. 71.

[179] R. Vecchi, Atlas intersticial do tempo do fim, p. 167-168, grifo suprimido.

[180] J. M. de Carvalho, Cinquentenário de *Raízes do Brasil*, p. 7.

[181] *RB48*, p. 270-2.

[182] H. H. Smith, *Brazil: the Amazons and the coast*, Nova York, Charles Scribner's Sons, 1879.

[183] Ver S. B. de Holanda, *Monções*, Rio de Janeiro, Casa do Estudante do Brasil, 1945, p. 107.

[184] R. Vecchi, Atlas intersticial do tempo do fim. Acrescente-se, nas palavras de Mariza Veloso e Angélica Madeira: "'Raízes' é uma metáfora também

reveladora do desenho estrutural implícito na obra em questão. Há nela um eixo em torno do qual se organizam outros níveis – como que por patamares hierarquizados –, apesar da organicidade que seu campo semântico sugere. O solo é o suporte horizontal estável e, como metáfora, compartilha a ideia de 'fundação'". M. Veloso e A. Madeira, *Leituras brasileiras: itinerários no pensamento social e na literatura*, São Paulo, Paz e Terra, 1999, p. 172.

[185] H. H. Smith, *Brazil*, p. 476.

[186] M. Costa, Apresentação, em S. B. de Holanda, *Para uma nova história*, M. Costa (Org.), São Paulo, Editora Fundação Perseu Abramo, 2004, p. 15.

[187] B. Sallum, Sobre a noção de democracia em *Raízes do Brasil*, p. 58.

[188] Altera-se, aqui, a formulação de A. M. de C. Gomes, A dialética da tradição, *Revista Brasileira de Ciências Sociais*, v. 5, n. 12, 1989.

[189] *RB36*, p. 47.

[190] *RB48*, p. 275-6.

[191] *RB36*, p. 14.

[192] A. Candido, Sérgio, o radical, em s/a, *Sérgio Buarque de Holanda: vida e obra*, São Paulo, Secretaria de Estado da Cultura, Arquivo do Estado, Universidade de São Paulo, Instituto de Estudos Brasileiros, 1988, p. 65.

[193] Idem, Sérgio em Berlim e depois, *Novos estudos*, n. 3, 1982, p. 8.

[194] F. C. Weffort, *Formação do pensamento político brasileiro*, p. 281-2.

[195] A crítica de Sérgio Buarque ao totalitarismo é abordada no terceiro capítulo.

[196] *RB36*, p. 15.

[197] *RB36*, p. 15.

[198] A distinção ajuda a nuançar esta afirmativa sobre a atitude de Sérgio Buarque frente ao pensamento conservador nos anos 1930: "A 'desordem', *lato sensu*, é o elemento-chave que dispara, na imaginação política tradicional, a necessidade das forças ordenadoras, como se o corpo social pudesse manter-se íntegro graças apenas ao controle das sementes de dissolução que nele se expõem perigosamente. Essa é, exatamente, a matriz do pensamento conservador contra a qual se levanta o inquérito de Sérgio Buarque de Holanda". P. M. Monteiro, *Raízes do Brasil* no *Espelho de Próspero*, em B. H. Domingues e Peter L. Blasenheim (Orgs.), *O código Morse: ensaios sobre Richard Morse*, Belo Horizonte, Editora UFMG, 2010, p. 182.

[199] A variação da ênfase do sétimo capítulo de *Raízes do Brasil*, que passa do contraponto para a revolução, é estudada com mais detalhe no terceiro capítulo deste livro.

[200] Cf. *RB48*, p. 274.

[201] Cf. *RB48*, p. 265.

[202] *RB36*, p. 161.

[203] *RB36*, p. 3.

[204] *RB36*, p. 4.

[205] *RB36*, p. 4.

[206] *RB36*, p. 4.

[207] *RB36*, p. 3.

[208] Uma análise mais detida dessa frase é feita no próximo capítulo.

[209] *RB36*, p. 3.

[210] J. C. de C. Rocha, Sérgio Buarque de Holanda e Gilberto Freyre, p. 33.

[211] *RB36*, p. 137.

[212] B. Sallum Jr., As raízes do Brasil e a democracia, *Sinais sociais*, v. 7, n. 19, p. 44.

[213] G. Freyre, *Casa-grande & senzala: formação da família brasileira sob o regime de economia patriarcal*, Rio de Janeiro, Maia & Schmidt Ltda., 1933, p. 22.

[214] *RB36*, p. 25.

[215] *RB48*, p. 15-16.

[216] *RB48*, p. 16.

[217] *RB56*, p. 15.

[218] *RB56*, p. 251.

[219] S. Santiago, *As raízes e o labirinto da América Latina*, Rio de Janeiro, Rocco, 2006.

[220] *RB48*, p. 277.

[221] F. H. Cardoso, Livros que inventaram o Brasil, *Novos Estudos*, n. 37, 1993, p. 30.

[222] G. Cohn, O pensador do desterro, *Folha de S. Paulo*, 23 jun. 2002, Mais!, p. 11.

[223] *RB36*, p. 3 e *RB48*, p. 15-6.

[224] *RB56*, p. 15.

[225] R. Vecchi, Atlas intersticial do tempo do fim, p. 170, grifo do autor.

[226] E. Finazzi-Agrò, A trama e o texto: história com figuras, em S. J. Pesavento (Org.), *Um historiador nas fronteiras: o Brasil de Sérgio Buarque de Holanda*, Belo Horizonte, Ed. UFMG, p. 148.

[227] Ver, a esse respeito, o capítulo três, adiante.

[228] F. Novais, De volta ao homem cordial, em M. M. do Nascimento (Org.), *Jornal de Resenhas*, São Paulo, Discurso Editorial, 2001, v. 1, p. 45-6.

[229] S. P. Rouanet, Desterrados na própria terra, *O Estado de S. Paulo*, 22 out. 2006, p. D2.

[230] J. Bartelson, *The critique of the state*, Cambridge, Cambridge University Press, 2001.

[231] S. B. de Holanda, Corpo e alma do Brasil: entrevista de Sérgio Buarque de Holanda, p. 10.

[232] A. Candido, Sérgio em Berlim e depois, p. 8.

[233] Idem, O significado de *Raízes do Brasil*, p. xx.

[234] R. M. Morse, A formação do latino-americanista, em R. M. Morse, *A volta de McLuhanaíma: cinco estudos solenes e uma brincadeira séria*, São Paulo, Companhia das Letras, 1990, p. 238.

[235] R. Morse, Meu amigo Sérgio, *Revista do Brasil*, ano 3, n. 6, 1987.

[236] S. B. de Holanda, Uma entrevista, *Revista do Brasil*, ano 3, n. 6, 1987 [1981], p. 108.

### ORGANIZAR A DESORDEM

[1] S. B. de Holanda, *Raízes do Brasil*, Rio de Janeiro, Livraria José Olympio Editora, 1936, p. 3. Doravante *RB36*.

[2] R. Wegner, Um ensaio entre o passado e o futuro, em S. B. de Holanda, *Raízes do Brasil*, R. B. de Araújo e L. M. Schwarcz (Eds.), São Paulo, Companhia das Letras, 2006.

[3] Ver a nota número 33 da Introdução.

[4] F. Franzini, *À sombra das palmeiras: a coleção Documentos Brasileiros e as transformações da historiografia nacional (1936-1959)*, Rio de Janeiro, Casa de Rui Barbosa, 2010; J. M. Pereira (Org.), *José Olympio: o editor e sua casa*, Rio de Janeiro, Sextante, 2008.

[5] G. N. Ferreira, A formação nacional em Buarque, Freyre e Vianna, *Lua Nova. Revista de Cultura e Política*, v. 37, 1996.

[6] Cf. A. Brasil Jr. e A. Botelho, Próximo distante: rural e urbano em *Populações meridionais* e *Raízes do Brasil*, em G. N. Ferreira e A. Botelho (Orgs.), *Revisão do pensamento conservador: ideias e política no Brasil*, São Paulo: Hucitec e Fapesp, 2010; E. R. Bastos, *Raízes do Brasil – Sobrados e Mucambos*: um diálogo, *Perspectivas*, vol. 28, 2005; J. C. de C. Rocha, As origens e os equívocos da cordialidade brasileira, em J. C. de C. Rocha (Org.), *Nenhum Brasil existe: pequena enciclopédia*, Rio de Janeiro, Topbooks, 2003; M. S. M. Bresciani, *O charme da ciência e a sedução da objetividade: Oliveira Vianna entre intérpretes do Brasil*, São Paulo, Editora Unesp, 2005.

[7] É indiscutível, em todo caso, a competência com que a associação de Sérgio Buarque a autores alemães é feita por analistas do quilate de João Kennedy Eugênio (em *Ritmo espontâneo*), Leopoldo Waizbort (em O mal-entendido da democracia), Pedro Meira Monteiro (em *A queda do aventureiro*) e Robert Wegner (em *A conquista do Oeste*). Mas mesmo um analista sempre atento aos vínculos de Sérgio Buarque com o pensamento nacional já atribuiu um peso ao que parece indevido à sua reflexão alemã na formulação do conceito de cordialidade. Cf. J. C. de C. Rocha, As origens e os equívocos da cordialidade brasileira, p. 213-4. Trata-se da afirmativa de que a fundamentação teórica da cordialidade proveio da obra de Carl Schmitt, muito embora as considerações deste autor só tenham sido incorporadas ao capítulo de *Raízes do Brasil* que discute esse conceito a partir da segunda edição, e já em uma abordagem diferente da original.

[8] S. B. de Holanda, *Tentativas de mitologia*, São Paulo, Perspectiva, 1979, p. 29.

[9] *RB36*, p. 176.

[10] O. Vianna, À guisa de prefácio, em A. Gentil, *As ideias de Alberto Torres (síntese com um índice remissivo)*, 2ª ed., São Paulo, Rio de Janeiro, Recife, Porto Alegre, Companhia Editora Nacional, 1938.

[11] C. Motta Filho, *Alberto Torres e o tema da nossa geração*, Rio de Janeiro, Schmidt Editor, 1932.

[12] *RB36*, p. 144.

[13] A. Torres apud *RB36*, p. 144-5; A. Torres, *O problema nacional brasileiro: introdução a um programa de organização nacional*, Rio de Janeiro, Imprensa Nacional, 1914, p. 88.

[14] A. Torres, *O problema nacional brasileiro*.

[15] A. Torres, *A organização nacional: primeira parte: a constituição*, Rio de Janeiro, Imprensa Nacional, 1914.

[16] *RB36*, p. 145.

[17] *RB36*, p. 145.

[18] S. B. de Holanda, Perspectivas, em S. B. de Holanda, *O espírito e a letra: estudos de crítica literária*, A. A. Prado (Org.), São Paulo, Companhia das Letras, 1996 [1925], v. I, p. 214.

[19] Ibidem, p. 214.

[20] A. Torres, *O problema nacional brasileiro*.

[21] Ibidem, p. 147.

[22] Ibidem, p. 76.

[23] Ibidem, p. 99.

[24] *RB36*, p. 19.

[25] *RB36*, p. 25.

[26] *RB36*, p. 124.

[27] S. B. de Holanda, Corpo e alma do Brasil: ensaio de psicologia social, em S. B. de Holanda, *Raízes do Brasil*, R. B. de Araújo e L. M. Schwarcz (Eds.), São Paulo, Companhia das Letras, 2006 [1935], p. 407.

[28] *RB36*, p. 122.

[29] *RB36*, p. 130.

[30] O. Vianna, *O idealismo na evolução política do Império e da República*, São Paulo, Bibliotheca d'*O Estado de S. Paulo*, 1922, p. 92.

[31] Ibidem, p. 92.

[32] Ibidem, p. 14.

[33] Ibidem, p. 17.

[34] O. Vianna, *O idealismo da constituição*, Rio de Janeiro, Edição de Terra de Sol, 1927, p. 10.

[35] Ibidem, p. 141.

[36] M. A. Nogueira, A diferença que aproxima. Relendo Sérgio Buarque e Oliveira Vianna no contrafluxo da tradição, *Tempo Brasileiro*, v. 149, 2002. Cumpre esclarecer que *O idealismo na evolução política do Império e da República* foi incorporado, com alterações, à segunda edição de *O idealismo da constituição*, publicada três anos após a primeira tiragem de *Raízes do Brasil* (cf. O. Vianna, À guisa de prefácio). Pode-se depreender, portanto, que a observação de Marco Aurélio Nogueira abrange tanto os diálogos de Sérgio Buarque com o livro de 1927 quanto com o opúsculo de 1922.

[37] C. Lynch, Por que pensamento e não teoria? A imaginação política brasileira e o fantasma da condição periférica (1880-1970), *Dados*, v. 56, n. 4, 2013.

[38] M. de Almeida, *Brasil errado: ensaio político sobre os erros do Brasil como país*, Rio de Janeiro, Schmidt Editor, 1932, p. 53.

[39] Ibidem, p. 181-2.

[40] A coincidência também é observada por M. S. M. Bresciani, *O charme da ciência e a sedução da objetividade*, p. 302.

[41] Ver J. C. de C. Rocha, *O exílio do homem cordial: ensaios e revisões*, Rio de Janeiro, Museu da República, 2004; e P. M. Monteiro, *Signo e desterro: Sérgio Buarque de Holanda e a imaginação do Brasil*, São Paulo, Hucitec, 2015.

[42] A. Torres, *O problema nacional brasileiro*, p. 85.

[43] Christian Lynch, professor do Instituto de Estudos Sociais e Políticos da Universidade Estadual do Rio de Janeiro, observou, em comunicação com o autor, como a frase de Sérgio Buarque sobre o mal-entendido da democracia guarda semelhança com esta passagem do livro *A desordem*, lançado em 1932 por Virgínio Santa Rosa: "Faltou-nos logo, desde início [sic], o fundamento essencial do sistema, uma opinião pública coesa e esclarecida, decidindo nas lutas eleitorais. E como faltava também uma elite culta e superior, em íntimo contato com a nação, fácil é concluir que a democracia no Brasil foi sempre uma verdadeira palhaçada, não se tendo deturpado só nos últimos anos de vida republicana, como muito ingênuos querem fazer crer". V. S. Rosa, *A desordem: ensaio de interpretação do momento*, Rio de Janeiro, Schmidt, Editor, 1932, p. 156. O argumento de Santa Rosa não parece postular a apropriação das doutrinas estrangeiras pela dinâmica facciosa local, como o faria Alberto Torres. Na verdade, a tradição só poderia ter livre curso com o afastamento das fórmulas importadas: "Felizmente a desordem é convulsiva (...) libertando os instintos da gente, permitindo a livre influência das forças da terra e da tradição, buscando nos erros do passado a lição para o futuro. É a insurreição do inconsciente brasileiro contra um consciente postiço, a desforra do nosso primitivismo e da sinceridade sadia e bárbara. A desordem repele o bovarismo". Ibidem, p. 54-5.

[44] M. R. S. de Lima e E. D. Cerqueira, O modelo político de Oliveira Vianna, *Revista Brasileira de Estudos Políticos*, v. 30, 1971.

[45] R. Wegner e N. T. Lima, Re-visões do Paraíso: ideias em livre concorrência, *Insight Inteligência*, ano 6, n. 24, 2004.

[46] *RB36*, p. 137.

[47] *RB36*, p. 55.

[48] *RB36*, p. 166.

[49] *RB36*, p. 167-8.

[50] *RB36*, p. 79-80.

[51] *RB36*, p. 168.

[52] O. Vianna, *Populações meridionais do Brasil: história – organização – psicologia*, São Paulo, Monteiro Lobato & Cia. Editores, 1920, v. I, p. 13-18.

[53] Ibidem, p. 122.

[54] *RB36*, p. 86-7.

[55] *RB36*, p. 87.

[56] *RB36*, p. 99.

[57] G. Freyre, *Casa-grande & senzala: formação da família brasileira sob o regime de economia patriarcal*, Rio de Janeiro, Maia & Schmidt Ltda., 1933.

[58] *RB36*, p. 15.

[59] R. Morse, Introduction em R. Morse (Ed.), *The bandeirantes: the historical role of the Brazilian pathfinders*, Nova York, Alfred A. Knopf, 1965. É de Robert Wegner a ideia de empregar as categorias de Morse nessa discussão. R. Wegner, *A conquista do Oeste: a fronteira na obra de Sérgio Buarque de Holanda*, Belo Horizonte, Editora UFMG, 2000.

[60] A julgar pela visão tradicional da relação entre *Raízes do Brasil* e *Populações meridionais do Brasil*, em que este figura como "superad[o]" frente àquele (A. Candido, O significado de *Raízes do Brasil*, em S. B. de Holanda, *Raízes do Brasil*, 5ª edição, revista, Rio de Janeiro, Livraria José Olympio Editora, 1969, p. xi), Sérgio Buarque foi bem-sucedido ao transmitir a impressão de distância em relação a Oliveira Vianna. Cumpre registrar, entretanto, a existência de trabalhos que resgataram pioneiramente pontos de contato entre ambos, como o de A. M. de C. Gomes, A dialética da tradição, *Revista Brasileira de Ciências Sociais*, v. 5, n. 12, 1989. Também a Sérgio Buarque aplica-se a avaliação de que "todos os principais pensadores do Brasil entre 1920 e 1950, e mesmo depois, dialogaram com Oliveira Vianna, seja para incorporar suas ideias, seja para combatê-las, seja para fazer as duas coisas ao mesmo tempo". J. M. de Carvalho, Introdução a *Populações meridionais do Brasil*, em S. Santiago (Coord.), *Intérpretes do Brasil*, Rio de Janeiro, Editora Nova Aguilar, 2002, p. 899. Esse último é o caso com a edição *princeps* de *Raízes do Brasil*.

[61] A. Bittencourt, *O Brasil e suas diferenças: uma leitura genética de* Populações meridionais do Brasil, São Paulo, Hucitec, 2011.

[62] R. Wegner, As reflexões históricas de Sérgio Buarque de Holanda sobre agricultura (1936-1957), *Sinais Sociais*, v. 9, 2014.

[63] J. M. de Carvalho, A utopia de Oliveira Vianna, em E. R. Bastos e J. Q. Moraes (Orgs.), *O pensamento de Oliveira Vianna*, Campinas, Editora da Unicamp, 1993.

[64] R. Wegner, *A conquista do Oeste*.

[65] O. Vianna, *Populações meridionais do Brasil*, p. 41.

[66] Ibidem, p. 16.

[67] Ibidem, p. 41.

[68] Ibidem, p. 72-3.

[69] Idem, *Pequenos estudos de psicologia social*, São Paulo, Monteiro Lobato & Cia. Editores, 1921, p. 19.

[70] Idem, *Populações meridionais do Brasil*, p. 170.

[71] Ibidem, p. 179.

[72] Ibidem, p. 302, grifo suprimido.

[73] Segundo José Murilo de Carvalho (em A utopia de Oliveira Vianna), a ruptura seria apenas aparente, pois a solução do problema da insolidariedade seria buscada por um Estado impregnado por valores ibéricos. Luiz Werneck Vianna sustenta tese afim (L. W. Vianna, Americanistas e iberistas: a polêmica de Oliveira Vianna com Tavares Bastos, em E. R. Bastos e J. Q. Moraes (Orgs.), *O pensamento de Oliveira Vianna*, Campinas, Editora da Unicamp, 1993). Sem entrar no mérito da questão, consigne-se simplesmente que este capítulo adota, para o período estudado da obra do autor, um entendimento mais próximo da visão de Wanderley Guilherme dos Santos, de acordo com a qual, para Oliveira Vianna, "o Brasil precisa de um sistema político autoritário cujo programa econômico e político seja capaz de demolir as condições que impedem o sistema social de se transformar em liberal. Em outras palavras, seria necessário um sistema político autoritário para que se pudesse construir uma sociedade liberal". W. G. dos Santos, *Ordem burguesa e liberalismo político*, São Paulo, Duas Cidades, 1978, p. 93, grifo suprimido.

[74] O. Vianna, *Populações meridionais do Brasil*, p. 222; J. M. de Carvalho, Introdução a *Populações meridionais do Brasil*.

[75] O. Vianna, *O idealismo na evolução política do Império e da República*, p. 17.

[76] Idem, *O ocaso do Império*, São Paulo, Caieiras, Rio de Janeiro, Comp. Melhoramentos de São Paulo, 1925, p. 96.

[77] Idem, *Populações meridionais do Brasil*, p. 262.

[78] Ibidem, p. 305.

[79] *RB36*, p. 101.

[80] *RB36*, p. 105.

[81] *RB36*, p. 103.

[82] *RB36*, p. 107.

[83] *RB36*, p. 101.

[84] Muitos anos mais tarde, quando escreveu em carta a Cassiano Ricardo que o homem cordial era um "pobre defunto" fadado a desaparecer em virtude do avanço da urbanização, Sérgio Buarque em verdade declarava "que seu projeto intelectual de escrever um ensaio dando conta do que era o homem brasileiro havia malogrado (...) na primeira edição, pretend[era] dar conta do que era imutável no caráter nacional brasileiro". R. Wegner, As reflexões históricas de Sérgio Buarque de Holanda sobre agricultura, p. 113-6.

[85] Na verdade, esclarece Pedro Meira Monteiro, a passagem é da lavra de Samuel Johnson. Ver P. M. Monteiro, *Signo e desterro*, p. 213n.

[86] J. Milton apud *RB36*, p. 91.

[87] *RB36*, p. 89.

[88] *RB36*, p. 93.

[89] L. Waizbort, O mal-entendido da democracia: Sergio Buarque de Hollanda, *Raízes do Brasil*, 1936, *Revista Brasileira de Ciências Sociais*, v. 26, n. 76, 2011.

[90] *RB36*, p. 156-7.

[91] A. de C. Gomes, A experiência colonial e as raízes do pensamento social brasileiro: Oliveira Vianna e Sergio Buarque de Holanda, *Revista Portuguesa de História*, v. 41, 2010.

[92] *RB36*, p. 153.

[93] O. Vianna, *Populações meridionais do Brasil*, p. 304.

[94] G. Freyre, Documentos brasileiros, em S. B. de Holanda, *Raízes do Brasil*, Rio de Janeiro, Livraria José Olympio Editora, 1936, p. v.

[95] *RB36*, p. 105.

[96] No depoimento de Gilberto Freyre: "Sergio, mestre de mestres. Mas também meu amigo de dias boêmios de nossa mocidade no Rio de Janeiro. Três amigos desses dias, sempre muito juntos, fomos ele, Prudente de Moraes, neto, e eu. Boêmios pelo gosto da música popular brasileira. Da afro-brasileira. Da carioca. Daí, mais de uma vez amanhecemos, bebendo chope, em bares tradicionalmente cariocas, ouvindo os para nós brasileiríssimos e como que nossos mestres, além de amigos, de cultura brasileira, Donga, Patrício e Pixinguinha. Fontes, para nós três, de uma cultura autenticamente popular e extraeuropeia, nas suas bases, que estava, em grande parte, na música de que eles eram mestres. Nenhum de nós três, musicólogos. Mas, dos três, o que, nessas noitadas inesquecíveis, sentava-se a pianos boêmios e tocava músicas saudosas, que ele sabia de cor, era Sergio: o depois mestre de mestres de Ciências Sociais. Nessa época, modernistas, os três, a nosso modo. Mas também saudosistas. Afinidades desse modernismo – o de estética – com o 'regionalismo' irradiado do Recife. Fortes as minhas afinidades com Sergio. Nele, eu,

vindo de estudos universitários pós-graduados no estrangeiro, encontrei, no Brasil da remota década 1920, um raro exemplo de *scholar* autêntico (...) Um como que nosso tio intelectual – o avô era o velho João Ribeiro – o poeta quase *scholar* Manuel Bandeira teve a ideia, certa vez, de, em Santa Tereza, provocar uma competição entre nós dois, Prudente também presente, para saber quem, se Sergio, se eu, mais conhecia literatura em língua inglesa (...) Até que nos defrontaríamos, taco a taco, noutra competição: quem, dos dois, mais sociólogo da História na interpretação de passados sociais do Brasil. Se eu emergia com *Casa-grande & senzala*, Sergio não tardaria a aparecer, de início, com *Raízes do Brasil*; depois, com outros ensaios magnificamente perceptivos, eruditos, *scholarly*". G. Freyre, Sergio, mestre de mestres, *Revista do Brasil*, ano 3, n. 6, 1987, p. 117.

[97] R. B. de Araújo, *Sobrados e mucambos* e *Raízes do Brasil*, em M. C. T. de Miranda (Org.), *Que somos nós?: 60 anos* Sobrados e mucambos, Recife, Fundação Joaquim Nabuco, Editora Massangana; Núcleo de Estudos Freyrianos, 2000; R. B. de Araújo, *Guerra e paz:* Casa-grande & senzala *e a obra de Gilberto Freyre nos anos 30*, São Paulo, Editora 34, 2005.

[98] Não se desconhecem as objeções à noção de cultura empregada por Gilberto Freyre, apresentadas por L. C. Lima, *A aguarrás do tempo*, Rio de Janeiro, Rocco, 1989. Considera-se todavia que, apesar de suas inconsistências, *Casa-grande & senzala* ajudou Sérgio Buarque a imaginar um legado cultural peninsular permeando a sociedade brasileira.

[99] *RB36*, p. 10.

[100] *RB36*, p. 12.

[101] *RB36*, p. 26-7.

[102] *RB36*, p. 27.

[103] *RB36*, p. 4.

[104] G. Freyre, *Casa-grande & senzala*, p. 2.

[105] Ibidem, p. 5.

[106] A presença de Max Weber nos enunciados da cultura da personalidade e também da ética da aventura é delineada em R. Wegner, *A conquista do Oeste*.

[107] *RB36*, p. 62.

[108] *RB36*, p. 62; cf. G. Freyre, Acerca de jardins, em G. Freyre, *Tempo de aprendiz*, São Paulo, Ibrasa, v. 2, 1979 [1925], p. 157.

[109] G. Freyre, Acerca de jardins.

[110] G. Freyre, *Artigos de jornal*, Recife, Edições Mozart, 1934. Ricardo Benzaquen aponta, nessa comparação entre as cidades e os jardins lusitanos, uma "remissão direta" à obra *Sobrados e mucambos*. R. B. de Araújo, *Guerra e paz*. Do ponto de vista substantivo, o nexo de fato existe. Mas, até porque *Raízes do Brasil* não indica em nota de rodapé a fonte das palavras de Gilberto Freyre,

convém esclarecer que a citação propriamente dita foi encontrada nesse texto de opinião, a que Sérgio Buarque terá tido acesso, ou pelo exemplar original do *Diário de Pernambuco* ou, mais provavelmente, pelo livro *Artigos de jornal.*

[111] G. Freyre, *Artigos de jornal*, p. 43-6.

[112] Pode-se mesmo observar que é da imagem da semeadura que vem a principal metáfora do livro: "o próprio título da obra já nos remete ao efeito da semeadura, uma vez que as sementes criam *raízes*". E. S. de Decca, As metáforas da identidade em *Raízes do Brasil*: decifra-me ou te devoro, *Vária História*, v. 22, n. 36, jul.-dez., 2006, p. 434. Quanto à escrita do livro, uma instigante discussão da diferença entre a "prosa tensa" de Sérgio Buarque e a "prosa derramada" de Gilberto Freyre foi feita por Pedro Meira Monteiro. Ver P. M. Monteiro, Raízes rurais da família brasileira: um diálogo a partir de *Raízes do Brasil* e *Sobrados e mucambos*, em M. C. T. de Miranda (Org.), *Que somos nós?: 60 anos* Sobrados e mucambos, Recife, Fundação Joaquim Nabuco, Editora Massangana; Núcleo de Estudos Freyrianos, 2000.

[113] *RB36*, p. 59.

[114] *RB36*, p. 50 e p. 43.

[115] G. Avelino Filho, Civilidade e cordialidade em *Raízes do Brasil, Revista Brasileira de Ciências Sociais*, v. 5, n. 12, 1990.

[116] R. B. de Araújo, *Guerra e paz*, p. 42.

[117] *RB36*, p. 102.

[118] *RB36*, p. 110.

[119] R. Morse, Balancing myth and evidence: Freyre and Sérgio Buarque, *Luso-Brazilian Review*, v. 32, n. 2, 1995, p. 54.

[120] A discussão sobre o diálogo de Sérgio Buarque com a obra de Ludwig Klages na formulação da oposição entre "vida" e "espírito" é feita por J. K. Eugênio, *Ritmo espontâneo: organicismo em* Raízes do Brasil *de Sérgio Buarque de Holanda*, Teresina, EDUFPI, 2011.

[121] *RB36*, p. 103.

[122] G. Freyre, *Casa-grande & senzala*, p. 376-7.

[123] Sob essa ótica, será compreensível — embora não necessariamente justificável — que a cordialidade tenha sido interpretada por mais de um autor a partir do esquema analítico de *Casa-grande & senzala*, com ênfase para as noções de mestiçagem e de certa doçura nas relações sociais (cf. J. C. de C. Rocha, *O exílio do homem cordial*). (Como logo se verá, o próprio Sérgio Buarque chega a falar na cordialidade como bondade). O primeiro a avançar esse tipo de interpretação foi o próprio Gilberto Freyre. Em *Sobrados e mucambos*, publicado pouco antes de *Raízes do Brasil*, o autor afirma: "A simpatia à brasileira (...); a 'cordialidade', a que se referem Ribeiro Couto e Sergio Buarque de Holanda — essa simpatia e essa cordialidade, transbordam principalmente do mulato (...) [Essa simpa-

tia] Terá se desenvolvido principalmente dentro das condições de ascensão social do mulato: condições de ascensão através da vida livre e não apenas nas senzalas e nos haréns de engenhos (...) Ao mesmo tempo que fácil no riso – um riso, (...) quando muito, obsequioso e, sobretudo, criador de intimidade – [o mulato] tornou-se transbordante no uso do diminutivo – outro criador de intimidade. O 'desejo de estabelecer intimidade', que Sergio Buarque de Holanda considera tão característico do brasileiro, e ao qual associa aquele pendor, tão nosso, para o emprego dos diminutivos – que serve, diz ele, para 'familiarizar-nos com os objetos'. Podemos acrescentar que serve também para familiarizar-nos com as pessoas – principalmente com as pessoas socialmente importantes – 'sinhozinho', 'doutorzinho', 'capitãozinho', 'ioiozinho', 'seu Pedrinho'. E esse desejo de intimidade com as pessoas nos parece vir, não só de condições comuns a todo povo ainda novo, para quem o contato humano tende a reduzir-se à maior pureza de expressão, como particularmente, de condições peculiares ao período de rápida ascensão de um grupo numeroso da população – o grupo mulato –, ansioso de encurtar, pelos meios mais doces, a distância social entre ele e o grupo dominante". G. Freyre, *Sobrados e mucambos: decadência do patriarcado rural no Brasil*, São Paulo, Companhia Editora Nacional, 1936, p. 356-9.

[124] *RB36*, p. 33.

[125] O tema será aprofundado no capítulo quatro.

[126] G. Freyre, *Casa-grande & senzala*, p. 386-7.

[127] Ibidem, p. 43.

[128] R. B. de Araújo, *Guerra e paz*, p. 133.

[129] B. Ricupero, O conservadorismo difícil, em G. N. Ferreira e A. Botelho (Orgs.), *Revisão do pensamento conservador*, São Paulo, Hucitec, 2010. As críticas a Oliveira Vianna em *Casa-grande & senzala* dizem respeito quase exclusivamente a temas raciais, sem um engajamento direto das teses de *Populações meridionais do Brasil* ligadas ao privatismo. Entretanto, em um pequeno artigo de jornal sobre o brasileiro e a rua, a "obra admirável do sociólogo Oliveira Vianna" é lembrada para rejeitar-se – em uma única frase – a tese da insolidariedade: "O brasileiro estará mesmo entre os povos mais viscosamente gregários". G. Freyre, *Artigos de jornal*, p. 86.

[130] *RB36*, p. 15.

[131] *RB36*, p. 166.

[132] A. Amaral, *A aventura política do Brasil*, Rio de Janeiro, Livraria José Olympio Editora, 1935.

[133] A constatação encontra-se em *A aventura política do Brasil*: "subsiste o fato de que ainda hoje e apesar de todas as influências que nos vão pouco a pouco desaportuguesando, conservamos ainda em comum com Portugal o que há

de essencial e irredutível na formação sociogênica de uma nação, que é o sentido da orientação das suas tendências. Bem sabemos que essa afirmação diverge da opinião sustentada por inúmeros brasileiros, entre os quais se contam alguns dos mais esclarecidos e cultos. Mas não hesitamos em enfrentar essa corrente representativa talvez da maioria entre nós". A. Amaral, *A aventura política do Brasil*, p. 75. A insistência de Sérgio Buarque na crítica a Oliveira Vianna não passaria desapercebida aos admiradores da obra do pensador fluminense. Em uma das poucas resenhas francamente negativas de *Raízes do Brasil* de que se tem notícia, Alberto Cotrim denuncia a "vacuidade das teses" do livro e seu "objetivo de contrariar conclusões há muito estabelecidas e que trazem a chancela de nossos grandes sociólogos, principalmente de Oliveira Vianna". Acrescenta o resenhista: "Não podemos explicar a razão por que o sr. Buarque de Hollanda gosta tanto de contestar Oliveira Vianna". A. B. Cotrim Neto, *Raízes do Brasil*, *A Ofensiva*, 5 fev. 1937, s/p.

[134] G. Freyre, *Casa-grande & senzala*, p. xviii.

[135] *RB36*, p. 103.

[136] *RB36*, p. 103.

[137] Uma discussão mais aprofundada das noções de caráter nacional em Gilberto Freyre e em Sérgio Buarque foi realizada por E. V. Vargas, *O legado do discurso: brasilidade e hispanidade no pensamento social brasileiro e latino-americano*, Brasília, Fundação Alexandre de Gusmão, 2007, cap. 4-6.

[138] G. Freyre, *Casa-grande & senzala*, p. 81.

[139] *RB36*, p. 101.

[140] R. R. Couto, El hombre cordial, producto americano, em S. B. de Holanda, *Raízes do Brasil*, R. B. de Araújo e L. M. Schwarcz (Eds.), São Paulo, Companhia das Letras, 2006, p. 398.

[141] Ibidem, p. 398.

[142] S. B. de Holanda, *Tentativas de mitologia*.

[143] O tom de otimismo que emana da assertiva sobre a cordialidade como singularidade brasileira no mundo também pode ser aquilatado pelo contraste com a visão que Paulo Prado expressava sobre a contribuição do país ao mundo, menos de uma década antes, em *Retrato do Brasil*: "Damos ao mundo o espetáculo de um povo habitando um território, que a lenda – mais que a verdade – considera imenso torrão de inigualáveis riquezas, e não sabendo explorar e aproveitar o seu quinhão. Dos agrupamentos humanos de mediana importância, o nosso país é talvez o mais atrasado. O Brasil, de fato, não progride; vive e cresce, como cresce e vive uma criança doente no lento desenvolvimento de um corpo mal organizado". P. Prado, *Retrato do Brasil: ensaio sobre a tristeza brasileira*, 2ª ed., São Paulo, D. P. & C., 1928, p. 200.

[144] J. C. de C. Rocha, *O exílio do homem cordial*.

[145] A. Celso, *Porque me ufano do meu país: right or wrong, my country*, Rio de Janeiro, Laemmert & C. Editores, 1901, p. 6.

[146] Em *Brasil errado*, por exemplo, Martins de Almeida falava depreciativamente, a propósito da retórica de Rui Barbosa, em um "porquemeufanismo nacional" (M. de Almeida, *O Brasil errado*, p. 13), e, ainda, sobre a carta de Pero Vaz de Caminha, em uma "exclamação inicial [do] 'porque me ufano'" (Ibidem, p. 184).

[147] J. G. Merquior, *As ideias e as formas*, Rio de Janeiro, Nova Fronteira, 1981, p. 274.

[148] *RB36*, p. 3.

[149] Ao mesmo tempo, pode-se acrescentar em chave hegeliana, possibilitavam ao país situar-se na história ocidental. A importância dessa chave na conformação do pensamento – ou teoria – sobre a realidade brasileira foi desenvolvida por Christian Lynch: "Os povos eram os grandes sujeitos da história. Mas um 'povo verdadeiro' não se confundia com mera população; ele tinha um 'espírito', na forma de uma cultura própria, que o habilitava a contribuir para o processo civilizador e se projetar no plano da história universal: 'Um povo não é somente uma coleção mais ou menos considerável de indivíduos reunidos acidentalmente pelo vínculo de uma força externa preponderante', explicava [Hegel] na sua *Introdução à História da Filosofia*. 'Um povo só é um verdadeiro povo se exprimir uma ideia que, passando por todos os elementos de que é composta a vida interior de um povo, na sua língua, na sua religião, nos seus costumes, nas suas artes, nas suas leis, na sua filosofia, dá a esse povo um caráter comum, uma fisionomia distinta na história'". C. Lynch, Por que pensamento e não teoria?, p. 739-40.

[150] R. B. de Araújo, *Guerra e paz*, p. 181.

[151] Apesar da diferença com que Sérgio Buarque e Mário de Andrade pensavam a questão nacional (P. M. Monteiro, "Coisas sutis, *ergo* profundas": o diálogo entre Mário de Andrade e Sérgio Buarque de Holanda, em P. M. Monteiro (Org.), *M. de Andrade e S. B. de Holanda: correspondência*, São Paulo, Companhia das Letras, Instituto de Estudos Brasileiros, Edusp, 2012), os termos do elogio da cordialidade em *Raízes do Brasil* não deixam de remontar à visão do poeta sobre as condições para a afirmação de uma identidade brasileira. Em 1925, Mário de Andrade preconizava: "Nós só seremos deveras uma Raça o dia em que nos tradicionalizarmos integralmente e só seremos uma Nação quando enriquecermos a humanidade com um contingente original e nacional de cultura". M. de Andrade apud P. M. Monteiro, "Coisas sutis, *ergo* profundas", p. 199.

[152] G. Avelino Filho, As raízes de *Raízes do Brasil*, *Novos Estudos*, n. 18, 1987.

[153] S. B. de Holanda, Perspectivas, p. 214.

[154] S. B. de Holanda, O lado oposto e outros lados, em S. B. de Holanda, *O espírito e a letra: estudos de crítica literária*, A. A. Prado (Org.), São Paulo, Companhia das Letras, 1996 [1926], vol. I, p. 226-7.

[155] Ibidem, p. 226.

[156] P. M. Monteiro, "Coisas sutis, *ergo* profundas", p. 202.

[157] *RB36*, p. 161.

[158] *RB36*, p. 144.

[159] *RB36*, p. 126.

[160] *RB36*, p. 126.

[161] *RB36*, p. 15.

[162] J. K. Eugênio, *Ritmo espontâneo*.

[163] *RB36*, p. 128.

[164] *RB36*, p. 126.

[165] *RB36*, p. 130.

[166] *RB36*, p. 127.

[167] *RB56*, p. 240n.

[168] G. Freyre, Social life in Brazil in the middle of the nineteenth century, *The Hispanic American Historical Review*, vol. 5, n. 4, 1922.

[169] G. Freyre, A propósito de Dom Pedro II, *Revista do Norte*, fase 2ª, n. I, 1926, p. 18.

[170] Ibidem, p. 16, grifos suprimidos.

[171] Ibidem, p. 15.

[172] Em uma versão revista e ampliada da conferência sobre D. Pedro II para publicação na coletânea *Perfil de Euclides e outros perfis*, de 1944, Gilberto Freyre falaria a propósito desse arranjo como uma "democracia aristocrática". G. Freyre, *Perfil de Euclides e outros perfis*, Rio de Janeiro, Livraria José Olympio Editora, 1944, p. 141.

[173] G. Freyre, A propósito de Dom Pedro II, p. 12-3.

[174] Ibidem, p. 19.

[175] Ibidem, p. 17.

[176] Ibidem, p. 22.

[177] *RB36*, p. 130.

[178] *RB36*, p. 131.

[179] *RB36*, p. 5.

[180] *RB36*, p. 142.

[181] *RB36*, p. 142.

[182] *RB36*, p. 152.

[183] S. B. de Holanda, Corpo e alma do Brasil: ensaio de psicologia social, p. 420.

[184] J. K. Eugênio, Um horizonte de autenticidade, em P. M. Monteiro e J. K. Eugênio (Orgs.), *Sérgio Buarque de Holanda: perspectivas*, Campinas e Rio de Ja-

neiro, Editora da Unicamp e Editora Uerj, 2008. Ao tratar dos grupos de intelectuais que debutaram na vida pública brasileira após a Revolução de 1930, Alberto Guerreiro Ramos destaca uma corrente de escritores oriundos de famílias abastadas, chamando-a a *"jeunesse dorée"*. Cita como membros Alceu Amoroso Lima, Octavio de Faria e Affonso Arinos de Mello Franco. Para o sociólogo baiano, o monarquismo era característica comum a esse grupo. A. G. Ramos, *A crise do poder no Brasil: (problemas da revolução nacional brasileira)*, Rio de Janeiro, Zahar Editores, 1961. Há uma passagem de *Introdução à realidade brasileira*, publicado em 1933 por Affonso Arinos, que ilumina a reação ao tipo de crítica feito por Gilberto Freyre a D. Pedro II: "Alguns historiadores têm acentuado, não sem uma certa dose de malícia, o caráter acadêmico de que se investia o Parlamento do Império, este Areópago de juristas, historiadores, escritores e poetas, que se esgrimiam num duelo floral de retóricas e teorias, estarrecendo o povo inculto. Os Montezuma, os Bernardo de Vasconcelos, os Rio Branco, os José Bonifácio, os Nabuco de Araújo, os Cotegipe são iluminados por raios docemente irônicos pelos críticos de hoje, que os imaginam de sobrecasaca, gesto pausado, retórica espiralada, afirmando com circunspecção graves inutilidades... Atitudes britânicas num país de bugres, com um Imperador cuja espada tinha todos os característicos do guarda-chuva, e que desprezava as atualidades realistas para se perder em confabulações livrescas através da Europa. 'Héritier de Marc-Aurèle', chamou-o Victor Hugo, não sem uma pitada de ridículo. Mas para que sorrir? Reconheçamos antes a profunda realidade desse governo de doutores, dessa administração pedagógica de juristas e de poetas. Naquele tempo, o Brasil possuía uma certa ordem intelectual e dela decorria a estabilidade da vida social sob o Império". A. A. de M. Franco, *Introdução à realidade brasileira*, Rio de Janeiro, Schmidt Editor, 1933, p. 45-6.

[185] R. B. de Araújo, *Sobrados e mucambos* e *Raízes do Brasil*.

[186] G. Freyre, *Sobrados e mucambos*, p. 15-6.

[187] E. R. Bastos, Oliveira Vianna e a sociologia no Brasil (um debate sobre a formação do povo), em E. R. Bastos e J. Q. Moraes (Orgs.), *O pensamento de Oliveira Vianna*, Campinas, Editora da Unicamp, 1993.

[188] *RB36*, p. 45.

[189] *RB36*, p. 46.

[190] *RB36*, p. 137.

[191] G. Freyre, *Sobrados e mucambos*.

[192] O. Vianna, *Problemas de política objetiva*, São Paulo, Companhia Editora Nacional, 1930.

[193] *RB36*, p. 15.

[194] *RB36*, p. 156.
[195] *RB36*, p. 156.
[196] R. B. de Araújo, *Sobrados e mucambos* e *Raízes do Brasil*, p. 42. A ideia, bastante difundida na fortuna crítica de *Raízes do Brasil*, de que Sérgio Buarque pregasse uma ruptura com o passado nacional tem uma fonte importante na relação de Sérgio Buarque com a sociologia alemã. R. Wegner, *A conquista do Oeste*. Parte-se aí da tese de que *Raízes do Brasil* teria assimilado, desta corrente de pensamento, a preocupação com o tema do surgimento da personalidade moderna, por meio da filtragem dos impulsos emocionais e da submissão às normas impessoais. A afirmação de que o livro defendia uma ruptura com o passado liga-se, nessa leitura, a um dos modelos de surgimento da personalidade propostos pela sociologia alemã, o modelo da vocação (*Beruf*). Nele, a personalidade do sujeito se moderniza por meio de uma revolução interna, orientada por um princípio transcendente externo ao indivíduo. Ver R. Wegner, Análises recentes da obra de Sérgio Buarque de Holanda, em J. R. de C. Caldeira, *Perfis buarqueanos: ensaios sobre Sérgio Buarque de Holanda*, São Paulo, Fundação Memorial da América Latina, Imprensa Oficial do Estado de São Paulo, 2005, p. 101. Ocorre que, mantendo-se – para fim de argumento – a discussão na chave da sociologia alemã, a edição *princeps* de *Raízes do Brasil* orientava-se pelo outro modelo de surgimento da personalidade, o da formação (*Bildung*). Nele, a personalidade era moldada por reformas graduais, sem uma distinção clara entre a interioridade e a exterioridade do indivíduo. Diferentemente do que já se disse sobre o assunto (Ibidem, p. 101), só na edição revisada a ideia de formação daria lugar à de vocação. Daí que a edição revisada realce os argumentos da inexistência, na experiência histórica do Brasil, de elementos que fornecessem ao povo algum princípio transcendente de função similar à da ética protestante no mundo anglo-saxão. Se, em 1948, a vocação primava pela ausência, é possível identificar, em 1936, o foco de Sérgio Buarque em uma tradição que "se moderniza por dentro, não ocorrendo (...) uma absoluta incompatibilidade entre modernização e tradição, e sim uma possível convergência destes com influxos externos de modernização". R. Wegner, Os Estados Unidos e a fronteira na obra de Sérgio Buarque de Holanda, em J. Souza (Org.), *O malandro e o protestante: a tese weberiana e a singularidade cultural brasileira*, Brasília, Editora Universidade de Brasília, 1999, p. 254. O contraponto discutido por Sérgio Buarque exigirá uma medida de artifício político, que não se encontra na dinâmica mais espontânea pressuposta pelo modelo da formação. R. Wegner, comunicação pessoal, novembro de 2015. Mas é possível identificar uma afinidade entre a noção de contraponto e esse processo gradual de reforma e renovação. Como já se observou, apenas em 1948, com o destaque conferido à noção de revolução, a atitude do autor de *Raízes do Brasil* em relação ao passado poderá ser vista

como de ruptura, em que modernidade e tradição se tornam incompatíveis. Embora este livro não aborde essas questões pelo ângulo da sociologia alemã, que já foi bem explorado na literatura sobre o assunto (R. Wegner, *A conquista do Oeste*), apontar essas afinidades é um modo de circunscrever a ideia da ruptura com o passado à sua justa aplicação.

[197] *RB36*, p. 160-1.

[198] J. M. de Carvalho, A utopia de Oliveira Vianna.

[199] F. de A. Barbosa, Verdes anos de Sérgio Buarque de Holanda. Ensaio sobre sua formação intelectual até *Raízes do Brasil*, em s/a, *Sérgio Buarque de Holanda: vida e obra*, São Paulo, Secretaria de Estado da Cultura, Arquivo do Estado, Universidade de São Paulo, Instituto de Estudos Brasileiros, 1988.

[200] B. Lamounier, Sérgio Buarque e os "grilhões do passado", em S. B. de Holanda, *Raízes do Brasil*, R. B. de Araújo e L. M. Schwarcz (Eds.), São Paulo, Companhia das Letras, 2006.

[201] L. W. Vianna e F. Perlatto, Iberismo e americanismo, em A. Botelho e L. M. Schwarcz (Orgs.), *Agenda brasileira: temas de uma sociedade em mudança*, São Paulo, Companhia das Letras, 2011, p. 252. Uma afirmação cabal como a de que "Esse pecado original da formação portuguesa ainda atua em suas influências, vivas e fortes, no Brasil do século XX", que se encontra logo no capítulo inicial de *Os donos do poder*, de Raymundo Faoro (R. Faoro, *Os donos do poder: formação do patronato político brasileiro*, Rio de Janeiro, Porto Alegre, São Paulo, 1958, p. 12), não está em sintonia com a edição *princeps* de *Raízes do Brasil*, embora possa afinar com certos aspectos da discussão deste livro a partir de sua segunda edição.

[202] A. Candido, Sérgio, o radical, em s/a, *Sérgio Buarque de Holanda: vida e obra*, São Paulo, Secretaria de Estado da Cultura, Arquivo do Estado, Universidade de São Paulo, Instituto de Estudos Brasileiros, 1988, p. 65.

[203] J. C. Reis, *As identidades do Brasil: de Varnhagen a FHC*, Rio de Janeiro, Editora FGV, 2008 [1999], p. 138.

[204] J. Souza, *A tolice da inteligência brasileira: ou como o país se deixa manipular pela elite*, São Paulo, LeYa, 2015, p. 52.

DESTINO E ITINERÁRIO

[1] A. Candido, Radicalismos, *Estudos avançados*, v. 4, n. 8, abr.-jun. 1990.

[2] Idem, O significado de *Raízes do Brasil*, em S. B. de Holanda, *Raízes do Brasil*, 5ª edição, revista, Rio de Janeiro, Livraria José Olympio Editora, 1969.

[3] Idem, *Post-scriptum* de 1986, em S. B. de Holanda, *Raízes do Brasil*, 18ª edição — Comemorativa do Jubileu de Ouro do Livro e da Coleção, Rio de Janeiro, José Olympio, 1986.

[4] S. Milliet, *Raízes do Brasil*, O Estado de S. Paulo, 18 nov. 1936, s/p.

[5] S. B. de Holanda, *Raízes do Brasil*, Rio de Janeiro, Livraria José Olympio Editora, 1936.

[6] A imagem de um Sérgio Buarque simpatizante do regime monárquico não terá fácil aceitação por quem lhe avalie a biografia pelo ângulo retrospectivo do progressista em que, de fato, viria a se transformar mais tarde. Mas não era fortuito que, no artigo de 1920, o autor falasse de D. Pedro II como "encarnação perfeita da bondade e da justiça". S. B. de Holanda, Viva o Imperador, em S. B. de Holanda, *Escritos coligidos: livro I, 1920-1949*, M. Costa (Org.), São Paulo, Editora da Unesp e Fundação Perseu Abramo, 2011 [1920], v. I, p. 6. Tampouco que, em artigo de 1921, intitulado "Ariel", criticasse a tendência dos brasileiros à importação de doutrinas políticas estrangeiras nos seguintes termos: "Arraigou-se de tal forma esse hábito em nossos patrícios, que já antes de expirar entre nós o regime ao qual devemos setenta anos de prosperidade, os propagandistas davam como principal razão a favor do novo regime, a da exceção na América! Entretanto, a nação que, pelos seus progressos, conseguiu atrair melhor a simpatia do governo e do povo brasileiro foi justamente a menos digna de nossas simpatias, a mais imprópria para ser imitada; foi a república dos Estados Unidos. Foi essa simpatia, e consequentemente essa imitação, que criou em nós uma atração infrene pelo utilitarismo *yankee*. Um outro fator que influiu sobremodo para o desenvolvimento do utilitarismo no povo brasileiro e dessa nossa tendência natural para imitar tudo que é estrangeiro, foi a importação do regime republicano. A Strauss não passou despercebida a superioridade da monarquia sobre a república, na formação e no desenvolvimento intelectual de uma nacionalidade". S. B. de Holanda, Ariel, em S. B. de Holanda, *O espírito e a letra: estudos de crítica literária*, A. A. Prado (Org.), São Paulo, Companhia das Letras, 1996 [1920], vol. I, p. 43-4. Seu amigo de toda a vida e padrinho de casamento, Rodrigo Mello Franco de Andrade, evocaria, em artigo de jornal sobre os cinquenta anos de Sérgio Buarque, a seguinte imagem do jovem recém-chegado ao Rio de Janeiro em 1921: "O homem Sérgio é igualmente múltiplo e genuíno na sua variedade. No exercício da chefia de serviço público ou na mesa de bar, como patriarca entre a esposa e os sete filhos ou como delegado a conferências internacionais, ele é perfeitamente ajustado a cada função. Assim foi sempre, desde muitos anos: diverso e autêntico. Há quem o recorde ao chegar ao Rio, adolescente louro e monarquista maurrasiano, de monóculo". R. M. F. de Andrade, Singularidade e multiplicidade de Sérgio, *Revista do Brasil*, ano 3, n. 6, 1987, p. 87. O próprio Sérgio Buarque diria sobre sua juventude, n'*O Estado de S. Paulo*, em 1977: "Naquela época, eu tinha uma certa inclinação monarquista". S. B. de Holanda apud J. K. Eugênio,

Um horizonte de autenticidade, em P. M. Monteiro e J. K. Eugênio (Orgs.), *Sérgio Buarque de Holanda: perspectivas*, Campinas e Rio de Janeiro, Editora da Unicamp e Editora Uerj, 2008, p. 428.

[7] V. S. Rosa, *O sentido do tenentismo*, Rio de Janeiro, Schmidt Editor, 1933.

[8] Cf. A. Candido, O significado de *Raízes do Brasil*, p. xx.

[9] G. Avelino Filho, As raízes de *Raízes do Brasil*, *Novos Estudos*, n. 18, 1987.

[10] O. de Faria, *Machiavel e o Brasil*, Rio de Janeiro, Schmidt Editor, 1931; O. de Faria, *Machiavel e o Brasil*, 2ª ed., Rio de Janeiro, Civilização Brasileira, 1933.

[11] S. B. de Holanda, Maquiavel e o Sr. Otávio de Faria, em S. B. de Holanda, *O espírito e a letra: estudos de crítica literária*, São Paulo, Companhia das Letras, 1996 [1933], v. I. Uma reconstrução mais cuidadosa do contexto dessa resenha deve levar em conta o fato de que a primeira edição de *Machiavel e o Brasil* havia sido resenhada por Prudente de Moraes, neto, amigo a quem Sérgio Buarque tinha por "comparsa constante em todos os prélios intelectuais". S. B. de Holanda, *Tentativas de mitologia*, São Paulo, Perspectiva, 1979, p. 29. Em sua resenha, escrita sob o pseudônimo de Pedro Dantas, Prudente de Moraes, neto já havia feito restrições à crítica de Octavio de Faria ao comunismo, acusando-a de pregar um regime não menos autoritário: "Contra uma ditadura, outra ditadura: a inevitável incoerência dos antiliberais". P. Dantas (Prudente de Moraes, neto), *A Ordem*, ano XI, v. V (nova série), 1931, p. 317. Para uma apreciação mais ampla do significado e da recepção à obra de Octavio de Faria, veja-se a obra de referência de Maria Tereza Sadek: M. T. Sadek, *Machiavel, machiáveis: a tragédia octaviana*, São Paulo, Símbolo, 1978.

[12] S. B. de Holanda, *Raízes do Brasil*, 2ª ed., revista e ampliada, Rio de Janeiro e São Paulo, José Olympio, 1948.

[13] S. B. de Holanda, Carta a Cassiano Ricardo, *Colégio: Revista de Cultura e Arte*, ano I, n. 3, set. 1948.

[14] H. M. M. Starling, O tempo da delicadeza perdida: Chico, Sérgio e as raízes do homem cordial, em S. Marras (Org.), *Atualidade de Sérgio Buarque de Holanda*, São Paulo, Instituto de Estudos Brasileiros, 2012.

[15] Em relato sobre seu convívio com Sérgio Buarque, Raymundo Faoro afirma que Gilberto Freyre era "nome proibido para Sérgio, como Sérgio com o de Gilberto Freyre. Nunca a discrição de um e outro me permitiu saber a causa do distanciamento de ambos, realmente muito estranha, tendo em conta que Gilberto Freyre escreveu o prefácio da primeira edição de *Raízes do Brasil*". R. Faoro, Mestre Sérgio, *Folha de S. Paulo*, 23 jun. 2002, Mais!, p. 5.

[16] I. Calvino, *Porque ler os clássicos*, Lisboa, Teorema, 1991.

[17] A. Brasil Jr. e A. Botelho, Próximo distante: rural e urbano em *Populações meridionais* e *Raízes do Brasil*, em G. N. Ferreira e A. Botelho (Orgs.), *Revisão do pensamento conservador: ideias e política no Brasil*, São Paulo: Hucitec e Fapesp, 2010.

[18] R. Wegner, Um ensaio entre o passado e o futuro, em S. B. de Holanda, *Raízes do Brasil*, R. B. de Araújo e L. M. Schwarcz (Eds.), São Paulo, Companhia das Letras, 2006.

[19] O sentido burkeano de um conservadorismo como forma foi sugerido ao autor por Ricardo Benzaquen de Araújo. Em *Reflexões sobre a revolução na França*, Burke observa sobre o funcionamento combinado dos princípios de conservação e de correção: "Um Estado sem os meios de alguma mudança não tem os meios de conservar-se. Sem aqueles meios ele corre mesmo o risco de perder a parte de sua constituição que desejaria mais religiosamente preservar". E. Burke, *Reflections on the revolution in France*, Londres, Penguin, 2004 [1790], p. 106. O tempo em que um processo como esse se desdobra não é o da teleologia liberal. Implica, ao contrário, um acúmulo de experiência. As instituições surgem, aí, como um produto da história, passível de ajustes, mas depositárias de maior sabedoria do que qualquer indivíduo solitário poderia alcançar. Nesse quadro, a sensatez política consistiria em adaptar as instituições às novas situações e necessidades históricas, e não em buscar reconstruí-las aprioristicamente. J. G. A. Pocock, *The ancient constitution and the feudal law: a study of English historical thought in the seventeenth century: a reissue with a retrospect*, Cambridge, Cambridge University Press, 1987, p. 242. A ideia do jogo de conservação e correção ilumina o que pareciam ser termos da discussão de *Raízes do Brasil* em 1936. A temporalidade pressuposta no argumento da edição *princeps* não é, certamente, a da ruptura abrupta com o passado. Será, antes, a do amadurecimento, do "tempo necessário para a transformação e a adaptação, para a criação do 'ambiente adequado'; a importância da tradição, como balizadora da transformação e articuladora de passado, presente e futuro (os mortos, os vivos e os vindouros, como formulava Burke)". L. Waizbort, O mal-entendido da democracia: Sergio Buarque de Hollanda, *Raízes do Brasil*, 1936, *Revista Brasileira de Ciências Sociais*, v. 26, n. 76, 2011, p. 50.

[20] É o que se depreende, em uma análise de Pedro Meira Monteiro, ser a linha de *Raízes do Brasil*: "A cordialidade é uma categoria evanescente, que no entanto permanece e incomoda, como se fora um resquício de que não podemos nos livrar, ou nos esquecer. Quiçá por trás dessas contradições, se possa flagrar uma atitude modernista, notadamente em sua versão antropofágica: revelar-se ao mundo seria o imperativo a exigir que nos acercássemos de um núcleo 'nosso', desviante em relação à norma e resistente à permanência da linhagem, capaz de pervertê-la ao assimilá-la (...) Mas o que faz com que o desvio, e com ele as tais forças ativas, desdenhosas das soluções ideais, sejam valorizados tão profundamente? Parece que o problema estaria em encontrar um singular 'fluxo e refluxo' que não se limitasse a bulir na superfície,

mas que pudesse revolver o subsolo. A conversão desse potencial desvio, da suposta singularidade [leia-se: a cordialidade], em força construtiva, é um problema lógico intricado, que encontra melhor solução no plano poético que no político". P. M. Monteiro, *Raízes do Brasil* no *Espelho de Próspero*, em B. H. Domingues e Peter L. Blasenheim (Orgs.), *O código Morse: ensaios sobre Richard Morse*, Belo Horizonte, Editora UFMG, 2010, p. 186-7. Não se discorda de que Sérgio Buarque cogitasse da cordialidade como um "desvio" em relação à "norma", tomando-se esta palavra na acepção de um modelo mais ou menos hegemônico de desenvolvimento no Ocidente. O que o autor afinal não podia admitir era um "desvio" em relação à "norma" no sentido de alguma medida de civilidade. Como Monteiro aborda o assunto pela ótica da conversão da cordialidade em trunfo civilizatório, sem ressaltar o papel que Sérgio Buarque consignava à civilidade, sua conclusão fica restrita ao "plano poético". O contraponto de cordialidade e civilidade pode ser a solução política que Monteiro não identifica.

## RAÍZES DO ESTADO NOVO

[1] A. de Andrade, *Força, cultura e liberdade: origens históricas e tendências atuais da evolução política do Brasil*, Rio de Janeiro, Livraria José Olympio Editora, 1940. Doravante *FCL*.

[2] S. B. de Holanda, *Raízes do Brasil*, Rio de Janeiro, Livraria José Olympio Editora, 1936. Doravante *RB36*.

[3] As informações a seguir baseiam-se em M. A. B. de Holanda, Apontamentos para a cronologia de Sérgio Buarque de Holanda, em S. B. de Holanda, *Raízes do Brasil*, R. B. de Araújo e L. M. Schwarcz (Eds.), São Paulo, Companhia das Letras, 2006 [1979]; em W. Murtinho, Apresentação, em J. H. Rodrigues, *História da história do Brasil*, São Paulo, Editora Nacional, Brasília, Instituto Nacional do Livro, 1988, v. II, t. 2, A metafísica do latifúndio: o ultrarreacionário Oliveira Vianna; em A. A. de Abreu, I. Beloch, F. Lattman-Weltman e S. T. de N. Lamarão (Coords.), *Dicionário histórico-biográfico brasileiro pós-1930*, ed. rev. e atualiz., Rio de Janeiro, Editora FGV, CPDOC, 2001; e em M. Reale, Almir de Andrade, em D. Huisman (Ed.), *Dictionnaire des philosophes*, Paris, Presses Universitaires de France, 1984.

[4] Um breve relato de Sérgio Buarque sobre sua experiência com a censura em meados dos anos 1930 pode ser encontrado em entrevista com o autor publicada em 1977 pelo *Jornal do Brasil*: O "homem cordial" morreu, 2 mai. 1977, p.10.

[5] S. B. de Holanda, *Raízes do Brasil*, 2ª ed., revista e ampliada, Rio de Janeiro e São Paulo, José Olympio, 1948, p. 11. Doravante *RB48*.

[6] S. B. de Holanda, *Tentativas de mitologia*, São Paulo, Perspectiva, 1979, p. 11.

[7] Ibidem, p. 13.

[8] A. de Andrade, Almir de Andrade (depoimento, 1981), Rio de Janeiro, FGV/CPDOC-História Oral, 1985 [1981], p. 17.

[9] Ibidem, p. 24.

[10] Um comentário de José Murilo de Carvalho sobre a visão desigual do vínculo de intelectuais com o Estado Novo vem ao caso dessas considerações sobre o esquecimento em que caiu a obra de Almir de Andrade. Suas palavras sobre Oliveira Vianna são pertinentes para pensar a trajetória do autor de *Força, cultura e liberdade*: "Quanto ao apoio à ditadura, foram muitos os intelectuais que aceitaram posições no governo e de quem não se cobra a adesão com tanto rigor como de Oliveira Vianna. Não se cobrou de Carlos Drummond, de Mário de Andrade, de Sérgio Buarque, e nem mesmo de [Gustavo] Capanema. É certo que ele [Oliveira Vianna] não só participou do Estado Novo como também o justificou teoricamente. Mas é preciso entender que o espírito da época era muito menos liberal do que o de hoje, o autoritarismo pairava no ar, da direita à esquerda". J. M. de Carvalho, A utopia de Oliveira Vianna, em E. R. Bastos e J. Q. Moraes (Orgs.), *O pensamento de Oliveira Vianna*, Campinas, Editora da Unicamp, 1993, p. 14. A propósito, o perfil político de Sérgio Buarque por vezes fica simplesmente em claro em todo o crucial período entre o desencadeamento da Revolução de 1930 e os anos finais do Estado Novo. Assim, por exemplo, das posições que assumiu como modernista, nos anos 1920, "emerge um Sérgio libertário, que cedo se definiu sobretudo em contraposição ao nazismo, a cujas primeiras manifestações teve oportunidade de assistir pessoalmente, numa estada na Alemanha em 1929-1930. Segue-se sua oposição à ditadura Vargas quando, em 1942, contribuiu para a fundação da Associação Brasileira de Escritores, entidade que abrigava a resistência intelectual do país e da qual exerceria a presidência nacional, primeiro, e a da seção paulista, posteriormente". W. N. Galvão, Presença da literatura na obra de Sérgio Buarque de Holanda, *Estudos Avançados*, v. 15, n. 42, mai.-ago 2001, p. 476-7.

[11] O autor deve a informação a Naruna Andrade.

[12] *RB48*, p. 11.

[13] L. L. Oliveira, Tradição e política: o pensamento de Almir de Andrade, em L. L. Oliveira, M. P. Velloso e A. M. de C. Gomes, *Estado Novo: ideologia e poder*, Rio de Janeiro, Zahar Editores, 1982, p. 42.

[14] P. M. Monteiro, "Coisas sutis, *ergo* profundas": o diálogo entre Mário de Andrade e Sérgio Buarque de Holanda, em P. M. Monteiro (Org.), *M. de Andrade e S. B. de Holanda: correspondência*, São Paulo, Companhia das Letras, Instituto de Estudos Brasileiros, Edusp, 2012, p. 121n.

[15] V. Paiva, Almir de Andrade: intelectual do Estado Novo, *História*, v. 34, n. 1, jan.-jun. 2015, p. 232.

[16] Ibidem, p. 234. A imagem do "Leviatã benevolente" é retirada de B. Lamounier, Formação de um pensamento político autoritário na Primeira República: uma interpretação, em B. Fausto (Org.), *História geral da civilização brasileira: o Brasil republicano, sociedade, instituições (1889-1930)*, Rio de Janeiro, Bertrand Brasil, 2006.

[17] A coleção está hoje disponível na Biblioteca da Universidade de Campinas.

[18] O. T. de Sousa, Vida literária, *O Jornal*, 6 dez. 1936, s/p.

[19] L. Tejo, *Raízes do Brasil*, *Diário*, 21 nov. 1936, s/p.

[20] S/a, Livros novos, *Gazeta do Povo*, s/d, s/p.

[21] S/a, No mundo dos livros, *Estado de Sergipe*, 10 nov. 1936, s/p.

[22] S/a, Literatura brasileira: o que se publica, *Vamos Ler*, 24 dez. 1936, s/p.

[23] N. W. Sodré, Livros novos, *Correio Paulistano*, 8 nov. 1936, s/p.

[24] L. Pandolfi, Conversa sobre *"Raízes do Brasil"*, *Diário da Tarde*, 12 nov.1937, s/p.

[25] M. Leão, Registro literário, *Jornal do Brasil*, 7 nov. 1936, s/p.

[26] S/a, Livros novos, s/l, s/d, s/p.

[27] S/a, *Raízes do Brasil* de Sérgio Buarque de Holanda inicia a coleção "Estudos Brasileiros" da Livraria José Olimpio Editora, Departamento de Publicidade, João Pessoa, s/d, s/p.

[28] S/a, Literatura brasileira: o que se publica, *Vamos Ler*, 24 dez. 1936, s/p.

[29] O. T. de Sousa, ibidem.

[30] S/a, No mundo dos livros, s/l, s/d, s/p.

[31] N. W. Sodré, ibidem.

[32] L. Tejo, ibidem.

[33] L. Pandolfi, ibidem.

[34] A. A. Lopes, À margem dos livros: *Raízes do Brasil*, *A Tribuna*, 9 nov. 1936, s/p.

[35] C. Chiacchio, Homenagens e obras, *A Tarde*, 11 nov. 1936, s/p.

[36] M. Leão, ibidem.

[37] V. de Mello, *Raízes do Brasil*, *Anota*, 15 nov. 1936, s/p.

[38] A. Athayde, *Raízes do Brasil*, *Diário da Noite*, 16 nov. 1936, s/p.

[39] O. Mendes, A alma dos livros, *Folha de Minas*, 17 jan. 1937, s/p.

[40] W. de Vasconcellos, Documentos Brasileiros, *Correio do Povo*, 15 nov. 1936, s/p.

[41] S/a, Feira de livros, *Anota*, 9 nov. 1936, s/p.

[42] S. Milliet, *Raízes do Brasil*, *O Estado de S. Paulo*, 18 nov. 1936, s/p.

[43] O. Mendes, ibidem.

[44] H. Leonardos, *Raízes do Brasil*, s/l, s/d, s/p.

[45] R. do Amaral, Livros e ideias, *Folha da Manhã*, São Paulo, 28 out. 1936, s/p.

[46] M. Leão, ibidem.

[47] P. Barreto, Livros novos, s/l, s/d, s/p.

[48] M. Leão, ibidem.

[49] A. A. Lopes, ibidem.

[50] G. Freyre, *Sobrados e mucambos: decadência do patriarcado rural no Brasil*, São Paulo, Companhia Editora Nacional, 1936, p. 356-9.

[51] C. Ricardo, Discurso de Cassiano Ricardo, *Revista Brasileira*, fase 6, ano 2, n. 2, jan.-dez .1976 [1937], p. 120.

[52] C. Ricardo, *Marcha para Oeste: A influência da "bandeira" na formação social e política do Brasil*, Rio de Janeiro, Livraria José Olympio Editora, 1940, 2 v.

[53] Para a crítica à interpretação de Gilberto Freyre, ver J. C. de C. Rocha, *O exílio do homem cordial: ensaios e revisões*, Rio de Janeiro, Museu da República, 2004. Para a análise da interpretação de Cassiano Ricardo, ver R. Wegner, As reflexões históricas de Sérgio Buarque de Holanda sobre agricultura (1936-1957), *Sinais Sociais*, v. 9, 2014.

[54] A. C. Melo, Lusitanian roots and Iberian heritage in *Raízes do Brasil*, *Portuguese Studies*, v. 27, n. 1, 2011.

[55] Caso diferente foi o do professor da Faculdade de Letras da Universidade de Estrasburgo, Henri Tronchon, que lecionou na Universidade do Distrito Federal entre abril e novembro de 1936 e teve Sérgio Buarque de Holanda como assistente na disciplina de literatura moderna comparada. Em seu livro *Oito meses no Brasil*, o autor discute com vagar as teses de *Raízes do Brasil*, mas dedica pouca atenção à ideia da cordialidade. Não nega, em todo caso, seu efeito moderador na política, ao citar – com reveladora imprecisão – as palavras de Sérgio Buarque no sétimo capítulo: "No doce país que é o Brasil, o Estado 'não precisa ser despótico, e não deve sê-lo'". H. Tronchon, *Huit mois au Brésil: activité sociale – le décor et la vie – orientations intellectuelles*, Paris, Publications de la Faculté des Lettres de L'Université de Strasbourg (Hors série), 1938, p. 31.

[56] A. Candido, Prefácio, em S. B. de Holanda, *Raízes do Brasil*, 4ª edição revista pelo autor, Brasília, Editora Universidade de Brasília, 1963, p. ix.

[57] M. Costa, Apresentação, em S. B. de Holanda, *Escritos coligidos: livro I, 1920-1949*, M. Costa (Org.), São Paulo, Editora da Unesp e Fundação Perseu Abramo, 2011, v. I, p. xii.

[58] *FCL*, p. 52.

[59] *FCL*, p. 53.

[60] *FCL*, p. 54.

[61] *FCL*, p. 56.

[62] *FCL*, p. 100.

[63] *FCL*, p. 96. A admiração de Almir de Andrade pela obra do autor pernambucano já havia sido expressa em um estudo que integra o livro *Aspectos da cultura brasileira*, de 1939: "Se há movimento que marque de forma impressionante as novas tendências da cultura brasileira nestes últimos cinco anos, é sem dúvida aquele que se esboça no terreno da sociologia e que nos veio

apresentar sob um aspecto novo o estudo da nossa realidade social. Foi Gilberto Freyre quem o iniciou". A. de Andrade, *Aspectos da cultura brasileira*, Coleção Pensadores Brasileiros – III, Rio de Janeiro, Schmidt Editor, 1939, p. 35.

[64] A. L. L. Nemi, Almir de Andrade e o traço português na colonização e constituição do Brasil: a nação e o Ocidente, *Acervo*, v. 19, n. 1-2, jan.-dez. 2006, p. 111. Essa avaliação é baseada nos escritos de Almir de Andrade em *Aspectos da cultura brasileira* e em sua posição de editor da revista *Cultura Política*.

[65] *FCL*, p. 99.

[66] *FCL*, p. 99; G. Freyre, *Casa-grande & senzala: formação da família brasileira sob o regime de economia patriarcal*, Rio de Janeiro, Maia & Schmidt Ltda., 1933, p. 199.

[67] *FCL*, p. 129.

[68] *FCL*, p. 100.

[69] *FCL*, p. 104.

[70] O. Vianna, *Populações meridionais do Brasil: história – organização – psicologia*, São Paulo, Monteiro Lobato & Cia. Editores, 1920, v. I, p. 179.

[71] *FCL*, p. 107-8.

[72] *FCL*, p. 107.

[73] *FCL*, p. 111.

[74] *FCL*, p. 111.

[75] O. Vianna, *Evolução do povo brasileiro*, São Paulo, Monteiro Lobato & Cia. Editores, 1923, p. 171.

[76] Ibidem, p. 255.

[77] G. Freyre, *Sobrados e mucambos: decadência do patriarcado rural no Brasil*, São Paulo, Companhia Editora Nacional, 1936.

[78] *FCL*, p. 122.

[79] *FCL*, p. 130.

[80] *FCL*, p. 130.

[81] *FCL*, p. 102.

[82] *FCL*, p. 103n.

[83] *FCL*, p. 102-3.

[84] *RB36*, p. 101.

[85] *RB36*, p. 102.

[86] *RB36*, p. 103.

[87] *RB36*, p. 101.

[88] *RB36*, p. 156.

[89] *RB36*, p. 107.

[90] *FCL*, p. 132.

[91] *RB36*, p. 156.

[92] *RB48*, p. 214n.

[93] *FCL*, p. 101.

[94] *FCL*, p. 102.

[95] *FCL*, p. 132.

[96] *RB36*, p. 101.

[97] *FCL*, p. 105.

[98] L. L. Oliveira, Tradição e política, p. 45.

[99] *RB36*, p. 103.

[100] G. Freyre, *Casa-grande & senzala*, p. 13. Miscibilidade, mobilidade e aclimatabilidade são sintetizados por Gilberto Freyre no conceito de plasticidade. R. B. de Araújo, *Guerra e paz: Casa-grande & senzala e a obra de Gilberto Freyre nos anos 30*, São Paulo, Editora 34, 2005, p. 44.

[101] G. Freyre, *Casa-grande & senzala*, p. 83.

[102] Ibidem, p. 377.

[103] G. Vargas, *A nova política do Brasil*, Rio de Janeiro, Livraria José Olympio Editora, 1938, 5 v.

[104] A. de Andrade, Getúlio Vargas – A Nova Política do Brasil (1930-1938) – Livraria José Olympio Editora – Rio de Janeiro, 1938 – 5 volumes, 1320 páginas, *Revista do Brasil*, ano 2, 3ª fase, n. 7, jan. 1939, p. 109.

[105] R. B. de Araújo, *Guerra e paz*, p. 99.

[106] Ibidem, p. 100.

[107] *FCL*, p. 29-30, grifos suprimidos.

[108] *FCL*, p. 100.

[109] *FCL*, p. 91-2.

[110] *FCL*, p. 93. Essas palavras, que aludem quase diretamente ao famoso chamamento de Eduardo Prado em *A ilusão americana* – "Sejamos nós mesmos, sejamos o que somos, e só assim seremos alguma coisa" (E. Prado, *A ilusão americana*, 2ª ed., Paris, Armand Colin et Cie, Éditeurs, 1895, p. 210) –, têm uma particularidade que evoca também as linhas finais de *Raízes do Brasil*. Além da defesa do caráter nacional como fonte de vitalidade política, elas contêm uma advertência contra o autoengano embutido nas doutrinas políticas de importação. É do que falava Sérgio Buarque nas últimas frases de seu livro: "Há, porém, um demônio pérfido e pretensioso, que se ocupa em obscurecer aos nossos olhos estas verdades singelas. Inspirados por ele, os homens se veem diversos do que são e criam novas preferências e repugnâncias. É raro que sejam das boas". *RB36*, p. 161.

[111] G. Freyre, A propósito de Dom Pedro II, *Revista do Norte*, fase 2ª, n. 1, 1926, p. 17.

[112] G. Freyre, *Sobrados e mucambos*, p. 108.

[113] Ibidem, p. 113.

[114] Ibidem, p. 15-16.

[115] *FCL*, p. 57.

[116] O autor deve a Bernardo Ferreira essa formulação.

[117] *RB36*, p. 152.

[118] *RB36*, p. 142.

[119] *RB36*, p. 142.

[120] *RB36*, p. 45.

[121] *RB36*, p. 130.

[122] S. B. de Holanda, Viva o Imperador, em S. B. de Holanda, *Escritos coligidos: livro I, 1920-1949*, M. Costa (Org.), São Paulo, Editora da Unesp e Fundação Perseu Abramo, 2011 [1920], v. I; idem, Ariel, em S. B. de Holanda, *O espírito e a letra: estudos de crítica literária*, A. A. Prado (Org.), São Paulo, Companhia das Letras, 1996 [1920], vol. I.

[123] S. B. de Holanda, Corpo e alma do Brasil: ensaio de psicologia social, em S. B. de Holanda, *Raízes do Brasil*, R. B. de Araújo e L. M. Schwarcz (Eds.), São Paulo, Companhia das Letras, 2006 [1935].

[124] O estudo da produção editorial do DIP para os públicos interno e externo, inclusive do lugar aí destinado à revista *Travel in Brazil*, foi feito por T. R. de Luca, A produção do Departamento de Imprensa e Propaganda (DIP) em acervos norte-americanos: um estudo de caso, *Revista Brasileira de História*, v. 31, n. 61, 2011. Uma visão mais abrangente da política cultural do Estado Novo, com foco no DIP, foi realizada por M. V. Velloso, *Os intelectuais e a política cultural do Estado Novo*, Rio de Janeiro, FGV-CPDOC, 1987.

[125] O artigo não consta do grande levantamento bibliográfico realizado por Rosemarie Erika Horch. Ver R. E. Horch, Bibliografia de Sérgio Buarque de Holanda, em s/a, *Sérgio Buarque de Holanda: vida e obra*, São Paulo, Secretaria de Estado da Cultura, Arquivo do Estado, Universidade de São Paulo, Instituto de Estudos Brasileiros, 1988.

[126] No original em inglês: "The greater part of last century was spent for our country under the reigns of the first Emperor and that of his son, D. Pedro II. The monarchy in Brazil lasted until 1889 and it is to this government, which enabled the country to have a steady and homogenous development, neutralizing the struggles of personal ambitions and allowing a relative quiet that many people attribute the secret of our admirable National unity, which the Republic has inherited and preserves since half a century. For this and other reasons — which, truly must be numerous and complex — Brazil nowadays has a Portuguese-speaking population ten times larger than our once mother country and is, in territorial extension, one of the two or three largest empires of the World". S. B. de Holanda, Outlines of Brazilian History, *Travel in Brazil*, v. I, n.

I, 1941, p. 3. A revista traz a seguinte indicação na página do índice: "Published monthly by Department of Press and Propaganda. Rio de Janeiro – Brazil".

[127] Mário de Andrade, 21 (MA), São Paulo, 21 de março de 1941, em P. M. Monteiro (Org.), *M. de Andrade e S. B. de Holanda: correspondência*, São Paulo, Companhia das Letras, Instituto de Estudos Brasileiros, Edusp, 2012, p. 119. Como já observou Pedro Meira Monteiro (P. M. Monteiro, "Coisas sutis, *ergo* profundas", p. 283), o artigo de Prudente de Moraes, neto iniciava-se em tom surpreendentemente parecido ao do parágrafo de abertura de *Raízes do Brasil*: "O fenômeno de transplantação de raças e culturas, que está na origem comum dos problemas americanos específicos e fundamentais, trazia em si, desde o início, a predeterminação de certa linha evolutiva ao nosso comportamento intelectual". P. Dantas, Literatura de ideias, *Cultura Política: Revista Mensal de Estudos Brasileiros*, ano I, n. I, mar. 1941, p. 257. Em *Raízes do Brasil*: "Todo estudo compreensivo da sociedade brasileira há de destacar o fato verdadeiramente fundamental de constituirmos o único esforço bem-sucedido, e em larga escala, de transplantação da cultura europeia para uma zona de clima tropical e subtropical". *RB36*, p. 3. Ainda no artigo de Prudente de Moraes, neto: "O certo é que ao antigo espírito ou negativista ou de espanto que nos conferia um ar de permanentes turistas na nossa própria terra, sucedeu a necessidade de conhecê-la como nossa em todos os seus aspectos". P. Dantas, Literatura de ideias, p. 258. E em *Raízes do Brasil*: "Trazendo de países distantes as nossas formas de vida, nossas instituições e nossa visão do mundo, e timbrando em manter tudo isso em um ambiente muitas vezes desfavorável e hostil, somos ainda uns desterrados em nossa terra". *RB36*, p. 3. Não era apenas na coluna "Literatura de ideias", assinada por Prudente de Moraes, neto e integrante da seção "Brasil social, intelectual e artístico", que o primeiro número de *Cultura política* trazia ecos de *Raízes do Brasil*. A tese central do livro de Sérgio Buarque se faria presente no editorial geral de apresentação da revista, escrito por Almir de Andrade. (Ver nota 139, adiante).

[128] *RB36*, p. 15.

[129] *RB36*, p. 153.

[130] *RB36*, p. 159.

[131] *RB36*, p. 157.

[132] *RB36*, p. 157.

[133] Mesmo descartando a defesa, por Sérgio Buarque, de uma solução autoritária, Antonio Candido reconhece que o autor admitia um papel para a violência: "Sérgio rejeitou esta alternativa, negando as soluções autoritárias, sem contudo afastar as medidas de força quando fossem necessárias para instaurar uma situação de avanço político". A. Candido, Radicalismos, *Estudos*

*avançados*, v. 4, n. 8, abr.-jun. 1990, p. 18. Alfredo Bosi observou corretamente sobre Sérgio Buarque em 1936: "Entendem-se os receios do historiador que desejaria o progresso social sem o sacrifício das liberdades pessoais, mas não vê, nos zigue-zagues políticos contemporâneos, sinais promissores dessa direção". A. Bosi, Homenagem a Sérgio Buarque de Holanda, *Novos Estudos*, n. 3, 1983, p. 52.

[134] Ver o capítulo três.

[135] *RB36*, p. 161.

[136] *RB36*, p. 160.

[137] *FCL*, p. 106.

[138] *FCL*, p. 132-4.

[139] L. L. Oliveira, Tradição e política, p. 43. No editorial de estreia de *Cultura Política*, que leva a assinatura de "A. de A.", *Raízes do Brasil* — verdade que filtrado pela argumentação de *Força, cultura e liberdade* — se fazia presente: "O verdadeiro ideal democrático impõe uma aproximação cada vez maior entre o governo e o povo, entre o Estado e o homem comum — a fim de que possa aquele servir, não meramente a fins políticos, mas essencialmente à cultura, à alegria, ao bem-estar, à felicidade de todos e de cada um em particular. O Brasil de hoje procura uma solução realista e humana para esses problemas, que o tocam muito de perto. Longe das ambições imperialistas, das perseguições e ódios de raças, das violências políticas e dos conflitos de privilégios e monopólios, nós vamos vivendo a nossa vida serena e confiante — feita de cordialidade, de confraternização e de esperança numa ordem social mais justa". A. de Andrade, A evolução política e social do Brasil, *Cultura Política: Revista Mensal de Estudos Brasileiros*, ano I, n. I, mar. 1941, p. 7.

[140] É interessante notar, a propósito, que o advogado e político getulista Raimundo de Monte Arraes, diretor da divisão de censura do DIP a partir de 1937, argumentaria, em livro de 1943, que o Brasil, como país de herança ibérica, era vocacionado aos governos de força centrados na vontade pessoal. Ao mesmo tempo em que assimilava e reconhecia a tradição personalista ibérica, o Estado Novo também a aprimorava, ao dar-lhe, com a Constituição de 1937, feição jurídica. "Se o chefe constitucional do Brasil, obedecendo às leis da tradição, detém, hoje, o antigo poder dos pró-homens do passado, já não o exercita, contudo, como outrora, por mera usurpação, mas por determinação legal, com plena responsabilidade e aprovação da opinião pública do país". R. de M. Arraes, *O Brasil e os regimes ocidentais*, Rio de Janeiro, Tip. do Patronato, 1943, p.133. Merece destaque, ainda, seu raciocínio, próximo ao que se vai acompanhando de Almir de Andrade, acerca da distinção entre um governo de força e o uso da violência: "Ao estabelecer sobre a pátria um regime de autoridade, [Getúlio Vargas] teve presente que um governo forte

não precisa de agir com violência, pois a prática desta tem tão somente a virtude de diminuir a força e o poder, abreviando a vida das formas de governo que a adotam como norma". Ibidem, p. 233.

[141] Essa discussão aponta para um "outro 'conceito do político'", na feliz referência de Pedro Meira Monteiro à obra clássica de Carl Schmitt. Esse conceito, ao menos na leitura de Almir de Andrade de *Raízes do Brasil*, teria menos a ver com a experiência ibérica na América do que com a identidade propriamente cordial do Brasil. Cf. P. M. Monteiro, *Raízes do Brasil* no *Espelho de Próspero*, em B. H. Domingues e Peter L. Blasenheim (Orgs.), *O código Morse: ensaios sobre Richard Morse*, Belo Horizonte, Editora UFMG, 2010, p. 188. Distanciar o primeiro *Raízes do Brasil* da concepção schmitteana da política como dicotomia entre amigo e inimigo poderia levar a uma nova aproximação entre Sérgio Buarque e Ernst Kantorowicz (ver nota 158 do primeiro capítulo). A cordialidade, e a política cordial do Getúlio Vargas figurado em *Força, cultura e liberdade*, talvez pudessem ser relacionadas ao mundo da Europa meridional, com forte influência italiana e mais especificamente siciliana, descrito em *Frederico Segundo*. E. Kantorowicz, *Frederick the Second: 1194-1250*, authorized English version by E. O. Lorimer, Nova York, Frederick Ungar Publishing Co., 1967 [1927], cap. 5. Trata-se de uma experiência claramente diversa daquela mais propriamente germânica, setentrional, na qual Schmitt baseará sua reflexão. O Frederico II retratado por Kantorowicz como Tirano da Sicília combinava a lógica fria da lei com o charme da pessoa do imperador, o que lhe permitiu governar antes pelo carisma que pelo emprego da violência. A. Boureau, *Kantorowicz: stories of a historian*, translated by S. G. Nichols and G. M. Spiegel, Baltimore e Londres, The Johns Hopkins University Press, p. 16. A noção de um poder que não opera com a implacabilidade de uma máquina colossal, ou a ferocidade de um animal monstruoso, aspectos inconfundíveis do mito político do Leviatã (C. Schmitt, *The Leviathan in the state theory of Thomas Hobbes: meaning and failure of a political symbol*, Chicago e Londres, University of Chicago Press, 2008 [1938], p. 49-50), mas sim de forma pouco retilínea e em atmosfera de certa plasticidade, poderia ser uma marca comum às concepções de governo em *Frederico Segundo* e em *Raízes do Brasil*, ou, ao menos, por intermédio deste, em *Força, cultura e liberdade*. Convém recordar que Kantorowicz faria outra figura de Frederico II em seu conhecido livro de duas décadas mais tarde, *Os dois corpos do rei*. Ver R. Giesey. Ernst H. Kantorowicz: Scholarly Triumphs and Academic Travails in Weimar Germany and the United States, *Leo Baeck Yearbook*, v. 30, n. I, 1985, p. 196.

[142] A. de Andrade, *Aspectos da cultura brasileira*, p. 26.

[143] *FCL*, p. 143. Uma avaliação das diferenças na abordagem de Almir de Andrade entre seus livros de 1939 e de 1940 foi feita por V. Paiva, Almir de Andrade.

[144] *RB36*, p. 156-7.
[145] *FCL*, p. 132.
[146] L. L. Oliveira, *Tradição e política*, p. 36.
[147] *FCL*, p. 149.
[148] *FCL*, p. 151.
[149] *FCL*, p. 149-150.
[150] *FCL*, p. 178, grifos suprimidos.
[151] *FCL*, p. 178.
[152] *FCL*, p. 179.
[153] *FCL*, p. 151.
[154] *FCL*, p. 150.
[155] *FCL*, p. 153, grifos suprimidos.
[156] *FCL*, p. 188-189.
[157] *FCL*, p. 200.
[158] *RB36*, p. 122 e p. 153.
[159] *FCL*, p. 148.
[160] *FCL*, p. 147.
[161] *FCL*, p. 165.
[162] *FCL*, p. 146.
[163] *FCL*, p. 195.
[164] *FCL*, p. 196.
[165] *FCL*, p. 154.
[166] *FCL*, p. 137.
[167] *FCL*, p. 139.
[168] L. L. Oliveira, *Tradição e política*, p. 45.
[169] *FCL*, p. 164.
[170] *FCL*, p. 131-2.
[171] *FCL*, p. 165.
[172] *FCL*, p. 207.
[173] *RB36*, p. 15.
[174] *RB36*, p. 157.
[175] O tema seria explorado em editorial de Almir de Andrade no número de novembro de 1942 de *Cultura Política*, "Edição especial comemorativa do 5° aniversário do Estado Nacional". Explica-se aí que as primeiras décadas do século XX apresentaram um "dilema cruciante" às democracias ocidentais: "escolher entre o governo forte ou a ditadura". A. de Andrade, *O regime de 10 de Novembro e a ordem política e constitucional*, *Cultura Política: Revista Mensal de Estudos Brasileiros*, ano 2, n. 21, nov. 1942, p. 9. Na segunda categoria, passaram a figurar a Itália, a Alemanha, a Espanha, a Iugoslávia, a Grécia e a Turquia, para além das ditaduras de classe então

estabelecidas. Em outros países, procurou-se "salvar a democracia da crise liberal, pelo oportuno e sadio fortalecimento do poder". Ibidem, p. 9. Foi o caso da França, Inglaterra, Estados Unidos, e também do Brasil, com a Constituição de 1937. "Não foi apenas o sentido da evolução política do mundo moderno o que a Constituição de 1937 incorporou, com essa solução: foi também o ritmo de uma velha tradição brasileira que ela restabeleceu". Ibidem, p. 9.

[176] A. de Andrade, Almir de Andrade (depoimento, 1981), p. 11-12.

[177] Ibidem, p. 18.

[178] Ibidem, p. 32.

[179] Ibidem, p. 30.

[180] Ibidem, p. 17.

[181] "Retomando os postulados de Azevedo Amaral e Francisco Campos, ele [Almir de Andrade] via no golpe de 1937 o complemento natural da Revolução de 1930 e a restauração de seu espírito, mas dava um passo além: era o regime político que correspondia à psicologia profunda do povo brasileiro; tocando uma tecla caríssima ao nosso coração, acentuava também que o novo regime estava na vanguarda dos sistemas mais avançados de governo". W. Martins, *História da inteligência brasileira*, São Paulo, T. A. Queiroz, 1996, v. VII (1933-1960), p. 153. O autor deve a Fabiano Bastos Moraes o acesso a essa passagem. Dois textos aprofundam a análise de Azevedo Amaral e de Francisco Campos. Para o primeiro, ver L. L. Oliveira, Autoridade e política: o pensamento de Azevedo Amaral, em L. L. Oliveira, M. P. Velloso e A. M. de C. Gomes, *Estado Novo: ideologia e poder*, Rio de Janeiro, Zahar Editores, 1982; para o segundo, ver R. D. dos Santos, Francisco Campos e os fundamentos do constitucionalismo antiliberal no Brasil, *Dados — Revista de Ciências Sociais*, v. 50, n. 2, 2007.

[182] A. Amaral, *Getúlio Vargas estadista*, Rio de Janeiro, Irmãos Pongetti Editores, 1941, p. 17-8.

[183] Ibidem, p. 37.

[184] Ibidem, p. 37.

[185] Ibidem, p. 38.

[186] Ibidem, p. 38.

[187] Ibidem, p. 39.

[188] Ibidem, p. 40.

[189] Ibidem, p. 41.

[190] Ibidem, p. 41.

[191] Ibidem, p. 42.

[192] A. B. Alcântara, A teoria política de Azevedo Amaral, *Dados — Revista de Ciências Sociais*, n. 2-3, 1967, p. 205.

[193] Carta de Almir de Andrade a Getúlio Vargas. Classificação: GV c 1940.08.27. Fonte: site FGV-CPDOC. Disponível em: http://docvirt. com/docreaderFGV/docreader.aspx?bib=CorrespGV2&pasta=GV%20c %201940.08.27 Acesso em 10 de outubro de 2015.

[194] F. Campos, *O Estado nacional: sua estrutura seu conteúdo ideológico*, Rio de Janeiro, Livraria José Olympio Editora, 1940, p. 12.

[195] Ibidem, p. 14.

[196] Ibidem, p. 16.

[197] Ibidem, p. 29.

[198] A. C.-L. Seelaender e A. R. de Castro, Um jurisconsulto adaptável – Francisco Campos (1891-1968), em C. G. Motta e N. S. C. Salinas (Coords.), *Os juristas na formação do Estado-nação brasileiro: (de 1930 aos dias atuais)*, São Paulo, Saraiva, 2010, p. 264.

[199] F. Campos, *O Estado nacional*, p. 37.

[200] Ibidem, p. 31.

[201] Ibidem, p. 30-1.

[202] Ibidem, p. 30.

[203] Ibidem, p. 32.

[204] Ibidem, p. 221.

[205] Ibidem, p. 229.

[206] Ibidem, p. 230.

[207] Ibidem, p. 29.

[208] Ibidem, p. 215.

[209] Ibidem, p. 232.

[210] Ibidem, p. 257.

[211] O projeto intelectual de *Cultura política* e a atitude aberta de Almir de Andrade foram discutidos por Angela de Castro Gomes. A. de C. Gomes, *História e historiadores: a política cultural do Estado Novo*, 2ª ed., Rio de Janeiro, Editora FGV, 1999. A propósito da diversidade de opiniões em *Cultura Política*, seria possível lembrar, por exemplo, o artigo de Gilberto Freyre publicado no número de julho de 1941, perpassado por tom crítico a Getúlio Vargas: "Estamos hoje num período de experimentação social – e não apenas política – em que a procura de soluções novas para os problemas nacionais pode não ser sempre feliz nos seus resultados imediatos; nem segura na sua técnica. Mas representa, pelo menos, a libertação dos nossos métodos de governo e de administração da rotina política e do estreito ritualismo jurídico e financeiro que se comunicara do segundo Império à primeira República". G. Freyre, A propósito do presidente, *Cultura Política: Revista Mensal de Estudos Brasileiros*, ano I, n. 5, jul. 1941, p. 123-4.

[212] K. Mannheim, *Ideology & utopia: an introduction to the Sociology of Knowledge*, San Diego, Nova York e Londres, Harcourt, 1985 [1936], p. 204.

[213] A. de Andrade, Almir de Andrade (depoimento, 1981), p. 29.

[214] G. M. Brandão, *As linhagens do pensamento político brasileiro*, São Paulo, Aderaldo & Rothschild Editores, 2007, p. 29.

[215] A. Candido, *Post-scriptum* de 1986, em S. B. de Holanda, *Raízes do Brasil*, 18ª edição – Comemorativa do Jubileu de Ouro do Livro e da Coleção, Rio de Janeiro, José Olympio, 1986, p. li; G. M. Brandão, *As linhagens do pensamento político brasileiro*, p. 37.

[216] J. Souza, *Os batalhadores brasileiros: nova classe média ou nova classe trabalhadora?*, Belo Horizonte, Editora UFMG, 2010, p. 213. A proposta é apresentada com mais cuidado em J. Souza, *Modernização seletiva: uma reinterpretação do dilema brasileiro*, Brasília, Editora Universidade de Brasília, 2000, cap. 7.

[217] A. Amaral, *O Estado autoritário e a realidade nacional*, Rio de Janeiro, Livraria José Olympio Editora, 1938, p. 171-3. A distinção seria repetida, em 1942, por Karl Loewenstein, para quem "o regime Vargas não é nem democrático nem uma democracia 'disciplinada'; não é nem totalitário nem fascista; é uma ditadura autoritária para a qual a teoria constitucional francesa cunhou o apto termo de *régime personnel*. Mas ela exerce seus poderes teoricamente ilimitados com a moderação imposta pelo habitat liberal democrático da nação brasileira". K. Loewenstein, *Brazil under Vargas*, Nova York, The Macmillan Company, 1942, p. 373.

[218] A. Amaral, *O Estado autoritário e a realidade nacional*, p. 303-6.

Este livro foi impresso na Edigráfica.
Rua Nova Jerusalém, 345 Bonsucesso, Rio de Janeiro, RJ.